U0838175

中原名师出版工程

ZHONGYUAN MINGSHI CHUBAN GONGCHENG

教育思想与实践系列

名师是如何炼成的

中原名师培育工程项目办公室 编

中原出版传媒集团
中原传媒股份公司

大象出版社
·郑州·

图书在版编目(CIP)数据

名师是如何炼成的 / 中原名师培育工程项目办公室编. — 郑州 : 大象出版社, 2022. 7
ISBN 978-7-5711-0660-7

Ⅰ. ①名… Ⅱ. ①中… Ⅲ. ①师资培养-研究 Ⅳ. ①G451. 2

中国版本图书馆 CIP 数据核字(2022)第 064120 号

名师是如何炼成的
MINGSHI SHI RUHE LIAN CHENG DE
中原名师培育工程项目办公室 编

出 版 人 汪林中
策划编辑 刘慧静
责任编辑 易 妍 高 英
责任校对 李婧慧 陶媛媛
特邀设计 刘 民
美术编辑 杜晓燕

出版发行 大象出版社(郑州市郑东新区祥盛街 27 号 邮政编码 450016)
发行科 0371-63863551 总编室 0371-65597936
网 址 www. daxiang. cn
印 刷 河南文华印务有限公司
经 销 各地新华书店经销
开 本 720 mm×1020 mm 1/16
印 张 19. 75
字 数 310 千字
版 次 2022 年 7 月第 1 版 2022 年 7 月第 1 次印刷
定 价 58. 00 元
若发现印、装质量问题,影响阅读,请与承印厂联系调换。
印厂地址 新乡市获嘉县亢村镇工业园
邮政编码 453800 电话 0373-5969992 5961789

编委会

“中原名师出版工程”编委会

总策划　丁武营

主　编　戢　明

副主编　吴玉华　杨进伟

本书编委会

主　编　弯丽君

副主编　王　涛　刘　梅　符　丽　张卫红　龚晓莹

编　委　（排名不分先后）

王海东　司德平　周照鹏　张胜辉　冉明远

周枫琳　何风彩　徐艳霞　李桂荣　李国胜

常　明　晁　昱　剧爱玲　孟红梅　韩秀清

宋爱芹　王　霞　刘忠伟　石　吟

总序

对于一个优秀教师来说，将自己对教育教学的思考在写作中表达出来，是非常自然的一件事。正如玛格丽特·杜拉斯在《写作》中说的："写作像风一样吹过来，赤裸裸的，它是墨水，是笔头的东西，它和生活中的其他东西不一样，仅此而已，除了生活以外。"杜拉斯把自己的写作区别于日常生活中具体的事物，将其看作生活本身。我十分认同这样的说法。从许多优秀教师的成长经历来看，教育写作就是教育生活本身。当我们学会了把教育生活中的各种场景纳入自己的视野，融入自己的思考，通过写作诚实地记录下来，我们就找到了一条属于自己的专业发展之路。

正是看到了教育写作在教师专业发展中的重要意义，河南省教育厅与中原名师培育工程项目办公室启动了"中原名师教育写作出版计划"。河南是我国的教育大省，有一大批非常优秀的教师逐渐崭露头角，而"中原名师"是其中的佼佼者，他们在各自的学校和不同的教育教学领域取得了一定的成绩，及时总结、提炼、展示、推广他们的研究成果非常必要。我和张文质老师被聘请为"中原名师教育写作出版计划"的首席写作导师，肩负指导“中原名师”写作、出版教育教学专著的重任。这可能也是目前国内唯一旨在帮助优秀教师实现教育教学专著出版的省级培训项目，开辟了教师培训内容与形式的崭新领域，具有开创性意义。经过近两年的艰苦努力，目前这项计划终于迎来了阶段性成果：一批“中原名师”的教育教学专著即将正式出版。从书稿情况来看，选题、内容可谓多样：既有学科教学方面的，也有班级管理方面的；既有比较严谨的学术论著，也有可读性较强的教育教学随笔；既有义务教育阶段的，也有幼儿、高中阶段的。

捧读这些沉甸甸的书稿，我心中充满感慨。

我想到了每一位作者的面庞，看到了那些闪亮的眼神。大家都非常清楚，对于一个渴望成长、追求专业发展的教师来说，教育写作是自我提高的一条基本路径。教育写作能清晰地记录一个教师专业成长的轨迹。教师可以在写作的过程中不断审视、反思自我，不断积累、总结，无论是初尝成功的经验，还是尝试摸索中的所谓教训，都是十分宝贵的财富。苏霍姆林斯基曾鼓励教师每天都写教育日记（也就是我们常说的“教育叙事”），认为这样的写作具有重大价值：“凡是引起你的注意的，甚至引起你一些模糊的猜想的每一个事实，你都把它记入记事簿里。积累事实，善于从具体事物中看出共性的东西——这是一种智力基础，有了这个基础，就必然会有那么一个时刻，你会顿然醒悟，那长久躲闪着你的真理的实质，会突然在你面前打开。”这些“中原名师”正是通过写作将自己日常教育教学的点点滴滴慢慢积累起来的，而实施“中原名师教育写作出版计划”就是为了帮助他们打开真理之门。

我还想到了每本书稿选题的艰难，想到了那些为了确立书稿选题所经历的热烈讨论，既有面对面的沟通，也有无数次邮件、短信与电话往来。由于每一位作者所在的区域不同，所教学段、学科不同，研究基础、研究方向也各不一样，如何将那些最有价值的研究成果梳理、提炼出来，并形成相对集中的研究主题以专著的形式呈现，是我和张文质老师以及每一位作者需要面对的挑战。沟通、选择的过程非常重要，也非常辛苦。这主要是由各位作者在实践层面的经验、成果内容非常多样造成的：往往一个教师所提供的一本书稿，在内容上既有学科教学方面的，也有班级管理方面的，甚至还有其他学科领域的。这固然反映了一线教师工作繁杂多面的实际情况，但对于专著出版来说，主题不够突出无疑是大忌，也会遮蔽那些更有价值、更值得推广的内容。经过反复讨论，第一批“中原名师”首先确定了选题，开启了教育写作之路；而有些作者则更改了选题，另起炉灶，毅然开启了新的写作计划，这其中的勇气也让人深为佩服。

当然，我也想到了每一位作者所经历的艰苦的写作过程。由于绝大多数老师积累的文稿是基于实践经验，致使有些内容在学理上存在问题，论述、论据都不够严谨，容易引起歧义；也有些内容所呈现的研究过程与研究成果不够完整，材料繁杂、枝蔓较多，如何去芜存菁留下最有价值的东西，如何修改、完善那些不够成熟的地方，也是摆在每一位作者面前的挑战。值得指出的是，对文稿不断修改、完善的过程虽然艰苦，但其实是非常宝贵的研究经历——看似是教育写作的过程，其实又是学术研究的过程，写作本身成为思维与学术的双重训练，成为提炼教育教学理念、凸显教育教学风格的基本路径。正是经历了这样的写作和研究过程，他们最终创作出很有价值的作品。如果说在专著出版之前，这些老师的教育教学风格还不够鲜明，尚未在更大的范围内得到认可，那么我相信，专著的公开出版，将有力地促进他们教育教学成果以及个人教育教学风格的传播与推广，塑造“中原名师”更加美好、专业的形象，使之成为河南教师乃至全国教师的偶像。而这，也是河南省教育厅与中原名师培育工程项目办公室决定实施该项“中原名师教育写作出版计划”的重要目的之一。

对于各位作者而言，他们没有辜负岁月，岁月也没有辜负他们。

对于导师而言，能够参与这个项目，帮助各位作者，是充满欣慰的，甚至超过了自己出书时的喜悦。

感谢各位读者，如果您翻开这些书，您会看到有那么一些人，是如何执拗地表达着对岁月和信仰的敬意。

闫 学

序言

为教育强省提供优质人力资源保障，推动河南省由教师大省向教师强省迈进，河南省教育厅在总结中原名师培育工作经验的基础上，于 2015 年出台的《河南省教育厅关于深入推进中原名师培育工程的通知》指出，树立科学、系统的名师队伍建设观，构建起河南基础教育领域高端人才的培养造就机制，以更新教育理念、提高师德水平和业务能力为核心，以构建中原名师培育机制和专业化发展平台为重点，遵循教师专业发展和名师成长规律。通过理论研修、实践研修、教育科研、教师发展学校和名师工作室建设等考核目标任务的实施；通过周期性孵化、混合式培育、任务式驱动、阶段性认定，倾力打造一支基础教育战线的领雁人才和豫派实践型教育家群体；通过搭建平台，充分发挥中原名师的示范、引领、辐射、带动作用，让他们真正成为知识的授予者、人生的引路者、文明的传承者和道德的示范者，并以此带动全省基础教育教师队伍整体素质不断提高。为全面总结中原名师培育工程的成功经验和名师成才的规律，不断提高名师培育的科学性、专业性，我们进行了“中原名师培育工程有效引领名师成长的研究”专题研究。

本研究成果共分四章。第一章“中原名师培育工程概述”。概括介绍中原名师培育工程的工程起源、工程设计、实施成效等方面的内容，旨在介绍实施中原名师培育工程的意义及其对名师发展的实践价值。第二章“多维视角下中原名师成长因素的定量研究”。通过中原名师成长因素调查问卷设计思路与施测、内驱动力分析、外在诱因分析、多因素交互作用分析等，凸显名师成长是一个多变量推动的专业化发展历程，是专业成长的阶梯递进式的自我跨越。这既是教师自身追求卓越的自我内力驱动，更是外在职业发展诱因加压的多元期待。第三章“中原名师成长个案”。本章从个人专业发展、名师工作室建设、教师发展学校三个视角对23位中原名师的成长经历进行考察，将中原名师群体从“教书匠”走向卓越教师的历程展现出来，也将名师风范由个体状态变为广大教师共同拥有的教育财富。他们已经能够代表河南教育发展内涵的基础教育领域豫派实践型教育家群体。同时案例中的中原名师通过聚焦课堂教学、分享教育智慧、总结培育成果、传播优质资源，使本成果真正从操作层面为广大教师提供了普惠式的实践借鉴。鲜活的教师发展学校案例立足区域、辐射周边，促进了学校的协同创新、融合发展，促进了教师教育一体化建设，打造了区域性教师发展高地。第四章“中原名师培育工程成果展示”。通过对中原名师培育工程在促进中原名师发展、专业团队发展、学校整体发展等方面大量翔实的成果数据的分析，详细展现了中原名师参加培育工程前后在教育教学和教研硕果上的显著变化，彰显中原名师培育工程促进名师专业化成长的显性成效。

为突出本成果的可操作性和实践价值，我们在本书的架构、体系、内容、形式上进行了一些大胆尝试，形成了以下个性化特色：

1. 立意的时代性。河南省教育厅实施中原名师培育工程的最终目标与习近平总书记提出的“四有好老师”标准相吻合。通过全方位、多视角的培育实践，在中原名师团队中涌现出一批国家万人计划教学名师、河南省教学名师、国家级名校校长、特级教师等优秀名师，培养了一批品德高尚、素质优良、思维活跃、学术视野宽阔、教育教学能力与教育科研能力突出的学者型、专家型教师队伍。

2. 内容的创新性。该研究成果充分体现了中原名师培育工程的新理念，力求反映有关中原名师专业化成长研究中量化与质性的最新成果。在体系构建与内容框架上，从中原名师个体发展、名师工作室打造、教师发展学校三个层级，回归中原名师培育工程由个体状态向全员发展及辐射功能绽放的设计初衷。

3. 手段的拓展性。通过对基于中原名师培育工程实践对象的问卷调查、个案访谈、数据分析等基本资源的多路径采集，拓展了中原名师研究的视野和传统空间，为更多的名师成长提供了翔实、有效的第一手资料。

中原名师培育工程取得了丰硕成果，关于该方面的课题研究仅是一个好的起点，我们会沿着这样的足迹执着前行，深入挖掘名师的“名”的缘由与路径，探究名师的“名”的成长寓意和深层内涵，不断深化名师培育科学化、专业化路径的研究。由于能力水平有限，该书难免有某些不够全面或不够深入之处，但我们相信该研究成果的问世，将对中原名师培育工程实践模式的推广做出积极贡献。恳请读者批评指正！

弯丽君

目录

第一章 中原名师培育工程概述

百年大计，教育为本；教育大计，教师为本。随着时代发展和社会进步，人民对教育的要求越来越高，对优质教育资源的需求也越来越大。为实现中华民族伟大复兴的中国梦，夺取新时代中国特色社会主义建设的伟大胜利，必须全面提升中国人口素质，培养德智体美劳全面发展的社会主义建设者和接班人，落实立德树人根本任务，办好人民满意的教育！这就必须要有一支党和人民满意的高素质专业化创新型教师队伍。因此，为了促进教师队伍的发展，党和政府不断加强教师队伍培养的工作，加大教师队伍的培训力度，努力提高教师队伍的待遇。特别是2018年1月《中共中央国务院关于全面深化新时代教师队伍建设改革的意见》的提出，是中华人民共和国成立以来党中央、国务院出台的首部专门面向教师队伍建设的文件，具有里程碑意义，为今后一个时期我国教师队伍的建设描绘了宏伟的蓝图，指明了前进的方向，确立了科学的方法，这将以习近平总书记为核心的党中央对广大教师的关心落在了实处。在教师地位待遇、专业素质、工作环境、人文关怀等方面提出详细的举措，既让一线教师感到兴奋，又让每位教师感受到自己肩上沉甸甸的责任。如何努力实现专业发展，成为“高素质专业化创新型的教师”，为建设教育强国奠定坚实基础，不仅是每位教师必须回答好的问题，也是教育行政管理部门必须解决好的课题。

第一节　中原名师培育工程起源

河南省作为一个教育大省，对教师队伍建设尤其重视，将建立一支优秀的教师队伍，作为建设教育强省的关键。为加强教师队伍建设，促进教师队伍发展，河南省教育厅先后出台了一系列政策，采取了一系列措施，举行了一系列活动。其中既有涉及教师培养的“硕师计划”，也有涉及教师培训的“国培计划”“省培计划”；既有涉及教师梯队建设的“名师”“骨干教师”选拔，也有涉及教师切身利益的职称评定、周转宿舍建设；既有涉及教师专业能力提升的“优质课”“论文”比赛，也有涉及加强师德师风建设的“最美教师”评选、师德主题教育活动；等等。可以说，为了全面提升教师队伍的专业素养，河南省教育厅做了大量卓有成效的工作。其中，从2013年开始启动的中原名师培育工程，是最受社会关注的教师队伍建设举措之一。既有教育部、河南省人民政府、河南省教育厅以及各地市政府与教育部门这样的权威政府网站的报道，也有人民网、新华网、大河网这样的媒体网络平台的信息，还有搜狐、凤凰、网易、新浪、腾讯这样的大型互联网门户网站的关注，更有无数的各类博客、公众号等信息传播平台的分享。无论是整体数据的数量，还是相关媒体的类型，都充分说明了这一举措的受关注程度。

早在2012年《河南省教育人才发展中长期规划（2011—2020年）》（豫人才〔2012〕8号）文件出台时，河南省就组织相关人员对河南省教师，特别是名师发展培育的规律和需求进行了认真的研究。2013年在进行充分调研和论证的基础上，为了提升中小学和学前教师队伍的整体素质，增强学科领军人才和教学名师的培养力度，增强河南省基础教育的人才竞争力，河南省教育厅开始实施中原名师培育工程。《关于实施中原名师培育工程的通知》（教师〔2013〕466号）文件中要求“以党的十八大和全国教师工作会议精神为指导，牢固树立教师是教育的第一资源、基础性资源和战略性资源意识，把立德树人作为教育的根本任务，以更新教育理念、提高师德水平和业务能力为核心，夯基础，抓高端，补短板，促提升”。这一工程的启动，成为河南省基础教育教师队伍建设中具有广泛和深远影响力的重要事件，有效促进了河南省基础教育教师队伍的整体发展。

第二节　中原名师培育工程设计

从《河南省教育厅关于实施中原名师培育工程的通知》（教师〔2013〕466号）文件发布至2018年，河南省教育厅已出台了关于中原名师的各类通知和文件31项，其中能够让我们更加清晰地看到中原名师培育工程发展设计脉络的主要文件有《河南省教育厅关于实施中原名师培育工程的通知》（教师〔2013〕466号）、《河南省教育厅关于印发〈河南省教师发展学校指导意见（试行）〉和〈中原名师工作室指导意见（试行）〉的通知》（教师〔2013〕757号）、《河南省教育厅关于2014年中原名师培育工作的通知》（教师〔2014〕128号）、《河南省教育厅关于2015—2020年中原名师培育工作的通知》（教师〔2015〕236号）、《河南省教育厅关于组织实施2015—2020年中原名师培育工作的通知》（教师〔2015〕402号）、《河南省教育厅关于深入推进中原名师培育工程的通知》（教师〔2015〕774号）、《河南省教育厅关于印发〈依托中原名师工作室培育省级名师骨干教师试行方案（2016—2020）〉的通知》（教师〔2016〕758号）等文件。从这些文件的文字表述和出台的前后经过，能够让我们更加清晰地了解中原名师培育工程设计者的设计意图。

中原名师培育工程从其设计、出台到运行的整体过程，顶层设计者始终都在不断关注工程的各项进展，对实施情况进行深入、充分的调研和论证，不断对设计思路进行再调整，让工程在不断丰富、不断完善的过程中快速发展。在对工程文件梳理的过程中，我们不难发现，顶层设计的依据主要有以下三点：

一、党和国家的政策导向

从上述文件的指导思想等内容中，我们不难看出整个中原名师培育工程，从开始到现在，设计者始终是在认真贯彻党和国家的政策，将党和国家对教师队伍建设的导向真正落实在了此项工程之中。

最早出台的《河南省教育厅关于实施中原名师培育工程的通知》（教师〔2013〕466 号）中，这样写道："根据党的十八大和全国教师工作会议精神，以及《河南省教育人才发展中长期规划（2011—2020 年）》（豫人才〔2012〕8 号）的有关安排"，"以党的十八大和全国教师工作会议精神为指导"。在随后出台的《河南省教育厅关于印发〈河南省教师发展学校指导意见（试行）〉和〈中原名师工作室指导意见（试行）〉的通知》（教师〔2013〕757 号）中对于教师发展学校的建设这样写到"以科学发展观为指导，全面贯彻落实党的教育方针，大力实施科教兴豫战略和人才强省战略"。对于中原名师工作室的建设则这样表述："认真贯彻落实《国务院关于加强教师队伍建设的意见》和《河南省中长期教育改革和发展规划纲要（2010—2020 年）》精神。"

到了 2014 年，新出台的《河南省教育厅关于 2014 年中原名师培育工作的通知》（教师〔2014〕128 号）中又出现了"以党的十八大和十八届三中全会精神为指导，以深入贯彻《河南省人民政府关于全面加强教师队伍建设的意见》（豫政〔2013〕59 号）为抓手"的表述。

2015 年出台的《河南省教育厅关于 2015—2020 年中原名师培育工作的通知》（教师〔2015〕236 号）和《河南省教育厅关于深入推进中原名师培育工程的通知》（教师〔2015〕774 号）等文件是这样阐述的："以党的十八大和十八届三中、四中全会和习近平总书记关于教育系列讲话精神为指导。"

2016 年出台的《河南省教育厅关于印发〈依托中原名师工作室培育省级名师骨干教师试行方案（2016—2020）〉的通知》（教师〔2016〕758 号），虽然没有明确指出这一方案依据的国家政策和精神导向，但我们不难发现，方案的设定与2015年国务院办公厅印发的《乡村教师支持计划（2015—2020年）》（国办发〔2015〕43号）所提出的“省级人民政府要统筹规划和支持全员培训，市、县级人民政府要切实履行实施主体责任。整合高等学校、县级教师发展中心和中小学校优质资源，建立乡村教师校长专业发展支持服务体系”和“按照乡村教师的实际需求改进培训方式，采取顶岗置换、网络研修、送教下乡、专家指导、校本研修等多种形式，增强培训的针对性和实效性”的要求是一致的。

从以上文件指导思想的表述变化中，我们可以清晰地看出中原名师培育工程始终围绕着党和国家的政策导向进行设计，保证了这一工程成为能够回答好“培养什么人”“怎样培养人”“为谁培养人”这三个根本问题的优质育人工程，保证了河南省教师队伍建设的领雁工程能够始终沿着正确的方向前进。

二、河南省教师队伍建设的现实需求和解决方案

随着当今世界发展加速，人类社会正处在大发展大变革大调整之中，新一轮的科技革命正在孕育，知识经济方兴未艾，新的增长动力源源不断涌现和积聚。中国特色社会主义进入了新时代，开启了实现中华民族伟大复兴中国梦的新征程，全面建设社会主义现代化国家，实现“两个一百年”奋斗目标的重大任务时不我待。在这样的宏伟历史背景下，由于社会、历史等种种原因，一些教师的素质修养、教育教学观念、知识能力结构等，已不能完全适应新时代教育发展和人才培养的需要，更不能满足人民群众对公平而有质量的优质教育的向往和追求，这些教师的思想政治素质和师德水平急需提升，专业化发展水平也急需提高。

特别是时代越是加速向前发展，知识和人才在发展中的重要性就愈发突出，教育和教师的地位与作用就愈发受到方方面面的关注。因此，党和政府高度重视教师队伍建设的紧迫性和重要性，从中央到地方都开展了大量的、形式多样的教师队伍建设工作，从名师评选到青蓝工程，从师风建设到师德演讲……这其中，通过名师队伍建设发挥名师的示范引领作用，从而带动教师队伍的整体发展，成为教育行业内的共识。例如，从国家层

面看，有教育部从2003年开始进行的国家级教学名师奖评审和万人计划等项目；从地方层面看，从北京、上海、重庆等直辖市到浙江、广东、福建等东南沿海发达省区，从河南、湖北、陕西等中部省区到甘肃、贵州等西部地区，全国各省基本都实施了具有各自省份特色的名师工程，其范围也基本覆盖了从学前、小学到中学、大学的各级各类学校。

河南省是教育大省，也是教师大省，但是不得不承认的是，由于历史、经济等因素的制约，河南省称不上是教育强省，更不是教师强省。因此，在上述各项文件中，还明确了另一项设计依据，那就是中原名师培育工程，应立足于中原大地，必须符合将河南省的教育和教师由大变强的需求。

《2012年河南省教育事业发展统计公报》（豫教发规〔2013〕12号）的数据显示，河南省学前教育阶段的园长和专任教师12.77万人，占全国学前教育阶段专任教师总数的7.61%；义务教育阶段教职工82.10万人，其中专任教师76.49万人，专任教师数量占全国义务教育段专任教师总数的8.42%。虽然教师人数众多，但是由于河南省地域较广，师资队伍的力量分配不均衡，教师的整体水平，特别是专业素质良莠不齐。统计公报数据显示，各个学段的教师学历合格率均未达到100%，而且还有专业不对口或高学历层次人才不足的情况存在。例如，幼儿园专任教师中学前教育专业毕业仅有60.80%；在初中学段，专任教师学历合格率为98.88%，但是具有本科及以上学历的专任教师仅有59.96%。

因此，无论是在教师的整体专业水平，还是在教师队伍中的领军人才培养通道建设，又或是形成在全国有一定影响力河南名师、专家队伍方面，河南教师队伍建设工作都存在不足。这一点在2012年12月由河南省教育厅办公室发布的《大力加强教师队伍建设　为我省教育事业改革和发展提供人才保障》一文中也得到了验证，文章指出："虽然我省教育人才工作取得了一定的成绩，但由于我省教育人才工作起步晚、基础薄弱，仍然存在一些问题：一是我省教育人才发展总体上还不能适应教育改革发展和中原经济区建设对人才的需要；二是高层次人才匮乏，学科领军人才、教学名师、优秀教育管理者和教育创新型人才不能满足教育改革发展的需要；三是人才队伍整体素质亟待提高，人才竞争力不强，人才结构和分布不尽合理，制约人才发展的体制机制障碍依然存在。"

为此，在2013年出台的《河南省教育厅关于实施中原名师培育工程的通知》（教师〔2013〕466号）中，河南省教育厅就对上述问题提出了针对性解决方案，“到2020年，在大力加强中小学幼儿园教师培养培训工作和骨干教师队伍培育工作基础上，培育80名中原名师、6000名河南省中小学幼儿园（含已有，以下简称中小学）名师，以此带动全省中小学教师队伍整体素质不断提高，造就一批基础教育战线的领雁人才和教育教学专家，引领形成一支师德高尚、业务精湛、结构合理、充满活力的高素质专业化教师队伍，推动我省由教师大省迈向教师强省，为促进我省基础教育事业优质均衡发展、办好人民满意的基础教育做出新贡献”。在随后出台的《河南省教育厅关于印发〈河南省教师发展学校指导意见（试行）〉和〈中原名师工作室指导意见（试行）〉的通知》（教师〔2013〕757号）中对于教师发展学校的建设这样写道：“大力实施科教兴豫战略和人才强省战略，遵循教育规律和教师成长规律，立足教育改革与发展的需要，以促进教师专业发展、提升学校办学水平为宗旨，以更新教师的教育观念为先导，以搭建教师专业化发展平台为重点，以河南名师和中原名师为依托，以校本研究、校本培训、校本教研为主要形式，全面、可持续地提高教师队伍素质，充分发挥学校在促进教师专业发展方面的重要作用。”对于中原名师工作室的建设则这样表述：“着力发挥和强化中原名师对中青年骨干教师专业发展的示范引领作用，在教育教学实践和教科研活动中加强对中青年骨干教师的培养，建立促进教师专业成长、优秀人才培养的长效机制，努力造就一批教育教学专家，带动我省中小学教师队伍整体素质全面提升。”

到了2014年，新出台的《河南省教育厅关于2014年中原名师培育工作的通知》（教师〔2014〕128号）中又出现了“通过培育任务的实施，有效促进中原名师培育对象提升师德修养、创新教育教学理论和方法、增强教育教学科研素养，提高实践创新能力与水平，充分发挥名师在教育教学、教育科研、指导青年教师成长等方面的示范引领作用，以此带动全省基础教育教师队伍整体素质不断提高，为实现教育强省和教育现代化提供优质人力资源保障”的表述。

2015年出台的《河南省教育厅关于2015—2020年中原名师培育工作

的通知》（教师〔2015〕236号）和《河南省教育厅关于深入推进中原名师培育工程的通知》（教师〔2015〕774号）等文件则继续强调“以此带动全省基础教育教师队伍整体素质不断提高，为实现教育强省和教育现代化提供优质人力资源保障”。

2016年出台的《河南省教育厅关于印发〈依托中原名师工作室培育省级名师骨干教师试行方案（2016—2020）的通知〉》（教师〔2016〕758号）文件，则将“带动全省基础教育教师队伍整体素质不断提高”的任务，落实在了具体要求之中，提出“2013年以来，我省依托中原名师培育工程，培育认定了一批中原名师，初步建立了教师队伍梯队攀升体系，有力推动了全省教师队伍整体素质的提升。为进一步放大中原名师培育工程效益，将中原名师工作室打造成为全省名师、骨干教师的培育基地”。并指出“依托中原名师工作室培育省级名师、骨干教师是我省教师培育模式改革的一项重大机制创新，是中原名师走向豫派实践性教育家的助力工程，是构建开放灵活现代教师教育体系的一项重要举措”。要求各地引起重视，加以支持。

三、国内外名师培育工作的发展状况

国内许多学者对名师的成长规律、过程等方面进行了较为深入的研究。方健华（2011）将名师专业成长的规律、影响因素与机制概括为：基于教育文化的土壤，基于自主发展的空间，基于反思性实践的学习与研究路径；樊小杰、张红霞（2009）在对介绍和描述带有传记性质的国家级教学名师的文献资料或相关报道，进行定量分析和内容分析后，将国家级教学名师成长的影响因素分为个人因素、环境因素和关键事件三项指标。对于名师成长特征的研究，方健华（2011）对江苏省多位名师的成长案例进行分析后认为，名师专业成长基于历史文化与教研文化传统，自主发展是名师成长的根本动因，学习、实践、反思、研究是名师专业成长的主要途径；邢宝平（2013）通过对自我成长轨迹和周围名师的发展路径进行剖析，认为名师的成长特质应包含具有自主发展的内驱动力和浓厚的兴趣，具有良好的学术研究环境和教研氛围，具有强烈的教研合作意识和团队精神，具有独特的教学风格和灵魂魅力。龚春燕、冯友余（2011）通过对 20 位教育家的整体分析，提出从思想到行为的名师成长的理想力、思想力、创新力、学习力、精进力、艺术力、表达力、发展力、影响力等“九力”成长方式。

对于名师如何培养，王荣德（2007）认为名师的培养目标应具有阶梯性，培养方法要有多样性，培养过程要注重全面性。孙永珍、童富勇（2013）从杭州市第二轮中小学名师培养工程 5 年的培养实践中，总结提炼出名师有效培养的“知识学习与名师培养模型”，从名师成长的“研修主题—发展愿景和学习动机—研修方式”等环节进行建模，整个模型首尾呼应、层层紧扣，有较强的操作性。

对于名师引领下的教师专业发展该经历几个阶段，国内许多学者都有自己的看法，主要有三阶段论、四阶段论和五阶段论等观点。饶见维（1996）将教师专业发展分为“三阶段六时期”：职前师资培育阶段、初任教师导入阶段、胜任教师精进阶段。每一阶段划分为两个时期，分别是探索期、奠基期、适应期、发奋期、创新期、统整期。马风芹（2010）认为，教师的专业成长一般经历着适应期、发展期和成熟期三个阶段。邵宝祥、王金保（1999）认为，教师的教育教学能力的发展一般分为四个阶段：适应阶段、成长阶段、称职阶段和成熟阶段。罗琴和廖诗艳（2002）把教师专业发展过程分为适应期、发展期、成熟期和持续发展期四个阶段。叶澜、白益民（2001）把教师专业发展过程分为五个阶段：“非关注”阶段、“虚拟关注”阶段、“生存关注”阶段、“任务关注”阶段和“自我更新关注”阶段。赵昌木（2004）认为，教师成长的阶段有预备阶段、适应阶段、迅速发展和稳定阶段、停滞和退缩阶段、持续成长阶段。姜勇、阎水金（2004）以“教师自主”为新视角，揭示了教师发展的五个阶段：新手—动机阶段（工作 1 年内）、适应—观念困惑阶段（工作 2—5 年）、稳定—行动缺失阶段（工作 6—10 年）、停滞—缺乏动力阶段（工作 11—15 年）、更新—动机增强阶段（工作 16 年以上）。

国际社会对于人类进入 21 世纪后教育发展的关注也十分强烈。对于教师队伍建设的研究和实践也多有开展。

首先，对于名师这种称谓，西方教育界常用“专家型教师”（R. J. Sternberg）、“优秀教师”（National Board for Professional Teaching

Standards，简称NBPTS）、“非常教师”（Frederick J. Stephenson）、“有效教师”（Gary D. Borich）等来表达对名师的称谓。其关注的方向不是教师的名声，而是教师的特质。其次，对于名师一般特征的研究，也因上述关注方向的不同而各有表述。美国的唐纳德·E. 兰露易斯（Donald E. Lewis）等研究者概括了有效教师的一般特征，分别为善于利用教学时间，善于设计处理日常工作的程序，重视师生间的双向交流，参用循环教学法；美国的唐纳德·R. 克里克山克（Donald R. Cruikshank）等人认为，有效教师具有八种个性特征，这八种个性特征分为三部分：激励性人格、以成功为导向和专业品行。再次，对于名师成长模式的研究，其更关注的是教师发展的整体模式。休伯曼（M. Huberman）和古斯基（T. R. Guskey）曾经指出，在充满多样性的教师发展领域里，有着“补缺模式”（Deficit Model）与“成长模式”（Growth Model）之间的紧张和对立。最后，关于教师专业发展阶段的研究。与国内类似，国外学者关于教师专业发展阶段理论的研究也主要包括三阶段论、四阶段论、五阶段论、七阶段论和八阶段论等。伯顿（P. Burden）认为，教师在任教第1年处于求生存阶段，在任教的第2—4年处于调整阶段，在任教5年以后，教师进入到成熟阶段；而傅乐（F. Fuller）将教师的发展过程分为四个阶段：教学前关注阶段、早期生存关注阶段、教学情境关注阶段、关注学生阶段；伯林纳（D. C. Berliner）则根据教师技能获得的五阶段模型，刻画了教师专业成长的阶段要经历新手水平阶段、熟练新手水平阶段、胜任水平阶段、熟练水平阶段、专家水平阶段；休伯曼（M. Huberman）则通过自己的研究将教师职业周期分为七个阶段：入职期、稳定期、实验和畸变期、重新估价期、平静和关系疏远期、保守和抱怨期、退休期；费斯勒（R. Fessler）把教师职业周期分为八个阶段，分别是职前教育阶段、引导阶段、能力建立阶段、热心和成长阶段、生涯挫折阶段、稳定和停滞阶段、生涯低落阶段、生涯退出阶段。

上述国内外关于名师成长规律、影响因素与机制、名师成长特征、名师成长条件和教师专业发展阶段等方面的研究，从不同的角度对名师培育工作进行了深入的探索，为以后研究名师的成长规律与培养策略打下了坚实的基础，名师工程的开展对于提高教师队伍整体素质发挥了积极的作用，取得了喜人的成绩。

但认真搜集各地名师评审、发展等方面的数据，在名师的培育中，容易出现名师“打造”的功利化、名师评定的悖理化与名师成长的停滞化等弊端，如何克服名师培育中的上述弊病，已经成为名师培育工程健康发展的重要议题。

第三节　中原名师培育工程的实施成效

中原名师培育工程自2013年开始，特别是2015年做出重要调整以来，取得了很大成效，在全国范围内都产生了一定影响。其主要实施成效表现在以下六个方面。

一、去除名师“打造”的功利化思想，注重统筹规划

河南省教育厅先后出台了《关于实施中原名师培育工程的通知》等一系列文件，以更新教育理念、提高师德水平和业务能力为核心，遵循教师专业发展和名师成长规律，围绕教育改革发展的中心任务，紧扣培养造就高素质专业化教师队伍的战略目标，培养造就一支有理想信念、有道德情操、有扎实学识、有仁爱之心的，品德高尚、素质优良、创新思维活跃、学术视野宽阔、教育教学能力与教育科研能力突出的学者型、专家型教师队伍。同时要求各级教育部门将中原名师培育工程作为一项基础性工程，纳入本地区中小学教师队伍建设总体规划。依托“国培计划”“省培计划”“市培计划”等平台，持续推动区域内教师梯级队伍攀升体系建设，形成教师梯队“长链式”发展模式。

二、克服名师评定的悖理化现象，注重评定，更注重周期培育，有效搭建了中原名师成长制度的新平台

克服一些名师评定工作中出现的评定前积极努力，评定上万事大吉的悖理化现象。建立任务驱动培育模式强化中原名师培育工作。以打造实践型教育家群体为主要目标，在培育周期内，整体设计中原名师培育对象的培育计划，包括名师工作室建设、名校见习、专题研修、课题研究和教师发展学校等培育任务。通过对培育对象完成各项培育任务情况的考核，不断驱动名师的专业水平提升，并按考核成绩分年度确定中原名师。同时培育工作与教师周期继续教育、个人专业发展规划相结合，与推动区域教育教学质量提升、全省教师教育水平提高相结合，切实发挥名师的示范、引领和辐射作用。为培育对象制订个人专业发展规划，通过1—2个周期的培育，锤炼教学技能，切实提高教育教学能力和水平。

三、打破名师成长的停滞化现象，注重分批推进，以考核促成长，有效激活了中原名师的发展动力源

对于名师的成长，不采取一刀切、同时评定认可的方式，而是采取一体化设计、全员全过程参与、重点考核与一般考核相结合的方式，分年度、分批从重点考核对象中产生中原名师。各年度重点考核对象依据年度研修考核成绩和取得省级名师年限，同时参考少数考核对象发挥作用年限这一因素确定。重点考核对象在当年接受重点考核任务，并完成年度个人专业发展和教师发展学校、名师工作室创建目标；其他培育对象，完成当年正常培育任务，实现年度个人专业发展和教师发展学校、名师工作室创建目标。

四、高标准、严要求，培育一批豫派实践型教育名家，形成了河南基础教育领头雁方阵

从培育对象的遴选开始，中原名师培育工程就致力于高标准、严要求，培育一批豫派实践型教育名家。根据文件要求，各地市要严把中原名师遴

选关口，要根据遴选条件严格开展遴选工作。以郑州市为例，首先向全市公开了遴选条件和要求，然后组织符合遴选条件的教师报名。在报名结束后，组织报名的名师进行全市范围内的答辩、考核，最后公示推荐人员的名单。而省教育厅根据省辖市教育行政部门的推荐，按照程序遴选后在全省公示，无异议者方可成为培育对象。

从培育的过程看，中原名师培育工程将选择承担“国培计划”任务的全国著名高校作为培育基地，通过集中培训、名校见习、演讲答辩等环节，提升理念，增强能力，并结合网络知名度检测，严格遴选。

河南省中小学名师培育工程将根据“国培计划”绩效考评结果，主要选择省内知名高校作为培育基地。为增强培育工作的针对性、实效性，分学段、分学科安排培育对象进行为期 180 学时的研修，其中 60 学时是在专家引领下提升教育教学理念，60 学时是在同学段、同学科名师指导下进行教育教学实践，60 学时用于研修论文的撰写与答辩。培育工作在提升理念、增强能力上有明显成效。

同时，放大名师效应。以中原名师为依托，通过政策支持、项目带动的方式，将其所在学校打造成区域性的校本研修、教师发展和课程改革的中心。中原名师同时被命名为河南省中小学教师教育专家，有资格被高等师范院校聘为兼职教授，为师范生上课。中原名师所在学校在省教育厅资助下建设河南省名师工作室，在全省范围内组建同学科名师工作团队，担负同学科名师、骨干教师后备人才培养和先进教育教学经验推广的任务。中原名师所在学校将被命名为河南省教师发展学校，享受省教育厅经费支持，加强校本研修，促进教师专业发展，探索和积累全面提升教师队伍素质的先进经验，并承担师范生实习、见习任务，以及高等院校专家教授和全省相关的教改任务。省教育厅给予 20 万元经费资助，作为中原名师团队课题研究、名师工作室以及教师发展学校的建设经费。

与此同时，加强绩效管理。要求每年培育工作结束后，及时检查培育任务承担单位的培育方案落实情况，包括对培育师资、培育组织实施、优质资源的开发利用、教学资源与设施设备、组织管理与后勤保障及培育效果等进行考评，将绩效考评结果作为下一年度安排培育任务的重要依据。

五、创新了培育模式，形成了具有中原教育特色的高大上、接地气、高端长效订单式研修范式

在中原名师培育工程推进过程中，中原名师培育工程项目办公室委托浙江师范大学整体承办工程培训的设计与实施。从 2015 年开始，每年分为春季和秋季两个时段，集中开展研修工作。从浙江金华的浙江师范大学的校园，到温州、丽水、舟山等各地的中小学和学前教育的校园，从裴娣娜等知名专家讲座到方海东等一线特级教师的分享，培训内容紧扣《河南省教育厅关于实施中原名师培育工程的通知》（教师〔2013〕466 号）中提出的“增强培育针对性，紧密贴近教师实际需要。改进培训内容，大力提高教师教育教学技能。转变培训方式，提升教师参训实效。强化培训自主性，激发教师参训动力。营造网络学习环境，推动教师终身学习。建设培训公共服务平台，为教师提供多样化服务”的要求，既有理论学习的高大上，更有实践观摩的接地气，让中原教育和浙江沿海发达地区的教育，实现了无缝对接学习，有效提升了研修的效能。

特别是围绕中原名师培育对象开展的课题研究，以及中原名师培育工程中的豫浙名师论坛等活动，更是让培育工程的层次，从经验分享的普通培训，上升为研究思辨，参与提升的高端研修。让所有的名师工程参与对象，在痛并快乐的过程中迅速成长。

六、探索了请进来、走出去等多种培育途径

为了更好地发挥中原名师培育工程对中原名师的培育功能，在中原名师培育工程项目办公室的顶层设计下，一方面采取请进来的方式，通过要求浙江优秀教育名家担任中原名师培育工程导师和中原名师培育对象写作计划导师的形式，参与到中原名师培育的具体活动中，提升中原名师的专业素养，使其获得与中原名师称号相符的内在扎实学养。另一方面组织中原名师开展援疆送课等活动，建立中原名师培育工程哈密工作站，让中原名师之名响彻哈密地区，使中原名师成为河南省的教育名片。

经过中原名师培育工程的推动，形成了以杨文普、李慧香、刘新选等

为代表的国家“万人计划”教学名师；以李明、孔冬青为代表的教育部“国培计划”中小学领航工程的名师；以郑美玲、弯丽君等为代表的“中原教学名师”。中原名师们在全国产生了较大的影响，让河南基础教育得到了更多的认同。

同时涌现出一批学科名师的联盟，如以张胜辉等为代表的小学数学名师联盟，以徐艳霞等为代表的小学语文名师联盟，以李明、司德平、刘新选为代表的高中物理名师联盟等。众多的名师联盟以名师工作室为基础，开展了丰富多彩的名师教学研讨提升活动，大大促进了一线优质教研活动的开展，让中原名师的引领作用下沉到最需要的地方去。

中原名师培育工程推进以来，还取得很多丰硕的有形成果。多人的专著在中原名师培育工程的帮助下得以出版，许多中原名师课题经过专家现场考核答辩，通过论证，获得立项批准。

在河南省正高级教师评审、特级教师评审、最美教师评选、省十佳班主任评选等活动中，也总是有中原名师的身影，充分体现了中原名师培育工程所取得的成效。

2018 年 7 月，在河南师范大学举行的“河南省中原名师流动工作站暨中原名师工作室省级名师培育工程”启动仪式上，时任河南省教育厅副厅长的毛杰这样讲道：“党的十八大以来，在省委、省政府的正确领导下，我省教师教育取得了全方位、开创性的发展，以中原名师为引领的教师队伍梯队攀升体系已成为我省教育的一张名片。”这是对中原名师培育工程的实施成效做出的中肯评价。

第二章

多维视角下中原名师成长因素的定量研究

第一节
中原名师成长因素调查问卷设计与结果统计

一、调查问卷设计

为探寻中原名师的成长规律，本研究采用定量研究的方式，在问卷设计上着重从“读书学习、教学反思、教研科研、更新理念”等视角考察中原名师成长的内驱动力；从“专家讲座、跟岗实践、网络教研、送教下乡”等视角考察中原名师成长的外在诱因。在此基础上，从性别、年龄、学段、学科、职称、学历、行政管理职务、政治面貌、名师所在学校情况等维度，详细分析内驱动力和外在诱因对中原名师专业发展的交互影响。为此，在调查问卷的结构设计中，包含开放式问题和封闭式问题两种类型，在问卷实测过程中进行多次试答、讨论、修订，问题从结构上包含单选题、多选题和排序题等形式，共计 30 个条目，允许对问题选项的答案进行开放式补充说明。同时，在研究中增加适当的个案访谈，以弥补定量调查部分未能涵盖的内容，确保研究设计结构的完整性。实测中采用网络匿名调查形式，运用问卷星作为调查工具，然后由项目主持人在中原名师微信交流群中进行分发，在被调查对象回答后回收问卷，最后对回收的有效问卷进行统计分析。

二、调查对象

本研究采取整群抽样的方式，将 2013 年至 2018 年所有各批评审通过的中原名师及正在考核期的培育对象作为调查对象，通过微信回复作答，共收回调查问卷 954 份，回收问卷有效率达 100%。

（一）名师个人信息

1. 性别、年龄、教龄构成

问卷调查发现，目前中原名师队伍呈现出三个基本特征：男女比例约为 1 ∶ 3.15，女教师是名师队伍的主力军；年龄在 31—40 岁的教师占 48.22%，41—50 岁的教师占 39.58%，二者约占总人数的 87.80%；教龄在 16—20 年的教师占 27.15%，21—25 年的教师占 28.98%，二者约占总人数的 56.13%。年富力强、经验丰富是这支队伍的突出特点。结果见图 2.1-1、图 2.1-2、图 2.1-3。

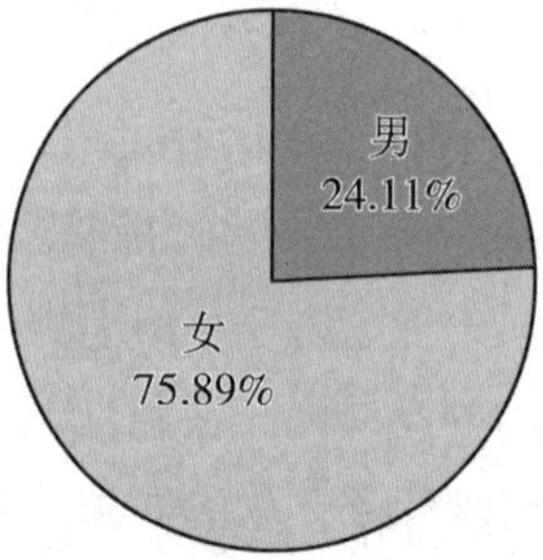

图 2.1-1 男女性别比例

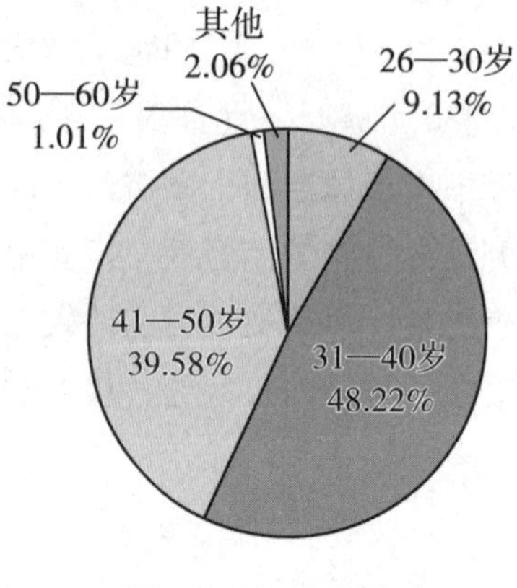

图 2.1-2 年龄分布

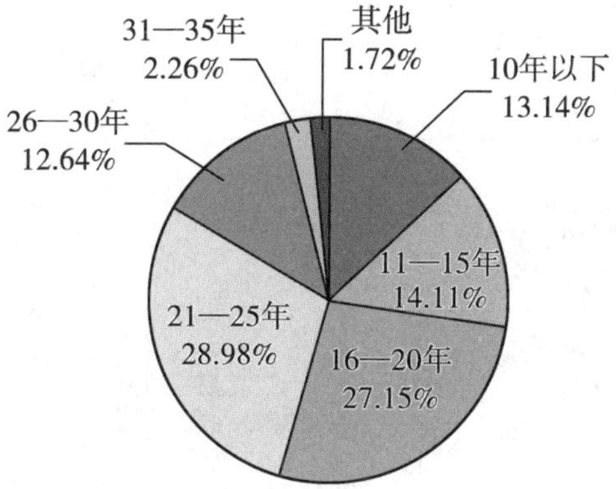

图 2.1–3　教龄分布

2. 学段、学科构成

学段涵盖了幼教、小学、初中、高中、大学和其他 6 个学段，学科涵盖了幼儿园、语文、数学、英语、道德与法治、历史、地理、物理、化学、生物、体育、音乐和科学在内的 13 个学科，涵盖面广。这表明任何学段和任何学科的教师，只要具备评选条件均可成为中原名师。结果见图 2.1–4、图 2.1–5。

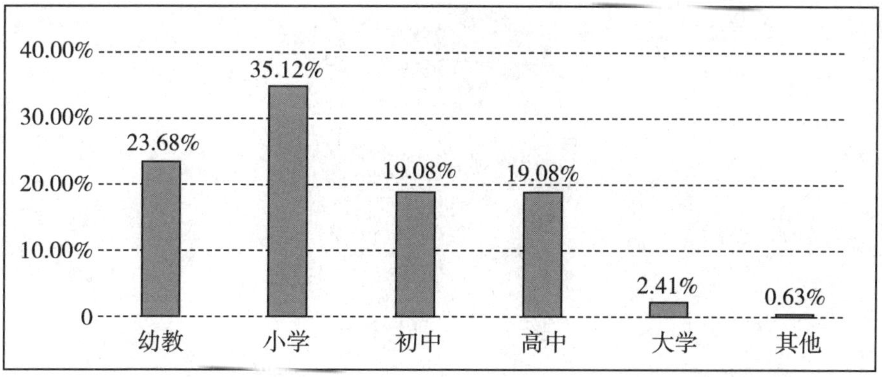

图 2.1–4　学段构成

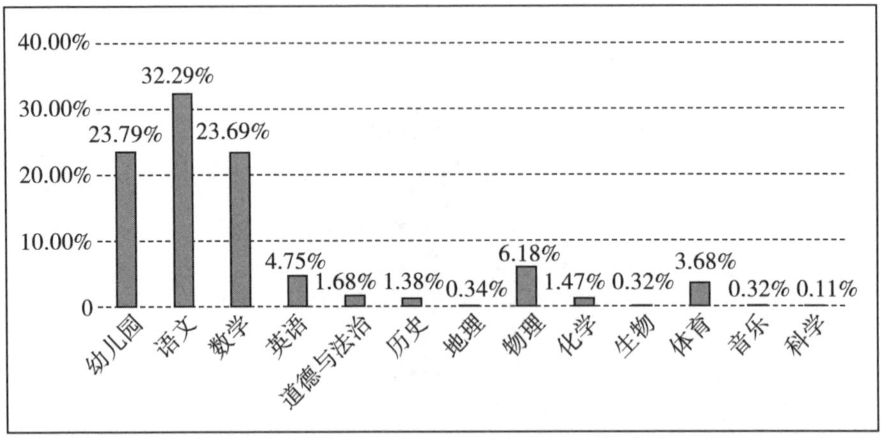

图 2.1-5　学科构成

3. 职称构成

从职称看，中小学一级教师到正高级教师均有。调查发现 57.32% 的教师为中小学一级教师，27.99% 的教师和 1.05% 的教师分别为中小学高级教师和中小学正高级教师，分布较为合理。结果见图 2.1-6。

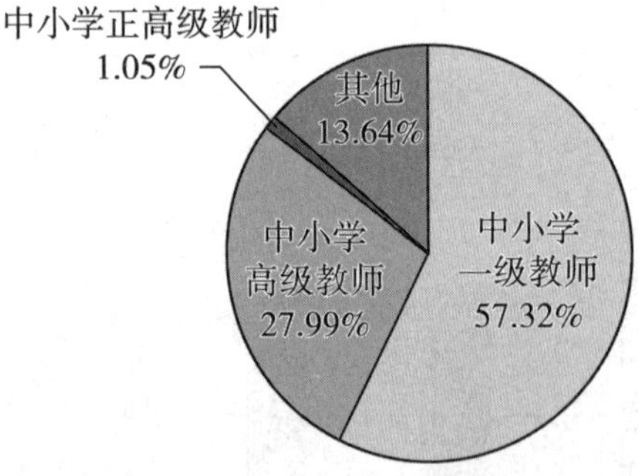

图 2.1-6　职称构成

4. 学历构成

统计数据表明，被调查教师的原始学历近一半是中专，这是现行教育体制所决定的。最高学历中本科占到 86.79%，专科占到 6.50%，说明他们并不满足于既有学历，在业余时间主动接受更高学历的学习，积极参加各种形式的在职课程进修，表明他们对专业知识的提升具有强烈的追求。结果见图 2.1-7。

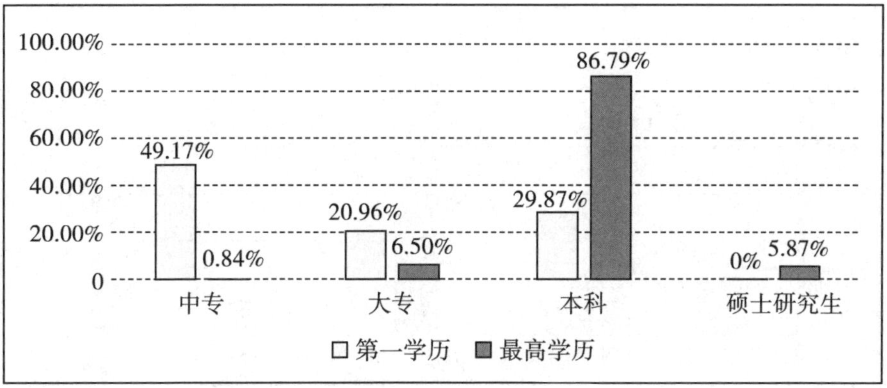

图 2.1–7 学历构成

5. 行政管理职务构成

调查数据显示，被调查者中 55.56% 的教师是一线带班教师，44.44% 的教师是一线教学管理人员，说明名师的主体来自基层教学与教学管理人员，选拔政策的基层导向是合理、正确的。结果见图 2.1–8。

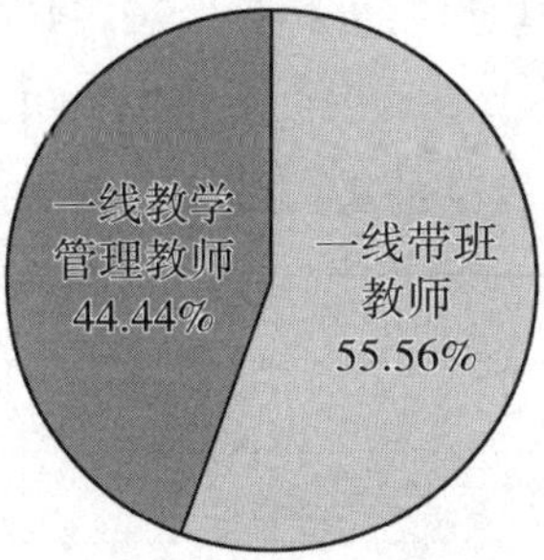

图 2.1–8 行政管理职务构成

6. 政治面貌构成

调查数据显示，被调查者中 53.46% 的教师是中共党员，12.05% 的教师是共青团员，表明名师队伍的政治素质和思想素质是很高的，与立德树人的培养目标是高度匹配的。结果见图 2.1–9。

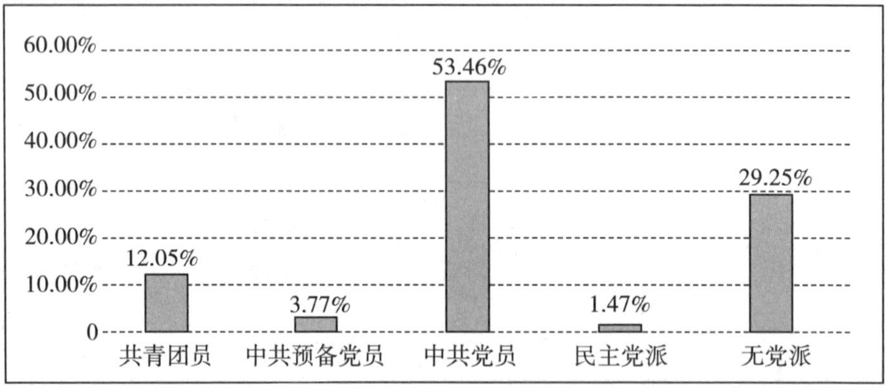

图 2.1–9 政治面貌构成

（二）名师所在学校的情况

1. 所在学校的地理位置

从地域看，从村到省会的中原名师均有入选。调查数据显示，省辖市的学校占 52.31%，其次是县城的学校占 26.94%，乡镇学校、省会学校和省直管县所属的学校分别占 6.60%、4.82% 和 4.19%。地域分布情况与优质教育资源分布的一致性程度较高。结果见图 2.1–10。

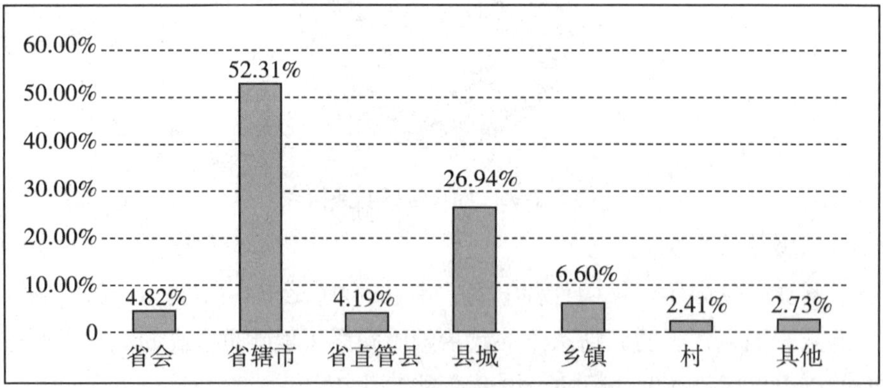

图 2.1–10 所在学校的地理位置

2. 所在学校的级别

调查数据显示，国家级示范学校占 3.04%，省级示范学校占 42.14%，市级示范学校占 35.12%，说明优秀的名师往往拥有优质的教育资源，而优质的教育资源多来自高质量的学校。结果见图 2.1−11。

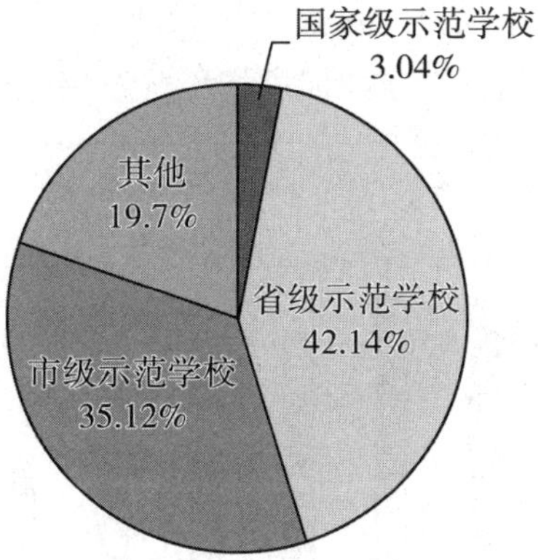

图 2.1−11　所在学校的级别

（三）名师专业成长情况

对问卷结果的数据分析发现，100% 的被调查教师认为中原名师培育工程有作用，其中认为作用很大的达到 75.60%，认为作用比较大的占 18.89%，两者相加占到近 95%，充分证明了中原名师培育工程对名师专业发展具有巨大的促进作用。结果见图 2.1−12。

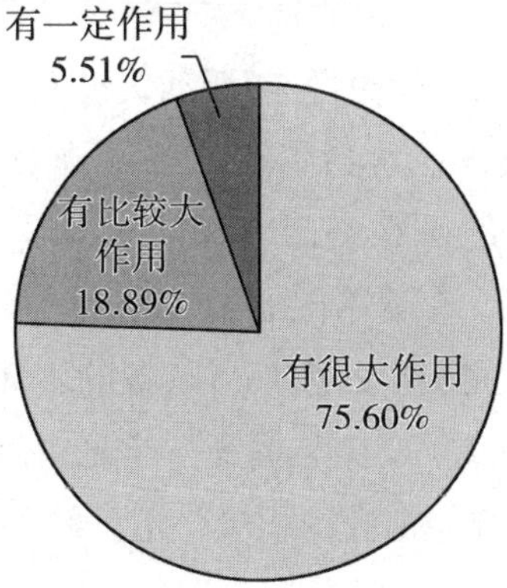

图 2.1−12　名师专业成长情况

1. 专业发展活动

在 12 个选项中，被调查对象对其中 8 项活动的认可度都超过 50%。其中认可度最高的是工作室集中研修，达到 91.10%，其次是中原名师本人的引领、工作室导师的指导、专家讲座、论坛交流、同伴帮助、课题研究、参加名师工作室联盟活动等。足见中原名师培育工程的众多活动对于促进中原名师专业发展起到了一定的促进作用。结果见图 2.1−13。

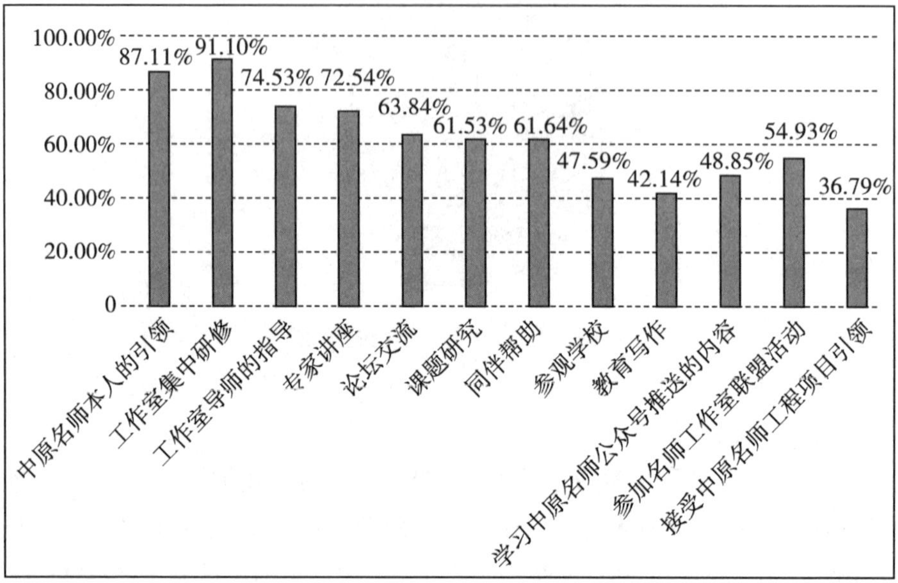

图 2.1−13 专业发展活动

2. 专业技能提升

通过参加中原名师工作室的各项活动，被调查教师认为专业技能中提升较多的是教育教学理念，达到了 93.29%，其次是学科专业理论与技能及教学实践技能，分别达到了 85.01% 和 75.89%。在名师工作室中，成员来自于不同的教学环境，有着不同的教学经历，积累着不同的教学经验，通过参与各项活动，不同层次的教师所具备的不同程度的教学经验及所积淀的教学专业知识都得到了交流与提升，足见中原名师培育工程中的各种活动对被调查对象专业技能提升的积极作用。结果见图 2.1−14。

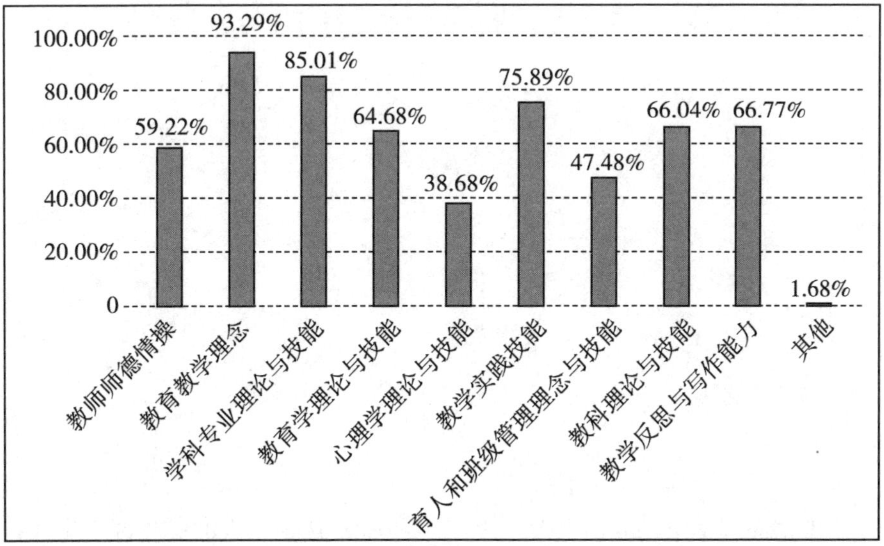

图 2.1-14　专业技能提升

第二节　中原名师成长的内驱动力分析

美国心理学家马斯洛（A. H. Maslow）认为，人的成长源于个体自我实现的需要。所以教师的发展不能仅仅依靠学科知识的学习或正规的教育理念的学习，而更大程度上要依赖自助。这种“自助”就意味着教师要从自身的教育实践活动中寻求自我成长的源泉和动力，实现自主发展。教师自主发展是指教师个体自觉主动地追求作为教师职业人的人生意义与价值的自我超越方式，是教师发展的实质，具有发展需求和愿望的内在性、发展内容的个体性、发展个体的自觉主动性等特点。自主发展意识可以简单理解为教师想要成为一名“好”教师的强烈愿望。在教育实践中，具有自主发展意识的教师通过各方面的努力向“好”的方面靠近，并长期地坚持这种行为。强烈的自主发展意识可以实现教师发展从“被动”到“主动”的转变，只有当自己真正有了成长的“内动力”，教师自身才会发现机会、珍惜机会、抓住机会。在调查问卷第 27 题“您所在工作室的中原名师，哪些方面的表现特别值得您学习”，有 87.42% 的人选择了“读书学习”；有 69.39% 的人选择了“教学反思”；有 81.45% 的人选择了“科研课题研究（教研科研）”；有 72.54% 的人选择了“教学创新（更新理念）”。通过调查分析，把中原名师成长的内驱动力概括如下：

一、读书学习

不断进行学习是教师实现自主发展的知识资本，这是名师诞生的重要保障。自主发展不是盲目的学习，而是在大量的知识背景下实现教育资源的整合，实现有深度、有速度、有温度的教学。新的教育理念、教育课程、教育手段和方法的提出同时也是对教师自身知识结构更新的要求，所以教师需要通过自身的不断发展完成对新生事物的适应，更好地去适应教育实践的需要。而这种发展如何得以实现，用苏霍姆林斯基的话来说就是“只有每天不断地补充自己的科学知识，你才有可能在讲课的过程中看到学生的脑力劳动；占据你的注意中心的将不是关心教材内容的思考，而是对于你的学生的思维情况的关心。这是每一个教师的教育技巧的高峰，你应当努力向它攀登”。不仅如此，苏霍姆林斯基还指出，教师应该每天不间断地读书，跟书籍结下终身的友谊。

有人说，教师这个行业是传授知识的行业。因此，教师作为知识的传播者，在专业发展过程中要具有一定的知识储备才能胜任。要提高自己的知识储备量，读书是最好的方法。有的教师可能会认为读书就是为了备课，其实这只是一个方面，从专业发展来看，不仅仅要有纵向的专业知识储备，更要从横向上拓宽自己的知识面，提高自己的人文素养。所以，要想成为一位名师，就要与时俱进，那么读书、学习对于教师来说就应该是终身不能间断的，要永远像海绵吸收水分一样去吸收知识。

针对“作为一名中原名师，您认为下列几项描述与您的实际比较相符的有”这一问题，被调查者回答的统计结果为：

选项	小计	比例
言行一致	66	75.86%
关心他人	58	66.67%
严于律己	67	77.01%
宽以待人	57	65.52%
持之以恒	74	85.06%
做事认真	79	90.80%
追求上进	77	88.51%
其他	6	6.89%
本题有效填写人次	87	

二、教学反思

在教学过程中，教师要善于反思。美国著名哲学家和教育家杜威(J. Dewey)在其著作《我们怎样思维》一书中，对教学行为做了明确的规定，即常规教学行为和反思教学行为。他对于前者进行了批判，要求教师成为反思教学的实践者。反思教学行为是指教师对教育理念和实践进行积极的、持久的和认真的思考，进而找到进一步支持这种理念、实践和产生进一步结果的理由。

美国心理学家波斯纳（G. J. Posner）曾将教师的成长与其对自己经验的反思结合起来，提出了一个教师成长的公式：经验 + 反思 = 成长。这意味着，教师在成为名师的路上，只有教育实践和不断学习是远远不够的。经验不一定意味着成长，还必须将其内化。赞可夫曾说过："没有个人的思考，没有对自己经验寻根究底的精神，提高教学水平是不可思议的。"每一位教师的教育实践是否合乎教育规律，不仅需要外界的评价，更需要自身不断的反思。所以，教师不但要是一个学习者，更要是一个反思者。

在被问到"您认为中原名师培育工程的实施，对中原名师在哪些方面的发展帮助较大"时，被调查者的回答结果统计为：

选项	小计	比例
教师师德情操	40	45.98%
教育教学理念	81	93.10%
学科专业理论与技能	46	52.87%
教育学理论与技能	47	54.02%
心理学理论与技能	13	14.94%
教学实践技能	38	43.68%
育人与班级管理理念与技能	18	20.69%
教科研理论与技能	70	80.46%
教学反思与写作能力	62	71.26%
其他	5	5.75%
本题有效填写人次	87	

三、教研科研

教研科研，是教师的发展之本。长期以来，教师在教育活动中的任务被指定为“传道、授业、解惑”，事实上，教师的工作是一个充满创造性的过程，必要的教育研究活动是教师自主发展的不断升华。这里的教育研究，并不是严格意义上所指的科学研究，也不是什么高深莫测的事情，而是指教师们就某种教学现象，经过一段时间的观察、思考和探索，发现其背后隐藏的教学规律或者问题，从而实现更优的教学。教育研究可以说是集合了教学实践、不断学习和反思后，教师自主发展的最高形式，也是一位名师诞生的必经过程。

名师的成长过程基本上是学习—实践—研究的过程。教师要搞好教学，就要善于学习教育教学理论，并运用于自己的教学实践。更为重要的是教师在教学过程中反思自己的教学行为，用批判和审视的眼光，对自己的教学观念和教学行为、学生在课堂上的表现、教学目标达成度等情况进行分析，找出不足之处，分析原因，思考改进之策。反思的过程就是学习、总结、提高的过程，将反思的结果写成心得、体会，将教学中发现的一些共性的问题提炼出来，形成课题加以研究。只有经过反复地学习—实践—研究，名师的教育科研素养才会不断地提高。这也是一般教师成长为名师的关键阶梯，更是一般教师与名师的分水岭。

四、更新理念

教育理念是教育思想家乃至整个民族长期蕴蓄和形成的教育价值取向的反应、体现和追求，是关于教育发展的一种理想性、精神性、持续性和相对稳定性的范型，具有导向性、前瞻性、规范性的特征。教师的教育理念是长期以来的个体经验、教育思想观念与教育实践的有机结合，并自觉地指导自身实践的结果。教育理念最终可以内化为教师的个人教育哲学，指导教师专业实践，实现教师专业理想。名师深知职前教育阶段的学习仅仅是职后从事教育的基础，职后需要在教育实践的基础上不断地学习各种教育理论知识、与时代信息相关的科技文化知识等，树立终身学习的理念。这样的教育理念是一种具有“远见卓识”的教育追求，他们在教育实践中秉承这样的教育理念前行，塑造出了具有健康体魄、完善人格、知识完备与能力综合的全面发展的人。

（一）教学理念的创新

教学理念包含教师对教学和课程本质的认识，对教学过程的认识，对学生的地位和教师作用的认识等基本观念。以课程观和教学观为主要内容的教学观念决定着教师的教学行为，教学观念的创新是其他教学创新的先导。在课程观上，作为名师，他们的教学内容不再拘泥于规定的课本或教材，与学生生活密切相关的内容都可以构成教学内容，且善于开发各类教育资源，并将其转化为适于学生身心发展特点的课程资源。在学生观上，始终秉持全面发展的观点，关注学生的不同个性，平等地对待每一位学生，将爱的雨露洒向每一位学生，致力于形成一种相互信任、相互尊重、民主平等的友好师生关系。在教育观上，名师认为，学生的生活世界与教育世界是密不可分的，教育不能偏离学生的生活世界。在评价观上，名师更加注重发展性评价，用发展的动态的眼光看待学生的表现，对学生的微小进步能及时地给予充分的肯定与鼓励，发展性与总结性评价有效结合，促进学生健康成长。

（二）教学目标的创新

我国的教育目的是从宏观的国家教育目的到各级各类学校的培养目标再到课堂教学的教学目标，层层细化。名师能紧密结合自身的教学实践与时代特色，确立明确的教学目标。“成人”教育是名师在教育教学实践中确立的共同目标，学生是发展中的人，首先要在教育中塑造其良好的品格与健康的体魄，也就是教育首先让学生成为人，那么平等地与学生相处，创设一种民主和谐的氛围显然对“成人”是有益的。

（三）教学内容与方法的创新

教学内容是教学过程中连接教师与学生的主要媒介信息，传统的教学内容被定格在教材、课本等有形媒介上，而随着教育改革的不断深入，与学生生活世界密切相关的一切事件都可成为教学内容的一部分。教师应具备课程开发的能力，教学内容不仅注重知识的传授，更强调能力的培养与健康人格的养成。“工欲善其事，必先利其器”，教学方法的革新体现在对多种教学方法的灵活运用，并达到事半功倍的教学效果。

综上所述，持续学习为教学反思和教育研究注入了新鲜的血液，为教学研究与时俱进赋予了时代的内涵，可以说不间断的读书学习会使教学更饱满，更具有艺术性和生命力。教学反思是教师自主发展的稳定剂，它渗透在教学实践和研究的方方面面，有益的教学反思能够使自主发展符合教学规律。教育研究是前者的合成体，是教师自主发展走向名师的质的飞跃。相反，教育研究的成果又会进一步去指导教学实践，可以说，它们之间存在着千丝万缕的联系，共同构成了名师成长的内驱动力。

第三节　中原名师成长的外在诱因分析

中原名师工作室通过开展专家讲座、跟岗实践、网络教研、送教下乡等多种形式的活动，给工作室的教师以及周边能辐射到的教师群体搭建了一个学习平台。教师可结合自身的教学实际情况和教学理论的实际水平，选择一个恰当的方式将名师的教学方法和技艺、教育理念和主张、教学思想和智慧融入到自身的发展中去，产生实际的教育作用。

一、专家讲座

名师工作室的诞生是一个发挥名师作用的重要途径，工作室通过对工作内容和目标进行认真的规划，组织策划多种借助名师力量达到促进教师专业成长为目的的活动，邀请专家开展讲座就是其中之一。在调查问卷第22题“您认为中原名师工作室应当多举办哪类活动会更好地促进工作室成员的专业成长”，有79.04%的人选择了“专家讲座”；在调查问卷第25题“您认为如果自己将来能够成长为中原名师，最重要的因素应当是”，有24.53%的人选择了“关键人物（专家或名师）引领”。由此看出专家引领对教师专业成长的重要性。不同领域的专家、名师对教育教学有不同的见解和主张，名师工作室会结合教育改革发展的需要、名师工作室成员的发展需要、名师工作室自身的特色以及工作室的工作计划等来邀请多个领域的专家、名师，工作室成员在与这些不同领域的专家、名师进行交流的过程中，根据自己成长发展的需要不断汲取养分，不断地得到进步。

（一）同一学科专家讲座

名师工作室在邀请专家来工作室开展讲座时，邀请最多的通常是工作室同一研究方向的学科名师。这些名师往往专业能力过硬，对自己所教学科的本质有着深刻的理解，其在教育教学水平、科研能力等方面都是一流的，邀请他们来开展讲座，其会将对教学的理解和思考、自身教学素养的积累传达给更多本学科的教师，促进教师的反思和进步。此外，因为工作室成员主要还是由同一学科的教师组成的，邀请同一学科的专家来开展讲座，能够帮助工作室成员解决现实教学上的困惑和问题，帮助他们更快地成长。

（二）其他学科专家讲座

名师工作室除邀请工作室同一研究方向的学科专家、名师之外，还会邀请其他多个学科的教学名师。由于我们所学的学科知识原本就是从一个非常庞大的完整知识体系中分离出来的，因此，不同学科的知识在一定程度上是相互重合和联系的。名师工作室邀请不同学科的专家和名师来工作室讲座，给工作室的成员以及其他教师提供了一个跨学科听讲的平台，在教师的专业成长方面发挥了很大的作用。

（三）教育学、心理学和管理学专家讲座

教育学和心理学是广大师范生在步入教师岗位之前所必须学习的两大重要学科。一线教师对教育学的深入学习，不仅可以提高自己对职业价值和重要性的重新认识与理解，而且可以帮助其找到教育教学的规律和方法，学习更加有效的教学策略和技能，帮助教师解读各种教育方针政策，深化对教育改革的认识，激励其探索教育的未来发展。

教师的教学技能和方法是影响教学效果和学生正常发展的一个重要因素，但是教师的心理健康状况同样重要，教师的心理状况会对学生和其他教师的心理行为产生直接或者间接的影响，对教师个人本身的教学工作也会产生很大的作用。因此，教师对心理学的继续学习，不仅可以帮助教师

正确地掌握教学对象的发展规律和认知特点，帮助教师较好地完成教学任务，还可以对教师自身的心理素质结构进行优化，帮助教师增强和学生之间的互动，同时，还能够帮助教师增加对自身心理状况的认识，采取积极的方法，缓解工作带来的压力和心理困扰。管理学的学习对于教师来说也是尤为重要的，教育是管理的基本形式，管理是教育的基本手段，在日常的教学中，加强课堂纪律秩序的管理，建立规章制度，既是一种规范，也是一种管理理念。

在被问到“您认为中原名师培育工程应当多举办哪类活动会更好地促进中原名师团队的专业成长”时，被调查者的问答统计结果为：

选项	小计	比例
专家讲座	51	58.62%
跟岗实践	62	71.26%
论坛交流	46	52.87%
名师联盟互动	55	63.22%
省内外名师联合活动	61	70.11%
教师学历提升	13	14.94%
名师工作室建设展示	39	44.83%
名师国内外访学	73	83.91%
其他	5	5.75%
本题有效填写人次	87	

因此，名师工作室邀请教育学、心理学和管理学方面的专家来工作室开展讲座活动，对教师的心理发展、教师对学生的认知与管理以及学校教育的健康发展都有着重要的作用。

二、跟岗实践

跟岗实践以教育教学实践为核心取向，始终关注教师的教育教学实践，关注教师对实践活动的实际参与，关注教师在教育教学实践中的行为转变，关注教师对实践经验的总结提升与分享。跟岗实践还提倡充分利用优质城市教育资源和名师课堂教学、活动课程作为教师培训资源，积极探索以实践、体验和成长为主题的教师研修模式。在调查问卷第 22 题“您认为中原名师工作室应当多举办哪类活动会更好地促进工作室成员的专业成长”，有 72.22% 的人选择了“跟岗实践”；在调查问卷第 28 题“作为一名中原名师工作室的成员，您认为下列哪种方式最能促进您的专业发展”，有 29.98% 的人选择了“到中原名师身边进行跟岗实习”，针对目前教师培训重理论、轻实践的现象，名师工作室在培育名师的活动中把跟岗实践作为重要环节，以期通过理论学习与实践性的跟岗实践相结合，让参加培育的名师理论方面得以升华，实践技能得以提高。

由于跟岗实践是教师培训中唯一能够使参训教师深入优质学校向一线教学名师进行持续性学习的培训环节，对参训教师深刻体会和感悟教学名师的理念、策略和行为有着不可替代的作用。

在问到“您认为中原名师培育工程中哪些活动最能促进中原名师团队的专业发展”时，被调查者回答结果统计为：

选项	小计	比例
集中研修	79	90.80%
导师指导	60	68.97%
专家讲座	65	74.71%
论坛交流	58	66.67%
课题立项	70	80.46%
同伴帮助	55	63.22%
参观学校	50	57.47%
教育写作	48	55.17%
年度考核	26	29.89%
中原名师公众号的推送	33	37.93%
名师工作室联盟	49	56.32%
名师工程项目办的引领	50	57.47%
其他	3	3.45%
本题有效填写人次	87	

三、网络教研

通常形式下的教学研究活动一般是由教师上课、名师评课、教师团体集中研修等环节组成，这种形式的教学研究活动通常是需要教师等所有人都到场，在一个空间内进行讨论，但是由于教师教学工作繁杂，地理位置的不确定和人员的限制等问题，往往使得教研活动的次数少、教研时间短，教师受到的专业指导机会少。正是为了弥补这些缺点，名师工作室利用论坛、微信、QQ等网络工具开展多种多样的教研活动。在调查问卷第22题“您认为中原名师工作室应当多举办哪类活动会更好地促进工作室成员的专业成长”，有56.39%的人选择了“网络论坛交流”，网络教学研究这种新的研究形式，实际上使得教师能够跨越时间和空间的限制，实现随时随地的交流和沟通，拓宽了教师参与教学研究的机会，这样教师就有更多的机会来学习新知识、新思想和新方法，加强了教师与专家的交流，促进了教师的专业成长。

四、送教下乡

送教下乡活动是为减少城乡教育教学差距，平衡城乡教育发展速度的一个重大举措，送教下乡的目的在于对教师资源进行优化配置，使得城乡教育能够协调化发展。在调查问卷第22题“您认为中原名师工作室应当多举办哪类活动会更好地促进工作室成员的专业成长”，有64.05%的人选择了“省内外名师联合活动”；在调查问卷第28题“作为一名中原名师工作室的成员，您认为下列哪种方式最能促进您的专业发展”，有6.71%的人选择了“开展名师工作室送课送讲座等活动”，而名师工作室作为教师专业发展的共同体，具有名师等一大批优秀教师资源以及丰富的教学设施资源等，将先进的教育理念和教育方法带入乡镇课堂，推动乡村教育的进一步发展。通过送教下乡，名师工作室成员自身的教育素质和教学技能也在不断地提高。工作室成员永远站在教学的第一线，对教育现象进行思考，不断地践行和创新，将新的教育理念、新的知识和方法送给乡镇教师，促进他们的发展，从而进一步推动新课程的改革。

（一）教学示范

教学示范是指送教的教师通过对送教内容的思考和设计，尽可能多地将教育理念和教育技能水平体现在这个教学的过程中去，将自己设计的亮点和思考的着眼点表现出来，让观课的教师对这节课有着不同以往的思考，并从中受益。

（二）专题讲座

专题讲座是指教师根据某一教学问题或教学理念的思考，选择某一主题形成专题研究，由中原名师发挥带头作用，带领教师站在教学实践的角度，用教育理论对教育问题进行分析和思考，加深教师对教育的理解。一般送教教师在上完示范课之后，名师会进一步解读教学的设计理念，解决听课教师的问题和困惑，同时又站在了一个更高的视角对整个知识教学进行分析，这样有利于开阔教师的视野，深化他们对教学的思考和理解。这种专题讲座的形式着力解决参加听课教师的思想和认识困惑，回答他们提出的问题；或者是研究在新课程背景下，学科知识教学和教学思想的建设；或者是研究提高学科知识教学质量的途径。

通过名师工作室组织的系列活动为名师的专业发展提供了学习资源，能够促进教师之间的专业知识与经验的交流，提高教师对教学的反思能力，在促进名师的专业发展方面发挥着很大的作用。

（三）结对帮扶

结对帮扶是以先进带动后进，以优势带领劣势的一种优势群体帮助扶持相对弱势群体的形式和手段，可以是一对一，也可以是多对一，还可以是多对多互相结对。依托中原名师工作室的平台，由城市教师发挥带动作用，通过资源共享、案例分析、岗位互换等活动，使被帮扶的教师在感受城市教师的教学方式方法，参与上课、听课、教学研讨之后，教学能力、学习能力分别有了进步，并能结合当地学校特色理念，及时把握教育更新信息，从实际出发，针对问题，解决问题。

第四节　中原名师成长的多因素交互作用分析

一、名师成长的多因素分析

名师成长的过程涉及很多因素，这些因素又构成错综复杂的相互关系，在这些因素、关系之间很难区分谁主谁次、谁重谁轻，它们之间并非简单直接的因果关系，而是复杂的交互作用、双向甚至多向的建构。这些因素、机制发生与否，还取决于具体的人、时间、活动环境等随机出现的条件。概括起来主要表现为以下几个方面：

（一）职业理想

职业理想是名师成长的动力因素，崇高的事业心、强烈的敬业精神是名师的“师魂”。一个教师有了“师魂”，当他走上讲台或接触学生时，就会把一切烦恼、困难、痛苦等抛到九霄云外，心中想的是教学，心里装的是学生，“捧着一颗心来，不带半棵草去”。因此，要成为一名合格的人民教师乃至研究型、专家型的名师，首先必须热爱教育事业、热爱学生，并为教育事业无私奉献。

（二）职业信念

职业信念是名师成长的重要因素，是教师实践的基本前提，能够积极推动教师在日常教育教学实践中身体力行地践行这一理念。教师个体的信念是从其学生时期开始树立和发展的，是教师个体信奉的以个人逻辑和心理重要性为原则构建起来的“信息库”，可以说，教师的职业信念是教师教育教学实践行为的参考框架。名师身上显示出的坚定职业信念，是引导其走向“名师”的重要因素。观念是行为的先导，是对个体行为产生持续影响力的源泉。教师的职业信念体现了其对于教师事业矢志不渝的情感与为之奉献的意志，是支撑教师自主、积极、专注、持续投入教育教学事业的动力来源。由于教师工作的特殊性，特别是其重复且固定单一的教学工作，极易产生职业倦怠，面对从教压力，需要教师的职业信念，从而不畏艰难、持之以恒。

（三）先进理念

先进理念是名师成长的关键因素，可以说，一切先进的教育改革都是从新的教育观念中生长出来的。新一轮课程改革提出了变“教师中心”为“学生中心”，变“单向关注”为“多向关注”，变“独立学习”为“合作学习”等十大转变，如果安于现状，不与时俱进，就有可能成为新课改的绊脚石。因此，必须树立新的教育理念，在教学中时刻注意面向全体学生，促进学生全面均衡发展，张扬学生的个性，注意培养学生的创新意识，树立全新的学生主体意识，平等对待学生，关注学生的身心健康权、人身自由权、人格尊严权、声誉权和隐私权，能客观公正地评价学生。能在教育过程中不断充实和完善自己，养成独特的人格特征，用人格和灵魂去感染和影响学生。

（四）知识结构

知识结构是名师成长的基本因素。名师的知识结构，是一个有若干层次组成的网络系统：第一层次是条件性知识，包括教育学、心理学、学科教学论等，这些是知识结构的核心；第二层次是本体性知识，即大学所学的专业课程，据统计，一个人在校学到的知识只占全部工作所需的 20%，其余的都得靠自己学习；第三层次是扩展性知识，即学科以外广博的文化知识，上至天文、下至地理，都要有涉猎；第四层次是实践性知识，如方法论知识、计算机知识、网络知识、外语知识等等。第三、四层次是外围层次的知识，教师尽可能多懂些，知识面尽可能宽些，否则，停止学习就意味着停止成长，教师与学生的共同语言也会逐渐减少。

（五）能力素质

能力素质是名师成长的核心因素。上海著名特级教师顾泠沅认为“真正的名师是在学校里、课堂里摔打出来的”。教学是门艺术，在平时的课堂教学中必须牢固掌握教学技巧。娴熟地运用教学技巧有助于改善课堂情境，提高课堂教学效率。教学技巧的运用体现在教学的各个环节，如：在导入新课时，要考虑采用什么方法吸引学生的注意力，激发学生的学习兴趣，让学生以饱满的热情参与到课堂教学中来；在提问时，注意提出的问题要具有启发性，能调动学生思维的积极性；运用教具、课件应有技巧，既要引起学生的兴趣，又不分散其注意力，既要有利于形成表象，又要有利于借助教具进行抽象概括。此外还应当在组织活动、课堂管理、学生评价等方面讲究技巧。知识经济最为突出的现象就是信息技术的广泛应用，现代教育技术在扩大教育规模、实施素质教育、提高教学质量等方面起着重要的作用。因此，要成为一名名师，要能在未来的竞争中处于优势，就必须学习和使用计算机，掌握计算机应用的基本知识和技能，能运用计算机进行办公、检索资料、统计分析，能使用多媒体课件上课，能制作简单的多媒体课件。

在被问到“您认为自己要成为一名真正的中原名师，还需要从哪些方面进行自我完善”时，被调查者回答的统计结果为：

选项	小计	比例
读书学习	73	83.91%
专业写作	75	86.21%
教学能力提升	44	50.57%
教育能力提升	51	58.62%
科研课题研究	73	83.91%
教学成果提炼	80	91.95%
教学反思	38	43.68%
教学创新	61	70.11%
其他	3	3.45%
本题有效填写人次	87	

（六）环境氛围

环境氛围是名师成长的外部因素。从社会学的角度来看，每个人并不是单独地生活在这个社会当中，在人出生的那一刻，他就被置于一种社会关系当中，所以每个人的成长与发展都与自己身边的环境紧密相关。

名师成长与环境氛围有很大的关系。一方面，这个环境是指社会环境：在尊师重教的传统文化精神下，名师普遍有这样的“教育自觉”，在继承教育文化传统、实现传统学校教育文化的创造性转化的过程中，把教育纳入到人类生存和可持续发展的框架内进行反思与研究，以期重新确立学校教育改革与发展的新理念。另一方面，名师成长也离不开宽松的教学环境。作为一名教师，最重要的就是所在工作单位的环境对自己的影响。有研究表明，教师的成功是一个群体动力、互动感应的过程，构建有思想的教师团队对每位教师来说都非常必要。和有思想的教师一起成长，在良好的教师集体中耳濡目染，学习和借鉴老教师的教学经验，能很好地激励教师不断地学习和反思，尤其是教研、科研、学术的良好氛围，对名师的成长影响极大。

二、多因素作用下的名师成长表现

正是基于以上因素的相互作用和影响，一批有追求、有理想的名师在教学能力、自我发展能力、与同事合作的能力、教学评价能力、教学反思能力、与学生的沟通能力等方面都有明显提升。

通过对问卷结果的数据分析发现，在总共 7 个选项中，被调查对象认为名师有别于普通教师的素质及程度差异主要体现在个人素质、教学水平、育人或班级管理水平和科研理论水平四个方面。其中认可度最高的是教学水平，达到了 92.87%，其次是科研理论水平、育人或班级管理水平、个人素质等。结果见图 2.4−1。

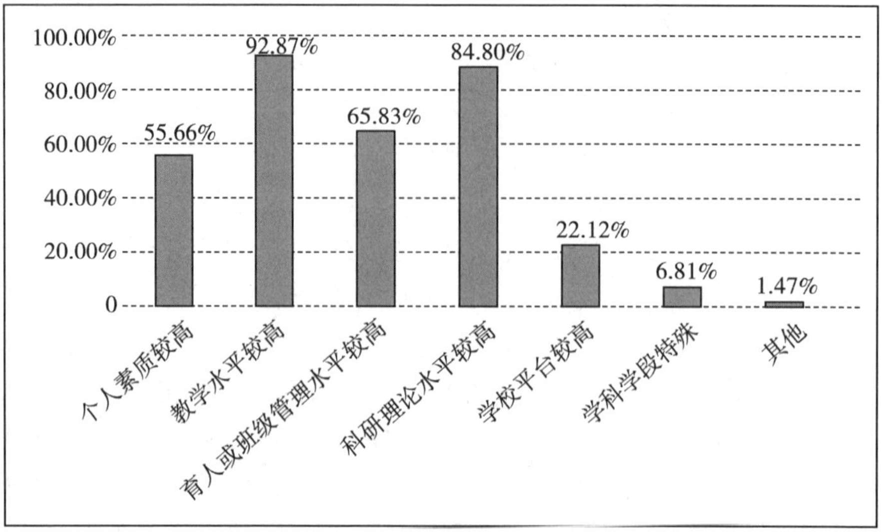

图 2.4-1　名师所特有能力统计

（一）教学水平（课堂教学实施、赛课等）较高

具有较高的教学水平是名师区别于普通教师最显著的表现，名师在教学中能在深入分析和研究教材的基础上，以自己的教学风格设计出独特有效的教案，对教学内容进行有效处理，并选择合适的教学方法、现代化的教学手段，运用其独创的教学法将教学内容高效地传授给学生。同时他们也特别注意汲取新的“营养”，学习掌握各种新信息，多方面、跨学科地挖掘教育资源，在此基础上不断更新、完善教学内容。此外，他们不仅自己善于学习，总结出有效的学习方法，还会指导和帮助学生掌握这种有效的学习方法。在处理教育中的偶发事件时，名师一般都能做到循循善诱、善于因势利导，以此作为教学资源，引导学生发展；此外，他们还能够针对学生的年龄特点及个体差异进行因材施教，在学生的要求方面能掌握好分寸，既严格要求，又适当宽容，使学生能自由地朝着有利于自己的方向全面发展。

（二）科研理论水平（论文发表、课题研究）较高

科研能力是名师区别于普通教师的一个重要特征，从一名普通教师到

名师，科研是必不可少的。河南省评选中原名师的标准中要求“有较强的教研能力和理论探究能力，近5年来承担过省级及以上教育教学改革实践项目的课题研究，或在核心刊物上发表过一篇以上有一定水平的教育论文，或在省级以上组织的论文评比中获省级一等奖以上奖励，或参与编写过有关教材或专著，并公开出版发行”。由此可见，科研是一般教师成长为名师的关键阶梯，更是普通教师与名师的分水岭。这里讲的“科研”并不是指大科学家的研究，而是指名师立足于教学中的实际问题，展开研究，并把自己的研究成果生成课题或以论文的形式发表出来，以供其他人学习、借鉴和模仿的一种研究成长形式。科研是教师自主发展走向名师的质的飞跃，而科研的成果又会去进一步指导教学实践，科研以教学中的实际问题为基础，而离开科研，教学就失去了创新的源泉，二者是相互促进、和谐共生的。

（三）育人或班级管理水平（优秀班主任）较高

师生关系在名师的成长过程中起着重要的作用，名师在教学中善于与学生进行情感上的交流，建立和谐的师生关系，和谐的师生关系影响着他们的教学组织管理能力。组织与管理能力是一门很强的艺术能力，名师一般都具有这种艺术能力。他们往往会营造协作、竞争、成功的教学氛围，采取民主、平等、和谐、互动的方式进行教学，这种愉快、有趣的学习氛围很容易激发学生的学习欲望，调动学生的学习积极性。

波斯纳曾指出“没有反思的经验是狭隘的经验，至多只能形成肤浅的知识。如果教师仅仅满足于获得经验而不对经验进行深入的思考，那么他的发展将大受限制”。名师通过对班级管理或班级教育故事的反思，更加深入地探讨和反思班级管理经验背后的规律与道理，从而促进自身班级管理能力素养的不断提升。

（四）个人素质（人格魅力）较高

1. 对工作的事业心与上进心

有一颗热爱教育事业的心并愿意为教育事业奉献是名师独有的人格魅力。事业心是一个教师能否成为名师至关重要的因素。一般来说，教师的事业心只是强度的大小不同。与名师相比，普通教师的上进心与事业心稍显缺乏，努力不够。名师之所以能够成长为名师，原因就在于他们永不停步、总不满足，不断追求在工作中创造佳绩，达到更高的境界。只有用高标准要求自己，用高追求激励自己，才会有高水平、高效率的教育教学能力，正是这种标准、这种追求才造就了他们非凡的教学能力，成就了他们辉煌的人生。

2. 获取成就的动机与欲望

有动机才会有行动，动机是从事工作的动力基础。教师成就动机的高低，在一定程度上决定了教师专业发展的高度。一般而言，普通教师会认为自己是“普通人”，对自己的抱负水平追求度比较低，也就很难有突破性的成就；而名师一般都具有很高的抱负，具有很强的成就欲望，具有高而切合实际的奋斗目标，他们责任心强，愿意承担责任，并且敢于“冒险”，选择具有挑战性的工作。在实现目标的过程中，他们随时注意工作反馈，通过自己不懈的努力，去创造属于自己的奇迹。

3. 求知的欲望与兴趣

兴趣是最好的老师，它是教师前进中源源不断的动力，指引着教师逐步探索和接近更高更远的目标。俗话说：“要给学生一杯水，教师应有一桶水。”在科技高速发展的今天，一桶水远远不能满足现在学生的需要，教师应该是一汪拥有活水不断注入的泉。名师就是这样的一汪泉，坚持不懈地求知，源源不断地汲取知识的养分，只有保持强烈的求知欲望和兴趣，才会不断地学习、不断地提高，把教学作为一种有趣的体验、一种价值的追求。所以说，浓厚的求知欲望和对教学的极大兴趣也是名师与普通老师的差距所在。

事实上，名师的成长并不是必然的，实践证明并不是任何一个教师都能成为名师，相当一部分教师甚至无法逾越适应期，只有少数人经过不断地努力、超越自己才能跨进名师的队伍中来。总而言之，名师成长是一个艰难曲折的发展历程，是一个个台阶的自我跨越。让我们坚信“面壁十年图破壁，难酬蹈海亦英雄”，一个教师从初登教坛发展成为合格教师，成长为骨干教师，升华为名师的目标绝不是高不可攀的。这既是教师实现自身价值的需要，也是教育事业发展的必然要求。

第三章 中原名师成长个案

通过采取集中研修、岗位研修、名校见习、课题研究、名师工作室和教师发展学校建设等任务驱动，中原名师在专业成长的道路上砥砺前行、追求卓越，结合参评省基础教育教学成果、出版个人专著、进驻流动工作站等激励性培育措施，中原名师个体逐步凝练教育主张、形成教学风格，完成从“教书匠”向卓越教师的蜕变，使河南省基础教育领域优秀人才脱颖而出，中原名师风范也由个体状态变为广大教师共同拥有的教育财富，铸就了能够代表河南教育发展内涵的基础教育领域豫派实践型教育家群体。

中原名师工作室的成立，是河南省教育厅对教师专业发展的重视、对中原名师个体成长的尊重，各工作室以打造教师培养的基地、教学示范的窗口、科研兴教的引擎、教育改革的论坛为发展目标，分别组建了专业团队，在省级名师骨干教师培育、区域教师专业成长中发挥了示范、引领、辐射、带动作用，帮助更多一线教师解决教学实践和教学研究中的困惑，获得专业成长的快乐和从事教育职业的幸福。

中原名师所在学校被命名为河南省教师发展学校，中原名师也成为教师发展学校的骨干力量，在强化校本研修、促进教师职前培养与职后培训一体化建设、研训一体化建设方面发挥了积极作用，打造出区域性乃至全省教师发展高地，实现以教师的发展促进学生的发展，以师资水平的提高来推动教育教学水平的提高。

这里以中原名师个人视角真实再现了部分中原名师的成长轨迹，形成个性化视域中原名师成长的经典案例，生动展现了中原名师培育工程项目对名师成长的促进作用。

第一节　个人专业发展篇

案例一：一阶一阶的台阶

——洛阳市第一高级中学　韩秀清

一、工作二十年，我站在荣誉和困惑的路口

2015 年，是我工作的第二十年。

二十年了，荣誉有哪些呢?

河南省优秀教师、河南省学术技术带头人、河南省骨干教师、河南省名师、河南省业务标兵、河南省优质课一等奖、河南省基础教育课题一等奖、河南省基础教育优秀论文一等奖……

乍一看上去，省级的荣誉，该有的都有了。

这种处境，看似还行，其实最为尴尬。

说是优秀教师，可能只是因为比别人更勤奋。说是省级名师，其实省里没有几个人知道自己。说是做了几个省级课题，但课题做完之后便束之高阁。

往前走，国家级优秀教师？荣誉遥不可及。做草根名师？又没有那么

大的影响力。

一眼看去，几乎可以看到剩下的十几年职业生涯，靠着经验走下去，不温不火，走到退休。

2015 年，中原名师培育对象选拔，对于这个荣誉，当时我并没有太多的认识。在我看来，它和别的荣誉没有什么太大的不同，可能是诸多证书中的一张。

却从没想过，它是我职业生涯新的开端。

二、2015 年 7 月，金华，醒来

2015 年 7 月，金华，中原名师培育工程的第一次培训会。

以前，很多的培训都是随着领导去参加的，但这一次，却是校长陪着我去的。

七月的金华，闷热、潮湿。在浙江师范大学旁边的俏江南酒店，我却感到了安静，那是几年来不曾有过的安静。

那是自 2005 年北京师范大学读研之后的再次醒来。

“2015 年 7 月 18 日，在这个叫金华的地方，我们再次出发。豫派教育实践家、课程建设、教师发展学校、名师工作室、课题研究，短短的几天，密集的培训给我们指明了奋斗的方向，也指出了到达的路径。2015 年 7 月 22 日，在这个叫金华的地方，在教师的岗位上工作了二十个春秋的我重新思考：我是谁？我将去往哪里？我将如何到达？我对自己进行了重新审视，重新定位，重新设计。”这是我在笔记本上记下的文字。

“最近几年，我曾经一直困惑一个问题，为什么我们不能走向高处？我也一直思考一个问题，为什么我们走得不远？这次的培训让我找到了答案。”我在笔记里继续写道，“答案是什么呢？”

因为目标，也因为视野。在过去的教学时间里，我一直在做课程的执行者，被动地执行，理解意图都很难，更不用说顶层设计了。因为缺少坚持，因为缺少研究。尽管我也读书，但我很少写作；尽管我也做课题，但我没有推广课题；尽管我也讲公开课，但我没有把公开课做成一个平台；尽管我也做班主任工作，但我没有把班主任工作做成一种特色。

几位浙江名师的经历点醒了我，其实，每个人的成功都是因为比别人多了那么一点点的坚持、一点点的探索、一点点的主动。

我们至今没有成为教育家，当“家”成为一个奋斗目标，我们拿什么来抵达？

教师发展学校建设、名师工作室建设，课程研究、课题研究，两个建设，两个研究，这是我们成长的路径，是我们发展的抓手。课程建设，教师成为设计者。它会让我们站得更高，从课程的执行者变成课程的设计者，会设计课程，才会设计人生。课题研究，教师成为研究者。它会让我们做得更深入。唯有系统深入地思考，我们的教学才会有所突破。教师发展学校建设，带动一群人，发展教师，发展学校，从而发展教育。中原名师工作室建设，名，意味着卓越，意味着把专业做到一种境界，否则，何以名？

我们需要一点点做起来，我们必须做更好的自己。用理想去感召，用智慧去带动。在我们的身边，还有很多从事着教育而在教育的边缘徘徊的人。他们或因为经验，或因为环境，或因为技术，或因为认知，还一直在黑暗中苦苦摸索。我们的职业决定了我们必须减少这种低层次的摸索，因为人的成长是不可逆的，青春无法重来，我们浅层的徘徊必须减少。先行一步的我们，需要成为举烛者，成为引领者。教育从来都不是“独善其身”所能完成的，它需要同气相求，需要兼济天下，也需要兼善天下。每一次的课，都只是开端，都只是给我们打开了目录，更远的路还需要我们自己去走。

我来时，是渴望获得。

我走时，已明白更要付出。

从来到金华的那一天起，我再次出发。

三、2016 年 3 月，金华，春天是这样来到的

2015 年 7 月，从金华回来后，我便开始了自己的工作室的筹备。

工作室的场地、工作室的人员，这都不是问题。

问题是，工作室的成员为什么进入这个工作室？工作室要做点什么工作？心里一片茫然。我不是余映潮，我不是黄厚江……老师们有很多的课，

工作室对于他们来说是负担还是阶梯？

工作室的装修、成员的选拔、期末考试、寒假……很快就到了 2016 年 3 月。

金华，我们又来了。

仿佛知道我们在想什么、困惑什么，2016 年 3 月，金华培训的主题是“名师的特质”。在这一次的培训中，我们遇到了江浙一带的很多名师，既有杨一青、徐锦生、朱乐平这些资深名师，也有后起之秀方海东等。

名师的特质是什么呢？答案或许有很多，但纯粹的教育信仰、深厚的人文素养、强烈的创新意识、过硬的专业能力、成功的教育实践最为我们所认同。

这次培训，让我半年来困惑的问题有了答案。我常常感到，自己是一个多么幸运的人。在人生困惑的时候，总是有人那样及时地点醒我。

金华的春天，草长莺飞、杂花生树，我怀着一种新生的喜悦，开始筹划工作室的未来。

还记得那天的日记中这样写道：“下午到浙江师范大学上课，一路走来，叶落纷纷如雨，如同北国的秋天。不同的是，树上新叶满枝。暗绿的老叶和嫩绿的新叶同时登台，是南国春天一道特殊的风景。在北国人的眼中，春天是这样的，光秃秃的树枝上，从无到有，从小到大，一点点绽开花朵或者新叶。而在南国，则是新旧并存的。那些叶子，要经历南方冬天的寒冷，然后在春天里落去。新生与死亡、繁华与沧桑，距离如此之近。”

回到洛阳后，我把工作室的发展定位为“项目带动主题研修”，并开始筹划工作室第一个成果——《高中新课标同步作文》的编写。因为在我看来，自己的影响力有限，老师们的时间也有限，如何在有限的空间内做到共同发展？我们需要找到一个主题。

因为有明确的目标，工作室的发展思路清晰多了。工作室的老师们积极性非常高，常常是半夜还在探讨编写的问题。

四、2016 年 10 月，一本书的写作，带我去遥远的地方

工作室的运转逐渐步入正轨，但对于我自己来说，常常感觉到时间不

够用。教学副校长和德育副校长的工作、一个年级的主管工作、一个校区的全面工作……大大小小的事务、复杂的人事纠缠让人很少能够坐下来静心思考。

几个月的深思熟虑后，2016 年 8 月，我辞去了做了七年的副校长一职，专注于专业的发展。

辞去副校长的职务后，我有了大把的时间。工作室的发展主题清晰了，个人虽然有很多事做，但明确的发展目标似乎还谈不上。

2016 年 9 月，中原名师培育工程项目办公室提出“中原名师写作专项计划”。申报者要写出一万字以上的个人教育简历。我抱着试试看的态度报了名。

个人自传的写作中，我第一次认真审视了自己从教的二十一年。

在自传中，我写道：“2016 年，我在教育的岗位上已经走过二十一年。我曾经问自己，如果给自己工作以来的二十一年写一份大事记，会是哪些事？我想，答案应该是这样的，1995 年 7 月，走入河南省洛阳市拖一高（现河南科技大学附属高级中学），开始教育生涯。1997 年 10 月，闯进河南省十佳青年教师选拔决赛，获得河南省优质课大赛一等奖。2003 年，开始了十一年的班主任之旅。2004 年，脱产一年在北京师范大学读教育硕士。2008 年，作为北京奥运会洛阳站火炬手传递火炬。2010 年，以一名普通教师的身份，通过竞聘，成为副校长，主抓学校教学和德育工作。2015 年 3 月，报考华东师范大学李政涛老师的博士，专业成绩第一，却因英语成绩低于最低录取线三分而无缘华东师范大学。2016 年 8 月，辞去副校长职务，到洛阳市第一高级中学做一名普通老师。这些都是小人物的大事情。二十一年如一瞬。”

回首望去，二十一年的光阴中，我一直想做一个很好很好的老师。但很好很好的老师是什么样子的呢？很多时候是跟着感觉往前走的。去北京师范大学读研，试图去华东师范大学读博士，都是个人在迷茫期的挣扎。

而中原名师这个平台，让我不用再去大费周章地寻找发展平台。

2016 年 10 月，写作申请通过。我的导师是张文质先生，很多年前我就在读他的书，从《教育是慢的艺术》到《保卫童年》《教育的十字路口》，可以说，他的很多思想都曾深深影响了我，却不曾想到有一天他会距离我如此之近。

写作申请通过之后，便是写作的选题。

那时，我虽然主编或者参编过很多的书，但对于个人写一本专著并没有明确的认识。2016 年辞去行政工作之后，我开始教学论文的写作，陆续在《语文建设》《中学语文教学参考》《语文知识》等期刊上发表了一系列文章。对于专著，我的想法就是自己以前的若干文章的集合——发表的和未发表的。

虽然思路还不太清晰，但一本书的写作让我找到了努力的方向。

2016 年的冬天是这样度过的，上课、写作，常常一个人去小区旁边的湖边散步，看着夕阳一点点落下。

内心温暖而又宁静。

五、2017 年 4 月，温州，提炼教育主张，向着教育更深处漫溯

2017 年 2 月，中原名师培育工程项目办公室让我们提炼自己的教学主张，我开始尝试去做。

2017 年 4 月，温州研修。我的教学主张入选发言，同时参加专著写作的答辩。

我以《语文的“活”法》为发言题目阐述了自己的语文教育主张。我提出了语文的“活”：活力、生活、活水、活动。语文应当向“生”（生命、生长、生活）而“活”。如果生命是一树繁花，语文应当是生长的土地而不是一方小小的花盆。如果人生是一列火车，语文应该是窗外绵延的风景而不是某一段回忆。语文之“活”，是于当下有生长，有体悟；是于未来有发展，有绵延。它活在当下课堂紧张的思考中，也活在未来人生的生活和生命的发展里。这是语文的活法，也是我作为一名教育者的活法。也许有人会说，在高考重压下的今天，这种主张是不是太理想化了。我想，即使翅膀上系着石头，我也依然选择飞翔。如果我们能化而为水击三千里、抟扶摇而上九万里的大鹏，石头也就不过是一粒尘埃。

导师评点说，概括到位、精当。教学主张，就应该是简单到极致的。但还要有更多一些的追问。我提到了教育的深度、广度、温度、长度，导

师追问我，为什么提出这几个维度呢？

导师的追问让我明白，主张的提出还需要更多的教育实践和教育理论支撑，从而形成更严谨的教育逻辑。

在教育论著的答辩上，我也遭到了迎头棒喝。

来温州之前，我颇为自己行云流水式的写作而自豪。三个月内，十一万字，也算是战果辉煌了，因此自觉成就满满，只等导师表扬了。写得太快了，张文质老师说，写得太快是有问题的。“我希望你的每一句是有出处的。”张文质老师提醒我。

理论的视野还不够开阔，这是需要解决的问题。既然是“语文的‘活’法”，活，是一种生存的姿态。这姿态的背后，应该是人对生存和生命的哲学思考。我当即网购了尼采、雅斯贝斯等人的书籍。

四月的温州，春雨绵绵。虽是春天，却有着一份难以抵挡的春寒。烟雨江南可以远观，亲历却是需要勇气的。但是，花在春雨中绽放，种子在春雨中苏醒，绿叶在春雨中舒展。这一场成长的春雨，下到我的生命里来了。

六、2017 年 8 月，青海，在高处修行

2017 年 4 月，从温州返回后，我调整了自己的写作思路，打算把自己的教育主张和自己的专著写作结合起来，初步把书名定为《语文的“活”法》，并按照导师的提醒，推翻了自己以前的无主题堆砌式写作。

第一次感觉到写作的艰难。不是随感，不是会议发言，不是论文写作……回想起来，过去写作的驾轻就熟不过是自己一直在舒适区的游走罢了。

在写作的艰难中，带我走出困境的依然是中原名师培育工程项目办公室。

2017 年 5 月，杭州会议，张文质老师、闫学老师、浙江师范大学的导师组成导师团队对我们的写作框架一点一点审核。

杭州这个城市留给了我们太多的美好，有导师们悉心的指点，更有同伴们的相互切磋。这次的会议，我认识了更多的同伴。丁桃红老师、董文华老师、陈静老师、孟红梅老师、李国胜老师、弯丽君老师……以前，因

为地域不同、学科不同、学段不同，我和他们鲜有交集，但因为教育写作，我们走到了一起，大家互相鼓励、互相提醒。

2017 年 8 月，教育写作项目在青海研修。

八月的西宁，清凉。在西宁，丁武营主任带领我们再次审视自己。在青海师大附中，我们看到了教育的从容与安静。“你善待学生，教好学生，就是此生最大的修行。”他们也谈高考的激励，但他们谈的更多的是课程的建设，这是技术的导引。教育在感性之外，走向理性的发展。他们没有令人热血沸腾的高考百日誓师，他们用理性和平和、责任和感恩带着孩子们走过人生重要的一站。

青海之行，让我调整了自己的写作方向，立足角度要高，重心要低。我决定让自己的语文教育理念再明确些，更聚焦些。依然是教育主张，但在这本书中，我用自己的理念尝试解决第一个问题——阅读课怎样上。既探究阅读课的理想之境，也着力语文阅读教学问题的解决。

最终，我把个人论著选题定为《打造有趣有序有用的阅读课》，开始投入写作。

2018 年 5 月，稿件完成。

2018 年 10 月，专著正式出版。

七、2018 年，走着走着就遇到了花开

2018 年是收获之年。

对于我自己而言，个人专著出版，入选河南省高层次人才中原领军人才，正高级通过。

回想几年前，还觉得高级职称评完一路走到退休。但在中原名师培育工程的引领下，我在个人专著写作的同时，带领工作室成员进行课题的深度研究，从问题到课题，从课题到成果，我们开始注重持续研究、聚焦研究。

经过几年的发展，在 2018 年，我们的工作室终于有了体现自己教育理念的标志，有自己的公众号，有自己的研究特色，有自己的研究成果，有一定的影响力。

我们通过工作室的公众号和报告不断推广自己的成果，深受广大同行

的欢迎。2018 年，我应邀做了 30 多场报告。

从 2015 到 2018 年，工作室的成果如下：

主编并出版《高中新课标同步作文》《中学生必读经典整本书阅读指导手册》等。

参加编写并出版《初中作文方法大全》《魅力汉语》《高考满分作文》《高考满分阅读秘笈》《高考满分作文秘笈》《名师名家同写高考作文》《让班级文化落地生根》《高考作文素材》等。

编写校本课程《高中群文读本》（5 册）、《高中群文写作读本》、《高中名著群文读本》、《向着小说更深处漫溯》、《五月的鲜花》、《古典的诗意》等。

工作室成员获得市级一等奖以上二十人次。

工作室成员主持或者参与市级以上课题十五个。

工作室被评为洛阳市优秀名师工作室。

这些年中，工作室的成员一名被评为河南省学术技术带头人，三名被评为洛阳市名师，两名被评为洛阳市教坛新秀，两名被评为洛阳市学术技术带头人……

每个人都在经历中自我成长。

八、2019 年，感谢有你，让我有勇气、有力量做理想的教育

2019 年，是本阶段中原名师培育工程的最后一年。

回首中原名师培育工程已经陪伴我走过了四年时光。放到我们的职业生涯中并不长，是一届学生的毕业，一个教学周期的完成。但对于我来说，却是漫长的成长历程。

这些年里，我们习惯了等待每学期一次的研修，我们习惯了期待新任务的发布，我们习惯了那些挑战性的工作，习惯了听丁武营主任给大家讲下一步的规划。

每一次前往浙江，都是一次专业发展的加油站。每一次中原名师项目组下达任务，都是一次走出舒适区的挑战。正是在这种挑战中，我们实现了职业生涯之后的又一次成长。

我曾经想，如果不是中原名师培育工程这个平台，我，还有我们，现在的生活状态是什么样子？大概是，在一两节课的自我感觉良好里、在一次两次满意的考试成绩里，谈诗、谈茶、谈养生，开始中老年人的休闲人生……因为中原名师培育工程，无数的人们，无穷的远方，都和我有关。在人生的中年，我依然憧憬未来。

不管如何不舍，我们知道，中原名师培育工程终将结束，但我相信，那时，我已获得足够的行走的力量，也将会有更多的人在中原名师培育的平台上拥有和我一样的幸运。

那就让我们记住那些行走的历程，记住那些成长的时光，记住那些默默为我们付出、设计、规划、引领的人！

2015 年 7 月，金华。

2016 年 3 月，金华。

2016 年 10 月，金华。

2017 年 4 月，温州。

2017 年 11 月，余姚。

2018 年 3 月，舟山。

2018 年 10 月，丽水。

……

最后，轻轻道一声：中原名师培育工程，感谢有你，让我有勇气、有力量做理想的教育！

案例二：美丽的遇见，让我努力生长

——河南省濮阳市实验小学　李桂荣

一、培育前的问题、困惑

我从事语文教学工作30年来，带了一届又一届学生，参加过各级各类课赛，也有文章见诸报刊，是学校为数不多的副高职称教师，认真完成学校工作，深入年级组听评课，对于这样平静的教育生活有时会感觉空落落的，困顿于繁杂事务所感到的一些疲惫、一些惰性令我不安。虽有思考但缺少了印记，虽很充实却不踏实。感觉自我内驱力的激发、成长的空间还很大，方向与目标仍需明晰。在教育理念的更新、前沿的专家指导、互动的锻炼平台等多方面亟需提升。而怎么实现却有些迷茫，我似乎处在一个发展的瓶颈期。人的一生会有许多美好的遇见，此时，我遇见了中原名师培育工程。

二、培育中的学习、反思

那是2015年5月，我参加濮阳市教育局组织的河南省中原名师培育对象遴选并被推荐为中原名师培育对象，这对我来说具有里程碑式的重要意义。7月17日，我怀着激动心情首次参加了浙江师范大学中原名师培育对象培训班，从此，开启了中原名师培育工程高端培训学习、提升发展的重要旅程。专家的丰厚学识与先进理念、高目标高定位的专业引领及对工作、对生活的热情豁达、真诚交流等激励着我前行，从教学方式的变革到教育理念的更新，从教研课题的涉猎到对具体实践的反思，从按部就班的教育原状态到中原名师任务驱动下的新常态，从一个人的行走思考到一个团队的齐头并进，从带领团队发展到引向县区辐射，成长很快。

（一）专家的引领

1. 名师工作室建设的真正意义

2015 年 7 月，在浙江金华的集中培训中，肖培东老师在关于名师工作室建设专题的报告中讲到，要成为“名”“民”“明”“鸣”师工作室，即名师要做到名（名气）、民（草根化：来自一线的教师、来自一线的问题）、明（要有前瞻性，着眼于明天）、鸣（要民主、百家争鸣才能百花齐放）。工作室的意义不在于自己能教点什么，而在于包括主持人在内的每个人都有出发的机会。肖老师带来思考：你能给他们带来什么？你怎样才能做好？这些问题敲打着我。必须要做源头活水，要大量阅读，系统思考，勤于实践，主动发声，沿着专家指引的方向，结合实际定目标，按计划一步一个脚印实施。

2. 圆桌会议的无领导人讨论

此次培训中，分小组围坐圆桌进行的“无领导人讨论”，主要考查反思力、理论功底与实践总结提炼能力、领导力、组织协调能力，由评委组通过直播从语言表达、综合分析、团队精神、逻辑性、领导能力、举止仪表 6 个维度、20 个观测点评价考核。工作人员给我们小组的题目是“教育理论与教育实践如何进行转换”，全程 45 分钟，先给 4 分钟时间思考，然后每人陈述三四分钟，推荐一人总结大家的发言，若有时间再讨论。围绕主题无准备的讨论，要求教师有较高的人文素养，相互尊重，如插话先要看时机，不能打断别人；表达观点要有过渡，可先表扬再转入自己表述。畅所欲言后要达成共识。这能锻炼我们的倾听、表达与创新的思维能力。

3. 课题研究及各阶段答辩

2015 年 7 月，林一钢院长从宏观视角解读了前沿的理论建构、课题研究路径以及具体操作步骤。详细阐述了研究什么，怎么研究，如何设计方案、申报课题，如何分析数据、撰写报告等。

2016 年 3 月，申宣成博士教我们开展课题研究，要有问题意识，把熟知问题上升到课题；要有数据意识，提高课题研究的科学性；要有文献意识，关注同行经验与成果；要有方法意识，有把课题分解成几个子课题、各个击破的策略等，引导教师走上研究的道路。10 月份，河南省基础教育教学研究室杨伟东主任讲了课题研究七件事：政策、选题、立项、开题、中期、结题、推广。他展示了明晰的操作方法，强调一线教师进行研究课题的目标是改进教育实践，而中原名师要把尝试理论创新作为学习研究目标。我还旁听了课题立项、开题答辩，按学科学段分为文科组、理科组、综合组进行 10 分钟陈述，由专家质疑、建议及指明研究方向等都颇具借鉴价值。

4. 教育专著的写作

2016 年 10 月，在金华培训时，教育学者闫学校长分享了作为教师、校长如何对教育思考沉淀，怎样突破教师发展的高原期，如何做到每年出成果等，他指出最好的方法是写作。作家张文质的《从写一篇文章到出版一本书》诠释如何进入出书这个高阶段。出版社的郭德军老师讲了教育著作出版的基本要求，鼓励教师要出有价值的书。丁武营主任提醒：要能吃苦，坚持写，享受写作，拿到一本书要留意内容架构。杨伟东主任的写书秘诀是要有蓝图与规划，列出三级标题，具体章节要先写出样章，有写作计划。姜根华教授的经验之谈是“借鉴过来就是创新”。专家们独特的思想为渴望再上新台阶的我们指明了方向。

2017 年 3 月，在温州培训时，为了确定好主题与框架，闫学和张文质老师对教师们一对一地进行指导。闫老师表扬教师们把想法变成了行动，同时建议主题要集中，写作要规范。闫老师对照她的书《跟苏霍姆林斯基学当老师》的目录框架，对于分辑、主题、篇目、字数、序言、后序等做细致的指导。张老师给我们加油鼓劲，让我们保持写作状态，保证及时交稿。

5. 教师要不断助力专业化成长

这次培训，姜根华教授在“教师成长的十个关键词”报告中谈到“广阔的学术视野、厚实的理论素养、深刻的专业知识、不断涌生的教学创造力和探险精神、不断创生的教研表达活力，要总结可复制、能推广、有价值的教育经验”等引领前行方向。吴惠强教授的专题“名师是怎样炼成的”诠释了名师是“设计、成长、思考、互动”出来的，要系统思考，勤于实践，反思物化，主动发声，认真做好每一步，经过千锤百炼才能走出去。

（二）个人的反思

1. 教师角色应定位为服务者、创新者、学习者

一是做服务型教师。为学生成长服务，研究、了解学生的心理和思想需求，遵循“以学定教、顺学而导”的理念。“教”是为“学”服务的，既为优秀学生服务，更为后进生提供优质服务。二是做创新型教师。一个教师不在于教了多少年书，而在于用心教了多少年书。教师应有不断探索的精神，不断更新教育理念。三是做学习型教师。教师应和学生一起学习，带领学生探究新知。让读书成为自觉行为，从书本中学，向同行学，在实践中学，不断将教育理论方法应用到教学实践中。

2. 要做一个快乐的研究型教师

苏霍姆林斯基说：“如果你想让教师的劳动能够给教师一些乐趣，使天天上课不至于变成一种单调乏味的义务，那你就应当引导每一位教师走上从事一些研究的这条幸福道路上来。”要从中找到趣味点，定位好了就不觉得乏味，才能把事情做好。研究要不断做反思，每天都要带着思考的大脑工作。反思不仅仅是“想”，还是一种教育状态，不断调整并提升自己的教育品质。

3. 要沿着指引方向做思考的实践者

2016 年 10 月，在金华培训时，10 位中原名师分享了自己的成长历程与思想认识。2017 年 3 月，中原名师出版工程按照中原名师论坛文集、教育叙事文集、学术性论著、课题科研成果系列等分类出书。我认真学习并反思，将培训内容结合实践整理成专题对教师进行培训；确定研究课题撰写申报书；带领工作室成员积极开展活动；为出版教育专著做准备，确定写作主题与框架；抓主题写教育叙事；每周写 1 篇高质量文章，积累一手素材；等等。一次次的培训增强了反思与行动力，让我知道培训学习的意义就在于激发更多思考，更多站在别人的角度看问题。

（三）学校的考察

1.“以人为本”的温州市新田园小学

2017 年 3 月考察温州市新田园小学“我是温州人，我来了”的校文化灵魂与核心理念，通过基础性课程和拓展性课程的学习，学生眼睛里透出温州人特有的儒雅、自信。把“学习”“安全”“作业”“小发明”“国粹文化”等板块设置在各层墙体上；除此之外，各层还设有红领巾创业园、星火少年我来了、哈利波特魔法城堡、哆啦 A 梦跳蚤市场、书香家庭等活动阵地；班级文化主题各具特色，如“我努力我出色”的主题全面育人，突出个体。观摩徐梦老师执教“凤辣子遇见林黛玉”的课堂，“诊学单、导学单、拓学单”等“学习单”成为一大亮点，为高效教学提供了抓手。

2.“彰显个性”的温州市籀园小学

走进温州市籀园小学，目之所及透着规范、用心、向上、自然的生命状态。学校的办学目标为“让学生有个性的发展”，核心育人目标为“会爱、会学、会玩、会创造”。“统整”理念很吸引人，如整理课引领孩子整理学业，通过“自主整理、合作学习，学习方法、学习策略”途径实现，还设立“体学院、科学院、文学院”等少年学院，精简周课时，整合学科内、学科间、方法策略、内外资源等改革举措，令人耳目一新。

3.“自然和谐、自主发展”的余姚市东风小学

2017 年 11 月，在余姚培训时考察的百年老校东风小学是拥有四个校区的教育集团，“绿色成长，达善人生”的教育理念，“成德达材”的校训，透着南方特有的灵气与厚重的文化底蕴。“绿色成长”就是顺天致性，尊重人的成长规律和个性，“达善人生”是通过学校教育引导学生让善成为一种内心自觉，善待自己与他人、自然与社会，达到知行合一。其办学思路“和而不同，美美与共”与我校“敬人敬事敬诸生命，和谐合作和而不同”的校训有异曲同工之妙。由黄远国老师执教的“饮湖上初晴后雨”一课是基于国文理念下的语文学习，古朴之风与现代气息融合，体现了地方文化的课程特色。

4.“文明高贵、阳光和谐”的余姚市第二实验小学

2017 年 11 月，在余姚培训时考察了第二实验小学，学校以“全面发展、学有所长”的办学理念，打造适合读书的美丽校园。“入学季”“开心农场”“毕业季”的体验课程，“创客”“机器人”等科技社团课程，以“玩转数学”为龙头的“互联网 +”拓展课程等先进做法，为我校目前致力于打造的智慧校园，培养智慧师生，带来很大启发。聆听夏雪飞老师执教的“寒号鸟”一课，抓住关键词句并通过读、说、演交流喜鹊与寒号鸟的特点，扎实训练语言文字、感悟语言并运用语言，使孩子在安全、趣味的“场”里真思考、敢表达。

三、具体的实践

（一）在豫浙论坛交流

在中原名师培育工程中，我一直抱着积极参与、获得锻炼机会的态度。2016 年 10 月，教育写作培训前安排了撰写“教育自传”，我被确定为教育写作的 33 人之一。2017 年 3 月，温州培训的内容是豫浙名师论坛“教学主张”，我又积极准备，被确定为现场参与论坛发言的 20 人之一。发言后，胡玫院长给我的点评是“教学主张‘把语文简单到读和写’的提出背景与建构意义、层次性分析清楚，用一句话作为顶层主张，下面有‘三重三实’诠释它，接着有可操作性的课堂表达”，其建议是“对标题提炼应稍微感性一点，教学法应更多通过例子凸现‘学为中心’，求得更完美”，这些都激励着我前进。

（二）在研究中提升

2018 年 3 月，在舟山培训时，我开始进入课题答辩，真切地感受到做课题多么不容易，又多么有意思。评委们在指导与交流中更显风度，对于课题“三重四会五环节　小学语文本真课堂教学策略研究”给予肯定，并从课题题目、证据意识、具体操作、参考文献等方面提出宝贵的建议。林一钢教授指导全体教师研究课题要有证据意识、聚焦意识、可操作性。立项答辩使我明白了课题研究的许多问题，对于此课题的完善和其他课题研究都有重要意义。

（三）送教下乡引领成长

一个人走得更快，一群人才能走得更远。我带领工作室成员送教下乡走进了濮阳县、南乐县等多所学校，通过示范课观摩讨论、专题报告、教研交流、答疑解惑、班主任管理等多课型、多专题乐此不疲地辐射研究成果与经验，碰撞思想火花，促进基层教师的理念提升等专业发展，同时使授课教师得到历练，带来新思考，对参与其中的每个人都是极大提高。这样搭建的城乡校际间教育教学的联谊桥梁，把教育教学的种子撒向教育的原乡，实现了优质教育资源的共享，推动了基础教育均衡发展，对城乡间教育教学交流的意义深远。

（四）养成多个好习惯

有人说，21 天养成一个习惯。中原名师培育工程，不知帮助我们养成了多少个好习惯。正是丁武营主任、姜根华教授的顶层设计，才使我们有了一次次拔节成长。如今，思考成了习惯，听课即写反思成了习惯，写作成了习惯，交流成了习惯，送课下乡成了习惯……我把这一个个好习惯不断地向工作室老师传递，向所在学校的老师传递，向送教下乡学校的老师传递，引领小学语文老师专业成长。

四、满满的收获

（一）收获提升

在河南省教育厅一个个高端任务的驱动下，按照个人发展规划，积极参加集中培训与读书学习，扎实进行学术研讨、实践研修。带领工作室成员创办了工作室公众号，研究反思、写文发文等促进自我发展，带动老师成长，科研中有突破，笔耕中有飞跃，实践中有发展。作为我个人而言，思想渐趋成熟，做事情越来越沉得下心，每处细节里都镌刻着努力，不断积累，也不断收获。在中原名师培育对象拟入选名单公示时，实验小学首任校长刘延义发来贺信鼓励："祝贺你荣获中原名师！肃然起敬！这个称号含金量极高，是教师总数的十一万分之一！"我很感动。中原名师重点考核的每项任务我都竭尽全力做好。一次比一次重大的任务磨炼，使我像上了高速路，被裹挟着飞速向前。

（二）收获成长

2017 年 4 月，我对照导师建议，把完善好的框架发给导师后，就着手写文成篇。这是来自脑力、体力、心理的极限挑战，咬牙坚持攻克一个个难关，才真正体会到丁主任在写作计划会的谆谆教诲："一定要咬牙坚持下去，突破那个关口，这是靠自己来成就的事情。"5 月份的杭州教育专著写作计划出版统稿会上，专家给出的建议"阅读对象要更聚焦，主题要以阅读为核心，框架要对目录再合并或增减，要考虑读者的阅读期待”等再次提升我对教育写作的认识。最终，教育写作历时两年时间完成，这期间虽没有了节假日，但整个过程很享受，因为我离我的目标越来越靠近。

（三）收获感动

一个省制订如此高规格的教育写作计划，用教育写作推动教育发展是前所未有的，我很幸运踏上了这班列车。我铭记着闫学老师的提醒：教育写作的背后都是寂寞的，每一步都是由钻研、耐心支撑着自己，任何事情的收获都是水到渠成。我铭记着张文质老师的告诫：要保持一个练笔的状态，在爬坡的时候咬紧牙关坚持再坚持，度过去不回头，下决心使这本书在手里长出来。在导师悉心指导下，从写作框架的确定，到写完最后一篇文章，一字一词都历经了心灵触摸。感谢尊敬的领导和导师的智慧引领，感谢那些痛苦折磨且踏踏实实写作的日子，感谢所有支持、帮助我的人。

法布尔曾说，学习这件事不在乎有没有人教你，最重要的是在于你自己有没有觉悟和恒心。在这几年的时光里，中原名师培育工程的培训以任务驱动引领成长，从每天培训的 1000 字感悟，到每次培训的 5000 字研修报告，再到每学期的 5000 字读书报告等都已是常态，而这些相较于教育专著写作，却是太轻松的事了。

几年来，我在期刊上发表了教育教学文章 7 篇，在报纸上发表了 20 篇；带领工作室教师主持市级课题 2 个且已结项获奖；送教下乡 8 次；听评课 400 节，记录 9 本，近 50 万字；2018 年被河南省教育厅评为中原名师，组建了中原名师李桂荣小学语文工作室；2018 年 9 月出版教育专著《从阅读走向悦读》。如今，我带领工作室的老师们承担了省、市两个课题，正在认真研究实施并进行紧张的图书编写工作。

达尔文说：“不要因为长期埋头科学与工作，而失去对生活、对美、对待诗意的感受能力。”我珍惜时光，朝夕奔梦，也更期待美好的未来，向着诗和远方一路前行。

案例三：从蓝天飞过，我已不是那只鸟

——永城市第三初级中学 孟红梅

“有一只鸟，从空中飞过，须臾，又返回来。但已不是前面的那只鸟了。”（吴新宇《从容日子》）

你会不会问：为什么？

因为它从蓝天飞过，心里已绘上蓝天的澄澈；它从海洋掠过，眼里已盛满海洋的浩渺；每一处景致都令它积蓄力量、信念，它还要经过巍峨的高山、葳蕤的草地、喧闹的街市、欢喜的人群……

每个人何尝不是一只鸟？

置身在中原名师这个如蓝天、如高山、如海洋的团队里三年了，我深深感受到，尽管我是一只怎么振翅也飞不高的小小小小鸟，但跟着中原名师这样一群人一起飞翔，我或许也已经不是之前那只鸟了。

一、拘囿一室：狭窄的窠巢长不出坚硬的翅膀

19 岁踏上乡村学校讲台的我，用“懵懂懂、茫茫然”形容最合适不过了。课堂之上，我不知如何指导、启发；课堂之外，除了备课、批改作业，我不知老师的生活应该怎样度过。尽管一进教室，我的责任心便四面潮起，但我还是过了几年头脑昏沉、面目可憎、四肢乏力的“病床”生活。工作的第 6 年时，我调入一所城区中学工作。当我去切身体验这所学校的教学生活时，渺小、肤浅的自卑感强烈冲撞着我。可是，身边没有引领我的导师，学校里也没有告诉我应该怎样去做的人，让我摆脱困境、走出低谷的是书，或者说是阅读。

从开始阅读、模仿一般的优秀教案，到琢磨、思考名师名家的经典课例的 20 年里，我翻阅了很多专业书籍，如苏霍姆林斯基、陶行知、魏书生、李镇西、吴非、王晓春、郑学智、万玮、王金战等关于教育和管理的书，在阅读中，我一边清理着旧的教育观念给我的影响，一边感受着自己班级

里一个个跃动的生命气息；如于漪、窦桂梅、于永正、郑桂华、王崧舟、王荣生等关于语文教学的设计、听评课和教学理念的书籍，都渐次进入我的视线。大师们的教育智慧、名师们的独到设计、先行者们的教育呼唤，让我在每一次阅读时都感到与他们近在咫尺，也让我穿行在无限广阔的思想中步履不再沉沉……现在，翻开这一本本的书籍，那么多的折页、那么多的勾画还在原地安静地守候，它们，见证着我一步步远行的足迹。

读着，读着，我开始有想写的冲动，写课堂反思，写教育现象，写班级故事，慢慢地，这种记述成了我的常态、我的乐趣，成了我打开课堂教学、班级管理一扇明亮的窗。后来，我把所写文章发在自己的博客里，投稿给一些报社，竟接连在《教育时报》《班主任》《中国教师报》等报刊发表了。这样的结果令我被一种力量召唤，愈发不可收。就在这样所谓的专业阅读、写作中，我渐渐感受到课堂教学的乐趣、班级管理的轻松，并开始有了自己的思考与观点，开始享受这种状态下的教育生活，假如我的教育生活一直维持这样的状态，我愿在这样的记述中强自己的筋骨，长自己的精神。

可是，即使在省级比赛中获奖不断，在核心期刊上发表文章，我好像也始终是一个人。在“独行速”带来的成就与快乐中，我也常常陷入另一种困惑：课堂教学的高度在哪里？我到了哪一个台阶？继续走，我往哪里突破？有时，在疲惫的工作中，也会生出想停下脚步的念头。

二、走出小我：让自己活成一束光

2015 年，中原名师的评选把我推到了风口浪尖。历经举荐、演讲、答辩之后，我站在了中原名师殿堂的门口，仰望着它的恢宏、壮观，我再次心境迷离，纠结不安，我一个来自小城市、小城镇的小老师，有资质和水平去踏进它的大门吗？

每次坐在中原名师的培训会场上，我都被有着迥异的学识风采、人格魅力的，有着对教育的满腔热爱和不懈追求的，有着对专业的高度把握和深入钻研的名师、专家们吸引、折服。我一边听，一边感受；一边观察，一边思考。有时被理论的专业高度迷惑，我知道这是自己之前“一个人”的视野和思想造成的；有时被方法的新颖创意吸引，是因为这些正好可以解决我的困扰，满足我的需要；而更多的感受是他们太厉害，而我太薄弱，欠缺很多。于是，回到宾馆的夜晚，我重新打开笔记本，消化着他们留下的“醍醐奶酪”，写下一篇篇自己的所得、所思和所悟，只希望在这样的过程中，能够距离他们的精神和学识再近一步。

厉害的不仅仅是专家们，还有身边的各位名师，茶余饭后的谈话间，尽管每位都低调内敛，我还是听出了很多名师不凡的来头，外出讲学、报刊专访，特级教师、名校长、正高级教授，虽然知道大家最初的身份都是省级名师，但他们早已活成了“一束光”，散发着温暖的力量。而且，如此卓越的他们还在奔波忙碌，为自己，为学校，为近处的和远方的老师与孩子。卑微的我，必须追赶他们！后来，与优秀的他们携手同行，让我感觉到来自他们的影响是无形而强悍的，那种付出的境界，那种谦逊的胸怀，那种平静的、自然的、淡淡的平易与从容，无不在我的生命里悄悄歌唱，让我更加专注地工作，也想活成我身边人的“一束光”。

我，一个喜欢独处、喜欢“宅”生活的人，必须要走出书房了！因为，我踏上了一列去往远方的火车，不能仅仅满足于一个“小我”的成长，周围的海浪在翻滚，在流动，我不能不随着潮涌向前冲，我知道我没有“敢立潮头唱大风”的气魄，但向前走已经成为我的必然选择。

闲下来，我思考着身边的教育，反复叩问自己：我距离中原名师还有多远？今后我要为谁而做？我该怎样走好这条路？教育，需要用一颗怎样的心来做好？……这些思考与意识产生之后，我感到有一股力量在激励着自己，但这股力量不是让我澎湃、热烈，而是安静、坚定。安静，让我在阅读中感受到了阳光的呼吸，倾听到了夜晚的脚步；坚定，让我遇到教学的困难时，会暗暗握起拳头，默想起走在我前面的人，让键盘声轻快响起。

三、带领团队：做一条流向大海的小溪

不再一个人行走，而是要和团队一起前进。这是我第一次参加中原名师培训归来后的第一个想法。第一个付诸的行动是带领我校语文教研组改变教研活动形式——由低效、单调的听课、评课改为具有人文关怀的观课、议课。

按照自己的计划，我买来陈大伟教授的《怎样观课议课》和《观课议课与课程建设》两本书，阅读了他关于观课议课的30多篇博客文章，查看了听讲过这一讲座的老师们的收获，然后，根据我的理解和我校语文教学、语文老师的现状准备了“观课议课：促进教师专业成长的有效教研方式”的讲座。之后，我和语文老师们开始了观课议课的探索实践。在起步阶段，为了顺利推动观课议课的教研活动，我的忙碌几乎到了“逼你成神”的地步，每次像批改学生作业一样查看老师的记录，摘记老师思考的问题，然后写出5000多字的反思总结。每一次观课议课的总结会上，我都要把存在的问题提出来共同商议、解决，调整、提升下次观课议课的方向和水平。阅读着老师们《我的转型期》《我对观课议课的认识与思考》《磨课留给我的……》《这学期，我被观课议课》等文章，我被这一群植根于语文这片土地上脚步不停、探索不止的同事们的精神所感染。后来，我们整理出了超过11万字的校本资料。又在2015年4月16日，市教育局组织召开了“中原名师培育对象孟红梅老师学术研讨会”，实现了我为老师们构想的愿景。看到坐在最前面备受鼓舞的老师们，我不禁想起一句话：真正的成功不是一个人能够成功，而是能够带领更多的人走向成功。我暗下决心，一定通过各种平台让老师们走上更高的平台。“永城好课堂大赛”来了，李曾曾老师将走上决赛的现场，我带着老师们对她进行了5次磨课，使她在赛场上绽放光彩；接着，王春霞老师参加“永城市教学标兵”评选获得第一名；谭彩玲、张玉兰、王文静、李曾曾老师在“河南省首届农村教师优质课大赛”的永城赛场上分别取得了第一、二、三、八名的好成绩，我带领语文组教师做的省级课题“‘四环节循环教学模式’中语文课存在的主要问题及策略研究”获得了结项一等奖……我深深体会到“众行远”的内涵，也真切感受到了团队进步带来的喜悦和自豪！

2017年3月，我成立了永城市首个中原名师工作室，吸纳了来自市直、乡镇中学的15名优秀语文老师，开始引领永城市更多的语文教师走向成为名师的道路。我把工作室的室训定位为：德馨、气华、相长、达人，并采取每月一主题和成员轮岗的制度开展工作，按照理论与实践相结合、反思与提升相结合的原则，把“读得进、写得出、讲得好、走出去、请进来”的成长途径化为具体的专业引领、共读书目、课例研讨、课题研究、示范交流、微课论坛、送教下乡、外出学习等形式来促进他们的进步。

策划好做，形式好搞，而真正的成长是如何激发动力，看得见模样。工作室刚起步时，我一面带领大家外出学习、内部交流，一面开通微信平台展示学习成果。老师们的授课、写作水平存在差距怎么办？我挤出时间在微信群语音评点，给个别老师私下把关教学设计。一直到现在，老师们交来的文章都是我在批改、编辑，连标点、错别字也不放过；每一个阶段的总结、考核都是我在总结、把关。为保证文章能够及时更新，给老师们传递欣喜，我常常凌晨还在批阅。“名师都是熬夜熬出来的”，这句话又应验在了我的身上。终于，老师们的文章写得越来越顺手，迎来了很多老师、领导对我们的活动与微信文章点赞、关注。

成长，来自带动引领，更来自内心的觉醒与行动的执着。在“孟红梅名师工作室”这个绿色生态的小圈子里，老师们最常感叹的是自己重拾了多年前读书、写作的习惯，体会了离开世俗与喧嚣的安静与淡定，有了继续前行的勇气和信念，这使得他们开始一次次华丽的蜕变：樊静、曹凤华、朱杰等老师在文章发表上有了零的突破；谭美云、刘敏、朱杰、孙倩老师能够拿出整本的书稿；刘敏老师走上了班主任培训的讲坛；曹凤华老师有了自己的省名班主任工作室；蔡圣熙老师走向了省诗歌创作的舞台；还有谢文辉、张玉兰、马红霞、张秋、杨思峰、程红梅、谭彩玲、李涛云等老师品尝了写作的快乐，展示了课堂的风采，获得了永城名师、省级骨干教师的殊荣……看着他们一步步向上攀登，我也常常感到由衷的快乐。我常常想，有一种快乐并不在于自己身处何方，也不在于拥有什么，而在于自己是和一群什么样的人一起走，我们又达到了一种怎样的境界。

“静水流深，笃行致远”，这是我在做工作室汇报时的选题。由静而深，是高山流水的境界，由行而远，是正心笃志的胸怀，生命就是因此而美丽。假如美丽的生命就像一条清澈的小溪，我们愿永远百折不回、乐观坚强地奔向大海，直到最后一滴。

四、撰写专著：朝着一棵树的方向修为自己

2016 年年底，因为一些写作方面的积淀，我有幸被选入中原名师写作

班，在递交了书稿框架与部分书稿后，开始在闫学老师的指点下进行专业写作。一年后，《教育时报》发表了我的短文《破》，一个“破”字就是对专著写作的感受。对于这一段写作生活我这样写道：“最难捱的是导师‘一语道破’后的重新开始。4 月份交稿被推翻，原因是书名、框架像是在写家庭教育类图书，而不是班主任书籍。接下来的三个月，进入如闭关一样的‘非人’生活状态。期间，导师闫学说：‘很喜欢你的文字，就这样写下去。’正是这样的鼓励令我忘记了疲累，只想着能够把自己多年来写作的教育故事推出去，让更多的人看到我和孩子们之间的美好往事。8 月份如期交稿，10 月份面谈时被三个导师否定：故事写得很有诗意，但专业书籍不能只是让人感动，要提升教育理论水平，让读者可借鉴，有思考。导师的点拨令我顿悟，不来一次‘破釜沉舟’，怎能对得起之前的辛劳？一边写，一边读，我对班主任的管理及教育的认知、思考愈加清晰，一篇篇稿子完全变了模样。”

接下来，2018 年的 4 月份、6 月份、7 月份还在继续改稿，每一次看到出版社编辑发来的短信，内心既期待又畏怯，从几个导师那里得到的“要有读者意识”的指点到编辑建议的由书名去重新架构、充实板块与内容，我在信服、钦佩中不自觉地从疲乏中再生出力量，按照建议一次次重组、重写。从第三次修改开始，每写一篇我都要查阅资料、积淀素材、提取主张，感觉这个过程不再是写作的过程，而是研读、思考的过程，这个过程也让我在与众多知名班主任的管理理念、方法比照中看到了自己的差距，重新修正了自己的一些认知，而“写”出来就是在检验自己认知、提升的价值与水平。于是，文字在键盘间敲打，心却在一次次修改中低垂。

2018 年 11 月，我拿到了《班主任的教育熏陶力》一书。2016 年，我出版了散文集《走走，看看》，现在，从文学作品、教育随笔到学术专著，算是我写作上的一次涅槃吧，但我非常平静，好像这一切都来得那么自然。我知道，这只是我教育之路上的一个驿站。没有驿站，就没有远方；没有远方，就没有诗意。远方、诗意，这是每一个人都在不倦地追寻的生活，我庆幸自己没有被身边的世俗、平庸、抱怨腐蚀，我庆幸自己没有停歇前行的脚步，没有放下阅读的书和写作的笔，从不知往哪里用力到后来聚焦发力，我越来越明白自己在做一份“内修”的事业。修什么？修能力、涵养、人格、心境；修从何“道”？阅读、取经、自省、感悟皆是途径。梭罗说：“时间决定你会在生命中遇见谁,你的心决定你想要谁出现在你的生命里，而你的行为决定最后谁能留下。”修，让我遇到能量更足的一群人——中原名师，现在他们已经成为了我的精神导师。现在想来，如果不是自己的坚持，又怎会领略到教师还有那么美好的一方天空?

生命是一棵扎根在大地上的大树，一个中原名师的生命里要有虚怀若谷的气度，有学贯中西、学富五车的才华，有深邃的教育思想，有鲜明的教学特色，有独特的教学风格，具备这些，我们才会在中原大地深深扎根，长成为一株参天大树。

那就向着“树”的方向修为自己吧，让自己还混沌的生命在素笺间，在键盘上，与自己的生命对话，与他人的生命相遇……

最终，无论是做一只鸟，还是一束光，一条小溪，还是一棵树，我们都不再是原来的自己。

案例四：曾经浮云遮望眼　登高方知天外天

——漯河市市直幼儿园　弯丽君

只要追求不懈，梦想一定会照亮现实。

——题记

一、光环曾经遮挡了我前进的方向

2015 年，是我工作的第二十五个年头。回望来路，有收获成功的喜悦、满足与自豪，也有对未来的焦虑、彷徨与期许。河南省名师、河南省骨干教师、河南省文明教师、河南省学术技术带头人、漯河市专业技术拔尖人才等诸多光环曾经让我自我满足，停滞不前。1990 年上班，1991 年当班主任，1993 年任教研组长兼任班主任，1997 年任保教主任，2000 年任分园园长，2003 年通过竞聘担任总园副园长，我成为当时漯河市教育系统最年轻的科级干部。2009 年通过了中小学高级教师的评选。一路走来，四处掌声，遍地鲜花，虽荣誉背后是汗水，但能够有如此丰厚的收获，心里还是很满足的，也算是在我们市的幼儿教育界扎实地站稳了脚跟。

2009 年评完高级职称后，由于当时还没有设正高级职称岗位，自己认为自己已经进入了职业的巅峰，停滞不前，安于现状，没有再多的宏愿和远大目标追求。直到 2015 年，按照省教育厅文件要求，通过漯河市教育局的考核及层层选拔，我非常荣幸地被确定为漯河市当年唯一的中原名师培育对象人选。

二、登高让我看到了更大的舞台

2015 年 7 月 17 日，按照河南省中原名师培育工程项目办公室的通知，我来到了浙江师范大学，开始了为期一周集专题讲座、答辩、考核为一体的集中培训。在开幕式现场，河南省教育厅副厅长刁玉华指出："在座的112位教师，是各个地市推选出来的优秀名师代表，是河南基础教育的中流砥柱，是河南基础教育的希望所在！你们的高度，决定河南基础教育的高度！在这里，历经五年时间，要培养和打造出一批豫派实践型教育专家。"刁厅长铿锵有力、循循善诱的一席话深深地震撼了我，感染了我，激励了我，同时也惊醒了我。省教育厅是在着力打造豫派实践型教育专家，但以我现有的能力和实力，能扛得起这沉甸甸的荣誉和承担得了河南基础教育高度的责任吗？站在新的起点，面对新的高度，我压力很大，我能担起省教育厅赋予的重任吗？

回想起当初作为一名非学前教育专业的毕业生，能够在人才济济的重点幼儿园脱颖而出，靠的不仅仅是血汗和心血来潮，更有一股决不向任何困难低头的勇气和善于思考、善于总结的创新学习方法及探究精神。特别是通过浙江师范大学的培训和对来自全省各地学员的接触和了解，感到荣誉并不是空穴来风，没有真材实料还真的来不了浙江师范大学的培训班。如何前行？我将采取怎样的方式与措施提升自己，融入这个师德高尚、业务精湛的优秀团队……种种疑问充斥在我的大脑中，我必须排除顾虑，变压力为动力。特别是听了肖培东《名师工作室建设的理论与实践》、朱昌元《教师的阅读素养与专业成长》、林一钢《教育科研方法：课题设计与申报》等专家讲座，醍醐灌顶，深深地被学识渊博、专业精准、有人格魅力、有教育情怀的专家、教授所吸引、折服。在现场的互动环节，多次被各位中原名师及中原名师培育对象所具备和表现出来的高超素质所吸引，并为之叹服。他们谦逊低调、豁达从容、平和互助、顾全大局、从不张扬。我反复为自己鼓劲呐喊，我不但要通过考核成为中原名师，而且一定要成为这个群体中名副其实的一员。我暗下决心，一定珍惜这次难得的机遇与平台，科学制订自己的成长计划，创新思路，脚踏实地，咬定目标，奋力拼搏，在五年的周期内，用自己一流的成绩来书写不平凡的中原名师培训历程，完成省教育厅下达的沉甸甸的工作任务与社会责任。

三、责任促使我再次扬起驶向远方的帆

2015 年 12 月，经过不懈的努力和长期的积淀，通过将近半年的考核、答辩等程序，我通过了中原名师的考核，荣获中原名师的称号，创立的名师工作室也被省教育厅正式授予中原名师弯丽君幼儿教育工作室。工作室命名之后，压力还是相当大的，心里暗想一定要对得起工作室的目标方向和宗旨。

作为中原名师，必须具有较高的专业造诣、深厚的理论功底、敏锐的洞察能力、深邃的教育思想、鲜明的教学特色和独特的教学风格，兼具扎实的教育教学能力，才能带领名师工作室引领发展，辐射周边，让所在地所有的孩子都能够共享工作室先进的教学理念和科研创新成果。基于自身认识，结合工作实际，我精心设计、精准定位了工作室对每位成员培养的个体差异化指导及专业化成长路径，做到每位成员的长处都得到淋漓尽致地发挥。为开阔成员眼界和专业知识积累，在阅读方面，从读对书、读好书、精读书入手，逐步延伸阅读的宽度与深度，不断提炼和提升自己和成员的专业素养。

在写作方面，严格要求自己始终如一、积极认真撰写教学故事、教学反思、优秀课例、读书笔记、学术报告等，不断提升自己因学识增长和眼界拓宽所需的书写能力。

在教育教学方面，努力、科学锤炼教学技能，凝练教育智慧，提升教育理念，做到创新—实践—完善，再实践—再创新—再完善，多次反复、验证，最终转变为成熟的教育教学行为，应用于教育教学中，健康地促进幼儿全面发展。

如何提炼自己的教学主张，以拓展教育的深度、广度、温度、长度？我始终认为，教学主张是一个教师长期以来教学思想的具体化、个性化、学科化和专业化的实践总结，通过理论升华，形成别具一格、独具特色教学理念的积淀；它是教学经验的提炼、概括和提升，是理论与实践、认识与情感、知识与智慧相结合完善后的产物。教育教学能力是为“师”之根本，教学风格是衡量教师教学能力、水平及成熟度的重要标志，而教学主张是教学风格的灵魂，也是优秀教师教学风格的核心内涵。

从教二十八年来，长期工作在教学的第一线，致力于幼儿教育的学科建设和专业发展，创新教学模式和教学方法，紧跟学科前沿，不断完善自己的教学思想，沉淀自己的实践积累，反复推敲自己的理论与实践，使自己的教学主张在实践教学中得到验证和完善。在所任教的学科语言、科学、美工中，多次通过园、市级的公开课、示范课，提炼自己的教学主张，交流课程也多次荣获市级一等奖。

在教学科研方面，积极探索，放眼学科前沿，目前主持的两个省级课题已相继立项，如何带领工作室成员做好学科前瞻性研究，在研究中发现问题，如何解决问题，留下好的成果，让大家少走弯路、共享成果，这是我目前非常关注的焦点问题。

作为中原名师，不但要对得起自己头上鲜艳夺目的光环，更要积极主动挖掘自身潜能，真正发挥示范、引领、辐射、带动作用，用扎实的学识、精湛的专业技能、优良的师德来发挥行业模范带头作用，始终不忘初心、踏实做事、终身学习、砥砺前行。

四、理论与实践的碰撞必将溅起智慧的火花

（一）做读书学习的储备者

“水之积也不厚，则其负大舟也无力。”知识储备不足、视野不够，教学中必然捉襟见肘，更谈不上游刃有余。因此，我把读书作为日常生活、学习的一部分，读书成为我双休日、节假日、晚上最重要的内容。读书获取的知识让我在不知不觉中开阔了视野，增长了见识，润泽了心灵，激发了灵感。通过阅读和知识的叠加，让我从一名教育的管理者、实践者成长为一名教育的研究者、思考者。

（二）做教育理论的探索者

阅读和写作是教师成长的双翼。多年来，我认真梳理自己的教学心得与所思所悟，每天下班后坚持文字总结，已有 30 多篇学术论文在核心期刊发表。2017 年，我笔耕不辍，全年 60 多万字跃然纸上，2018 年虽然工作繁忙，但仍有 30 多万字发表。我常常品味着“工作的苦与乐”与“柳

暗花明”的豁然，享受着指尖舞蹈的惬意和即将收笔的欣喜，更深刻地体悟了过程的美丽、精神的富足与收获的愉悦。坚持阅读、思考和写作，涵养了我浓浓的教育情怀，开阔了视野，拓展了教育实践。

（三）做成果分享的传播者

三年多来，我的足迹遍布郑州、焦作等地，先后承担培训任务20多场，分别为河南省园长培训班、名师培训班、职业学校骨干教师省级培训班等开展专题讲座，分享我的教育教研成果，引领园长、教师专业化快速成长。

（四）做科研探索的践行者

教师开展教育科研是促进教师专业发展的有效途径，是促进教学质量提高的有效保障。三年多来，我带领团队带着教学实践中的难题、问题研究，将科研真正与教育教学实际相结合，形成常态化的教育科研，并取得丰硕成果。2017年主持的河南省基础教育教学教研室的课题以优秀等次结题。2018年主持的河南省科学教育研究院的课题获成果一等奖。2018年6月与8月，主持的中原名师专项课题和河南省重点课题已开题立项，各项工作有条不紊地开展，现进展顺利。

（五）做园本课程开发的探路者

我根据多年的实践经验，以课程建设为抓手，提炼出幼儿园入园、盥洗、如厕、离园等13环节的一日活动安全操作流程，确立了安全年教育的目标、原则、方法、教育价值、教育要点、内容及要求，提出了安全教育的终极目标，培养全面发展的高素质幼儿。创新了326个安全游戏、安全儿歌、安全故事、安全教案、安全案例等内容，创新了267个防走失、防火、防溺水、防意外伤害等安全教育主题活动，使教师开展安全教育有纲可循，便于教师在实际工作中操作，具有积极作用和重要的参考价值。在课程开发的实践中，探索了安全教育园本课程的开发策略。一要明确安全教育园本课程开发理念——以幼儿为本，突出安全活动游戏化、生活化、情景化、经验化。二要遵循课程开发的七原则——目标性、丰富性、系统性、多样性、针对性、趣味性、安全性。三要遵循课程开发的六途径——情景式安全趣味活动、生活化安全教育故事、通俗易懂的安全教育儿歌、体验式的安全演练、设置醒目警示的安全标志、系统性的安全教育课程。四要综合运用课程开发的六方法——游戏法、情景教学法、动静结合法、多媒体应用法、环境育人法和家园共育法。2018 年 9 月，《为平安幸福的人生奠基——幼儿园安全教育园本课程研究》一书出版。

（六）做名师工作室建设的实验者

2015 年 7 月，我主持成立了中原名师弯丽君幼儿教育工作室，在工作室的成立、路径设计、激励机制、操作模式、调配定位等方面倾注全力，积极发挥了名师的示范、引领、辐射、带动作用。目前工作室共有成员 20 名，分别为漯河市、县（区）幼儿园的省级名师、骨干教师及一线教师。

中原名师弯丽君幼儿教育工作室成立近三年来，始终秉持“走在前沿，行在路上”的理念，以专业引领、技能提升、共同成长为宗旨，积极开展学术研讨、优质课观摩、专题讲座、课题研究、送教下乡等活动，使名师工作室成员快速成长，脱颖而出。同时，开展系列指导帮扶活动，指导青年教师通过说课、上课、研讨等不同形式的岗位练兵，使教师对课程改革的新理念融会贯通。我指导的名师工作室的一批青年教师逐渐成为幼儿园的骨干教师，辅导她们执教的优质课获省、市级一、二等奖，目前有两名受培育教师已成长为省级名师。名师工作室成员通过优质课观摩、科研课题研究等活动，发表文章及省级获奖课题 40 多篇。我们以显著成效很好诠释了名师工作室是“创新工厂”“名优教师的孵化基地”的美誉。2018 年 3 月，由于成绩突出，中原名师弯丽君幼儿教育工作室荣获漯河市职工技术创新成果特别奖。

根据河南省教育厅的安排，依托中原名师弯丽君幼儿教育工作室培育河南省其他地市的名师、骨干教师近 30 人。2017 年、2018 年已成功举办两次集中研修培育活动。经过将近三年的发展，中原名师弯丽君幼儿教育工作室已成为漯河教育在全省较有影响力的一张名片。

为了发挥名师工作室的示范引领作用，2016 年 5 月，我们建立了中原名师弯丽君幼儿教育工作室网站“网络学习共同体”。2018 年 3 月，开通了名师工作室公众号。我们把教师的读书笔记、教育教学反思、优秀课例、活动交流都进行了分享，这样不仅资源得到共享，也提升了名师工作室成员的专业素养。

2018 年，为了促进名师工作室及省级名师、骨干教师的专业素养，解决集中研修难以开展的局面，我们在 CCtalk 平台上开通了弯丽君名师工作室，邀请国内知名专家开展专题讲座、同读一本书交流活动以及省级名师、骨干教师的专题交流活动等 13 次。每次活动中，我都邀请知名专家进行现场指导，使专题讲座更有针对性、指导性、实效性，活动高效，目标明确，受到了受培育的省级名师、骨干教师及名师工作室成员的一致好评与广泛赞誉。

名师联盟，共同成长。2017 年 6 月、2017 年 11 月、2018 年 10 月，弯丽君、王海东、刘梅、符丽名师工作室举行集中联盟活动三次。在活动中，相继开展了专题讲座、同课异构、区域观摩等系列活动，活动形式多样、内容丰富，受到了省、市级名师、骨干教师及名师工作室的一致好评。

（七）做教学实践经验的总结者

2016 年 9 月，中原名师培育工程项目办公室提出“中原名师写作专项计划”。申报者要写出 6000 字以上的个人经历、教学实践、课题研究等方面的内容。记得 2016 年 8 月，我在华东师范大学参加漯河市校长研修培训班时，每天听完讲座后，我都会来到教师职工之家的小图书角，很认真、很全面地把自己的工作学习情况做翔实的总结，这为我之后的写作打下良好基础。2016 年 10 月，在浙江师范大学中原名师培训期间，中原名师培育工程项目办公室让入选的 33 位中原名师及培训对象进行写作筛选面试，在面试现场，我结合自己的工作实际，毫不犹豫地选择了幼儿园安全教育作为写作方向。当时向张文质、闫学导师汇报时，闫学导师对于我的这个选题大力支持，认为我的写作构思填补了学前安全教育方面的空白，具有安全教育工具书的作用。张文质导师还为这本书提出了前瞻性的建议：在书中插入形象的漫画，将来不仅是畅销书，还会对我们的学前安全教育具有深刻和现实的影响。答辩结束后，我的名字非常荣幸地出现在公布的第一批出版人员名单上。

2017 年 5 月 5 日，首批参加写作的人员在浙江杭州召开出版定稿会，我的书稿经过半个小时的陈述、汇报，顺利定稿。闫学导师指出书稿比较完整、结构清晰，可以出版，只是书名还要重新斟酌。这个结果大大出乎我的意料，令我如释重负。回想多少个夜晚，我通宵达旦，不停书写，不停思考，反复斟酌，反复修改。漫漫长夜的孤寂，深夜站在阳台遥望星空的无奈，持续敲打键盘的噼啪声，此时此刻都成为了绚丽的影像。2017 年 5 月，书稿正式交稿。在书写这本书的过程中，有很多新的教育教学经验、新的园本课程的思路与架构，让我有开始书写第二本专著的计划。2017 年 12 月，我完成了 14 万余字的第二部书稿，2018 年 9 月，两本专著相继出版发行。

（八）做基础教学思想提炼的躬行者

通过多次反思、斟酌，我把自己的教学主张提炼为：为多元发展而教，用创设环境导学。具体为：重儿童立场和主体性；重创造性和多元智能的发展；重有重要的教育价值且有童趣的环境创设的课程游戏化；重目标生成和导学。将本人的教学特征归结为：游戏驱动、目标生成、环境支持、过程童趣、方法导学、多元发展。有了这样的提炼与总结，我试着向教育更深处漫溯。

诚然，工作中取得了一定成绩，与自己的主观努力是分不开的，但同时也离不开省教育厅领导、专家的支持、指导和大家的无私帮助。在中原名师的周期培训中，我遇到了助推我成长的领导、导师、专家与同学，没有他们的引领、指导与无私帮助，就一定不会有我今天的成绩。感恩我们这个伟大的时代，是国家给予了我们这么好的政策，能让我们提炼升华、脱颖而出。感谢省教育厅领导以振兴河南教育为己任，以负责任的态度倾情倾力搭建这样站位高远、意义重大的名师平台，让我能够在这个平台聆听名家指导、开阔眼界、快速提升、成长进步；感谢导师杨伟东主任三年来在业务指导上奉献出前瞻性的理念与智慧，在我们中原名师专项课题的实施过程中，开题、中期都亲临指导，无私奉献，使我们这个任务重、时间紧、难度大的课题进展有序、运行顺利；感谢导师刘力教授为提炼我的教学主张所给予的中肯建议；感谢闫学导师、张文质导师在出版专著时给予的精心指导；还有吴慧强院长、贺斌教授、胡新颖老师等针对专项课题的内容提出的合理化建议；感谢三年多来，我的课题团队成员王涛、刘梅、符丽、张卫红、龚晓莹，还有参与专项课题书写案例的23位同学们，是你们的倾力帮助，才让我们的课题得以顺利开展。

五、收获让我懂得成功是更加理性的思考

三年来，我度过了无数个挑灯夜战的长夜，历经了秋去冬来的岁寒，遭受了一次次挫折后的打击，迎来了果实累累的收获。

2017年11月，荣获河南省教育厅优秀教育管理人才。

2018年6月，“幼儿园一日活动安全教育的游戏研究”荣获河南省基础教育教学成果一等奖。

2018年8月，课题“幼儿园美工区活动与材料投放适宜性研究”荣获河南省教育科学研究优秀成果一等奖。

2018年9月，两本专著《守护幼儿平安的防线——幼儿园日常安全隐患与管理策略》《为平安幸福的人生奠基——幼儿园安全教育园本课程研究》相继出版。

2018年9月，荣获河南省教育系统先进工作者。

2018年10月，成为河南省高层次人才中原领军人才——中原教学名师。

2018年10月，园本课程“幼儿园安全教育园本课程研究”荣获河南省教育厅优秀科研成果一等奖。

2018年12月，正高级职称评审通过。

虽然地上铺满鲜花，身边掌声不断，但我从不敢停下探索的步伐，我深知，一旦骄傲像浮云一样遮挡了我的眼睛，我将再也看不到未知世界的精彩，我将再次成为坐井观天的井底之蛙，慵懒满足、自我陶醉地欣赏着脚下的一洼水、头顶的一片天。

展望未来，任重道远，新时代开启新征程，新征程承载新使命，新使命要求新作为。我深感责任重大，未来我会不忘初心、不辱使命，做一个努力奔跑的追梦人。

案例五：守淡然之心，伴优秀的人前行

——河南大学附属中学　冉明远

王国维曾提到，古今之成大事业、大学问者，必经过三种境界。始而“昨夜西风凋碧树。独上高楼，望尽天涯路”，继而“衣带渐宽终不悔，为伊消得人憔悴”，终而“众里寻他千百度，蓦然回首，那人却在灯火阑珊处”。教师成长亦当如此，由最初的立志，经后来的求索，到最后的顿悟。第三种境界最难达到，我也一直在为此而努力。进入到中原名师这个大家庭中，专家的引领和同伴的影响给了我更多的动力，让我回归赤子之心，在淡然之中执着前行。

一、春的希望——于探索中不断成长

走上教师这个工作岗位已有三十年，驻足在时间的路口，回眸过往的足迹，虽跌跌撞撞、坎坎坷坷，却也收获满满、幸福快乐。一边在感怀光阴飞逝的无奈，一边又在享受这个职业带来的幸福感。1987 年，我从河南大学中文系本科毕业，是成绩、论文、实习全优的优秀毕业生，并且在开封籍的毕业生中成绩第一，自己又擅长古文学、古汉语，本来想到开封师专教书，可最终阴差阳错只能到河大附中任教。到附中后又因工作需要让我教初中，当一个孩子王。当时我的心理落差那叫一个大啊！尽管带着不如意的情绪走上工作岗位，但是，淳朴善良的天性，骨子里要做就做最好的信念，对教育事业由衷的热爱，无一不使我坚持以一个优秀教师的标准严格要求自己，争取成为一个有强烈的事业心、责任感的教师。教坛前辈们皓首穷经、孜孜以求的态度，兀兀穷年、甘于奉献的精神更点燃了我的工作热情，使我充分认识到了自己所从事的教育事业的光荣感、使命感，从而坚定了自己投身于基础教育的信念。思想问题解决了，那就没有问题了，年轻人有的是热情和冲劲。心中的喜悦就如初春里发芽的种子那样生机勃发，充满希望。我开始带两个班的语文课，并且担任一个班的班

主任。我一直认为，态度比能力重要，只要愿意干，就一定能干好。我全身心投入到教育教学工作中，很快就进入了状态，将各项工作做得有声有色。带领同学们走上街头开展“学雷锋，树新风”活动，与年级段长一起带领学生到兰考县焦裕禄纪念馆参观学习。参加工作仅一年，1988 年我所带的初一（4）班就被评为开封市优秀班集体，我被评为开封市优秀班主任。但是，没多久我就进入了工作“高原反应期”。面对日复一日的繁忙琐碎，我常常在疲惫之余，更多的是感到过于熟悉之后的厌烦。我开始探索，怎样才能让教学不再是低效的重复劳动呢？

提升自己，从读书开始。这是一件非常普通但又非常重要的事情，其实，名师的成长没有捷径，无非是苏霍姆林斯基一直提倡并践行的阅读、反思、实践。教师专业成长的历程是两个转化的过程，即读书—底蕴—教学。大量地、广泛地、坚持不懈地阅读，是为了给自己积淀，有了积淀，才能更好地转化在教学中。通过大量的阅读，我逐渐感到对教材的理解、对课堂的把握都有很大的提升。

教学反思是加快成长的有效途径。叶澜教授曾指出：“一个教师写一辈子教案不一定能成为名师，如果一个教师写三年教学反思就有可能成为名师。”作为教师，如只是读书、教书，不写作、不反思、不梳理自己的成败得失，又怎么可能提升自己的教学理念呢？充其量只能当一辈子的教书匠而已。为了能反思自己的教学行为，我坚持每天学习教育教学理论，“学然后知不足，教然后知困”，总结经验，研究困惑，不断改进。反思让我学会回过头来看过去，看自己原先所走过的路、所做过的事。如何使自己的观念不断地体现于自己的教学行为中，那就需要学会自省、学会反思。

特别是认真阅读、研究了魏书生老师的著作之后，我受到很大启发，一个人的能力再强，总是有限的，大家都行动起来，力量才是巨大的，甚至是无限的。于是我积极尝试调动学生的积极性，让学生自主学习、自我管理。一是让学生尝试讲课。每个学生可以提前选一个自己喜欢的篇目，充分准备，写出教案，在我订正完善后，讲给同学们。二是让学生自己命题。先讲明要求，划定范围，再让学生自己设计题目，好的题目还可以被选作考试试题。三是让同学们自己批改作业和练习。让学生当老师，角色互换，可以让学生体会到老师的艰辛和同学们容易出现的失误，对他们的学习具有巨大促进作用。四是让学生自我管理，首先要培养得力的班干部，要求他们严格要求自己，以身作则，然后赋予他们权力，告诉学生不听班主任的话可以，不听班干部的话不可以。每个星期都对一周的情况做出总结，班干部直言不讳指出同学的问题。除此之外，我们围绕学习开展了一系列活动，如各取所需的记者招待会式的学习经验交流，“我也有强项”的主题班会活动。云曼同学的发言“地球离了谁都会转，但是有了我转得更欢快”，二十多年过去了，言犹在耳。我们在开封市体育场内举行的篝火晚会，精彩纷呈，吸引了许多外班同学积极参加。临近毕业时，组织学生在办公楼前植树，为母校留下片片绿荫、拳拳深情！过程很精彩，结局就一定错不了！ 1992 年我们初二（5）班被评为开封市优秀班集体，我被评为市优秀班主任。1993 年我们初三(5)班在中招考试中，取得了骄人的成绩！中招考试的九门课程中有八门平均分都是开封市第一！我教的语文学科优秀率 100%，几乎全部升入中师、中专或者考入本校高中！也正因为学生取得了较为辉煌的成绩，1993 年我被评为开封市优秀教师。同年还被推选为河大第十四届团代会代表。

一路走来不断学习、不断提高。我带领的学生先后十多次取得开封市会考、高考第一。个人多次获得教学管理一等奖，特别是 2001 年，完成学校升学指标的 217%，单科完成教学目标奖。撰写教育教学论文几十篇，参编、主编著作多部，为《中学生导报》做过高一版主编。应开封教育电视台之邀录制了电教录像课《守财奴》并同步出版。获得过省学科带头人称号。四次被聘为省教学技能大赛评委。被评为河南省学术技术带头人。被聘为两届河南省基础教育教学研究室高中教学研究中心语文学科中心组成员。在“送教农村”活动中，执教“设计作文亮点”一课获优质课一等奖。两次被聘为河南省高中会考命题组成员。两次为开封电视台制作高考复习专题节目。在省教学技能竞赛中获得过一等奖，被授予“教学标兵”称号，被选为省中语会理事。两次参与开封广播电台举办的“校园麻辣秀”的名师访谈节目。参加过教育部“国培计划（2010）——培训团队研修项目”研修。随着这些成绩的取得加上年龄的增长，我渐渐感到自己前行的动力不足，也不再想创新了。每天重复同样的工作，说同样的话，面对的总是半大不小，又有着几分叛逆的学生。我对教学工作产生了厌倦，对学生也失去了耐心。特别是评上中学高级教师以后，觉得职称已经到顶了，我就逐渐失去了锐意进取的精神，进入了职业倦怠期。我不知道还能从我的教学体验中获得什么新的感受，更没有了淬炼提升自己的教育经验形成教学主张的想法。而教育是一门艺术，需要不断研究新的教育现象，不断地创新，探寻新的教育方法。渐渐地，我有了很多的困惑和迷茫。回顾岁月，我发现最初的激情已经淡化，而那份如春天般的希望也已渐渐模糊。

二、夏的绚烂——于更高处重燃激情

2015 年，中原名师培育工程把我引到了更高的殿堂门口，这三年的时间在历史长河中如同一朵转瞬即逝的浪花，但对我的人生而言却是一段无比珍贵的黄金时期。回首这一程，有反思、有总结、有收获、有快乐，更关键的是让我重新点燃激情。

如果说原来参加过一些培训，获得过一些教育教学理念方面的引领、知识技能方面的提升，那么中原名师培育工程使我从精神境界到生活习惯，从个人修养到职业道德，从教学理念到教学实践，从教育方法到教育技能，从为师到做人，从工作到生活，从外到内，得到立体化、全方位的淬火提升。

人们常说“独行快，众行远”，而我认为，与一群优秀的人一同奋进，不仅行得稳健、长远，而且一点都不慢！甚至在这个团队中，你想不行进都不行，大家会裹挟着你一起向前飞奔！

来自不同领域和不同研究方向的领导和专家的引领让我登高而望远，通过聆听各个方面的专题讲座，使我原本零星琐屑的教育思想火花得到激发沉淀，犹如醍醐灌顶，不再困惑，无论是教育教学，还是教学研究都有了比较系统的认识和看法。

除此之外，更多的还有来自同伴之间思想的碰撞，以及相互的激励与启发。身边的这些名师个个都是出类拔萃的精英、才华横溢的专家。他们学识渊博、才思敏捷又刻苦努力，每一次的集中培训都是一场难遇的盛宴，大家白天积极交流探讨，晚上加班加点地写总结、反思，每天都在愉悦地享受着一点一滴的收获。与优秀的他们携手同行，无时无刻不被他们身上的精神所鼓舞，感觉久违的激情又重回体内，让我欣喜不已。

中原名师的研修培训，点燃了我理想的火把，给我的教育教学生活带来勃勃生机，让我从此不再迷茫，以更广阔、更自由、更快捷的方式为我提供了各种信息，让我明白了教学理念更新的重要性和紧迫性。研修给了我与专家对话、向优秀同学学习、与优秀同伴交流探讨的机会。没有触动就没有觉醒，没有反思就没有进步，新的课程理念、新的教学方法、新的评价体系，都使自己对教育教学与教研工作不得不重新审视和重新思考。在反思中成长，在探索中感悟，在交流中解惑，在研修中不断提高。我怀着一颗炙热的心，终于在更高的殿堂里重燃激情。

三、秋的收获——于实践中携手前行

"纸上得来终觉浅，绝知此事要躬行。"通过培训，我认识到只有把理论付诸实践，才可能使自己的教学能力再次提升，教学中应该用专家的理论来引领自己的课堂教学，通过创设情境，诱发学生的求知欲；通过实践练习，锻炼学生的能力。最后注重教学反思，经常反思自己的教学行为，不断探究和解决自身在教学过程中的得与失，及时调整教学方法、实施途径和课堂结构，真正达到课堂教学的有效目的，并把平时教学实践中的一些做法，及时反思，上升到理论高度，加以总结。从参加中原名师培育工程项目的培训以来，我深切地感受到一个人的前行终究是孤独的，我也要带领一个团队向前奋进。名师工作室成立以后，我带领自己的团队开展了一系列教育教学活动。

（一）阅读学习，丰富文化底蕴

读书使人明智，读书使人高尚。一个教师专业发展的水准从根本上讲是由他所从事的实践能力和理论水平所决定的。工作室坚持把专业阅读与拓展阅读相结合，倡导个人阅读与团队交流相结合，以提升专业素养、拓宽视野、丰富积淀。工作室还多次组织成员外出观摩学习：河南省名师送教活动、河南省语文优质课活动，都有我们的身影，聆听名家作课，与名师现场交流教学中的困惑，大家都感到受益匪浅。我个人除积极参加历次中原名师培育对象培训之外，2018 年 7 月，我还带领名师工作室成员参加了首届全国名师工作室教育创新成果展暨名师工作室建设高峰论坛，当月又参加了 2018 年全国普通高等学校师范类专业认证专家培训会，完成认证专家规定的学习内容；2018 年 8 月参加了暑期中原名师高端研修活动；2018 年 11 月参加了河南大学主办的语文教学暨教育硕士学位点建设论坛；2018 年 12 月参加了河南省豫中片区教师教育联动发展共同体工作推进会等多个全国性及省级教育教学研讨活动。阅读和观摩，拓宽了工作室成员的语文教学视野，提升了理论修养和专业素质。

（二）研讨活动，促进专业发展

几年来，工作室举行了丰富多彩的活动，通过多种形式促进教师的阶梯式成长。读书沙龙，交流读书心得，在交流分享中获得心灵的顿悟，积淀起丰厚的理论素养，提升教师教育教学能力；名师公开课，凸显名师引领作用；同课异构，激发教师思想碰撞，提高教育教学效果；青年教师观摩课，针对青年教师进行有针对性的指导，通过多次研讨提高执教能力。工作室坚持聚焦教学课堂，打造精品课程，引领成员不断丰富教学风格，提高教育教学水平。工作室成员及名师培育对象马杰、石晨飞、雷红寰、张妍敏、李晨芳等十几位成员分别在国家、省、市、校级的不同平台上展示；马杰老师的古诗鉴赏课在厦门全国课例展示大赛中获一等奖；雷红寰、石晨飞、段现凤分别获得省优质课大赛一、二等奖。

（三）课题研究，提升科研能力

“教而不研则浅，研而不教则空。”教、学、研是教师的三种职业工作方式。为了引导工作室成员走上教育科研之路，提高教育科研水平，工作室把组织开展课题研究当作一项重要任务，做到有计划措施，抓好过程落实，重视组织研讨交流，做好反馈评价，深入开展研究。工作室成员石晨飞、段现凤、马杰、雷红寰、张建学、梁志艳、柳杨等老师都有研究论文在教育刊物上发表，成员主持参与的多项课题获省、市级奖励。

（四）“送教送培”，加强辐射力度

“一枝独秀不是春，百花齐放春满园。”为了充分发挥名师工作室的示范、引领、辐射、带动作用，引导基层学校教师研究课堂教学，提高教学效果，名师工作室扎实开展“送教送培”教学观摩研讨活动。工作室送教送培的主题从“我的风格我的课”到“专题讲座”等等，内容丰富且符合教学实际。几年来工作室共到永城成才中学、固阳实验学校、温县新圩中学、祥符区杜良一中、尉氏三中分校等学校开展“送教送培”活动，充分展示了工作室成员良好的精神面貌、工作作风、教学能力和教研水平，让与会教师获益良多，活动成效得到了广泛好评。

（五）课程共建，网络资源共享

当今时代是一个信息技术高速发展的时代，同时也是一个资源共享的时代。为了给工作室的各位成员及全校的教师提供一个交流学习的平台，工作室的各位教师借助河大附中官网主页中的校内资源和河南省开通的“晒课”平台，将自己录制的拿手课程传至网上，供大家相互学习，也借此发现自己在教学中存在的问题，更好改进自己的教学。梁志艳、金明伟、张建学、沈芬芬等几位教师在名师工作室各位教师的带动下，也掀起了一股录课、评课的热潮。这既体现了名师工作室的带头作用，也促进了多所学校教学工作的发展。

真正的名师源于课堂，也根植于课堂。工作室的各位成员，除了将自己制作的视频上传至网络供大家相互学习之外，还以班级为活动基地，大力开展同课异构活动。大家可以随时推门进行听课，互相学习。这些活动的开展，不仅真正实现了工作室成员之间的辐射带动作用，更有利于实现资源的共享。同时，在大家的相互交流学习中，各位成员积极进行课堂教学模式的有益实践与探讨，显示出名师指导的有效性。

几年来，在各级领导的关怀和中原名师培训班同学们的帮助下，经过自己和各位成员的积极努力，在各级各类的评比活动中，我和我的团队都取得了较为出色的成绩。2016 年我被聘为河南大学双导师制导师，被聘为河南师范大学“国培计划（2016）”乡村教师访名校指导专家；2017 年被正式确定为中原名师；2018 年被聘为全国高等学校师范类专业认证

专家、河南省高中语文中心组成员，多次被聘为河南省中小学高级教师任职资格评审委员会副主任委员，多次被聘为河南大学“国培计划”授课专家，同年被评为中小学正高级教师；2019 年 2 月被邀请为“2019 年开封市各界人士新春茶话会”嘉宾。其他团队成员也都表现不俗，有 3 人晋升高一级职称，有 9 人获得国家、省、市级优质课一等奖，有 12 项省、市级课题顺利结项，参编、主编著作 4 部，有 26 篇教育教学论文在国内刊物上发表。

我们将积累的经验、有价值的思考及时总结记录形成物化成果，同时也把工作中遇到的问题、失败的教训及时记录下来，加强反思，以期更快地提高自己的水平。无论是成功还是失败，我们一直在努力！

四、冬的守候——于淡泊中坚守初心

法国作家沃韦纳戈说：“智慧的最大成就，也许要归功于激情。”缺失激情的人生状态必将如一潭死水，何谈创新和发展？通过中原名师培育工程的培训，我更清醒地认识到自己的不足，更深深感受到自己与名家的差距，我下决心要改变自身现状，努力学习，在不断充实自己的过程中，有了紧迫感、危机感。

三十多年一路走来，我收获了很多，这是对自己过往价值的肯定，但绝不能成为前行的负担和束缚。想起居里夫人把英国皇家学会刚刚奖给她的一枚金质奖章给小女儿玩，面对着朋友的惊讶，她只是笑了笑说：“我是想让孩子从小就知道，荣誉就像玩具，只能玩玩而已，绝不能看得太重，否则就将一事无成。”是的，淡泊才能明志，宁静方能致远。为名利所累，那是本末倒置，而一箪食，一瓢饮，仍能不改其乐，于浮华之中坚守初心，才能牢记最初的那份执着。

感谢中原名师这个大家庭给了我探讨、梳理、总结、提升的机会，使我得到了业务能力的提高和心灵的净化与升华。经历了春的希望、夏的绚烂、秋的收获、冬的守候，不管是教学还是人生，我都更加坚定地知道接下来要追求的是什么，远离喧嚣和浮华，坚守淡泊和宁静，永怀赤子之心，执着前行。

案例六：穿过生命散发的芬芳

——焦作市第一中学　宋爱芹

每个人的前方都有一条路
有的路，是人生的起点，在蜿蜒中前行
有的路，是不分彼此的承诺，朝着未来的目标行进
有的路，是为了走得更长、更远、更精彩
向前走，追寻属于自己的路！
进无止境，是我在追梦路上的执着信念！

——题记

2016 年 9 月，在第 32 个教师节来临之际，我通过层层选拔，多次考核，获得了中原名师称号。在省教师节表彰大会上，我受到了省委书记和省长等领导的亲切接见。2016 年度全省高中唯一的中原名师花落焦作一中，我也进入全省百名中原名师之列，走上了河南教师专业发展队伍的金字塔顶端。从此，我的生活发生了巨大转变。

一、起步

小时候因为家里贫穷，在选报志愿的时候，我坚定地报考了师范院校，因为当时上师范类院校除不收任何费用之外，还有生活补贴。在 1988 年到 1992 年这四年求学期间，我只在入学办理户口迁移、粮食关系时花了 10 元钱的手续费，就再没有花费家里一分钱。最初的梦想单一纯洁而又善良，实现了既能减轻家庭负担又能求学的愿望。

1992 年毕业时实行择优分配，我被顺利地分到市里的一所企业学校，踏上心爱的三尺讲台，做了小学四年级的班主任。之后我又抓住机会，应聘到高中部任教，做了高二年级的语文教师并担任班主任。跨度之大令人惊讶，惶恐焦虑也随之而来，虽然困难重重，既要深钻教材，又要改变教

学风格，更重要的是适应高中学生的特点，把握高考动向，但我绝不气馁，必须向前！不久国家制度改革，取消企业里的学校和医院，我被分配到焦作市第一中学任教。当时，我是又惊又喜又恐惧，这可是高手云集、名师荟萃之地，是焦作的龙头老大，是河南省示范性高中，我能行吗？怎样提升自己的教学能力以适应省示范性高中学生的学情？如何构建自己的学科知识体系以满足升学任务？又怎样提高学生成绩，获得家长满意？我陷入了深深的思考……

二、修炼

正当我迷茫不知所措的时候，我邂逅了中原名师培育工程。岁月不居，时节如流。如今踏入中原名师的行列已有一千多个日子，在思想的洗礼与实践的磨砺中，我追寻着心目中的那片海，不停歇地打磨自己，精进自己，努力修炼自己。让自己成为更优秀之人，让生命一路散发芬芳。塑造自己的过程也许很痛，但未来的你一定会感激现在拼命变好的自己。

（一）磨炼自己从班主任做起

我依然记得在浙江师范大学的第一次培训，浙江省特级教师肖培东、浙江省一线著名班主任方海东的经验分享：不想做班主任的老师不是好老师，没有做过班主任的老师他的教育生活是不完整的！

从教 26 年的我做了 26 年班主任。26 年，从风华正茂步入人生中年，就连休产假期间，我仍坚持担任班主任。与其说这是责任、是奉献、是大爱，不如说这是勇气、是执着、是信念，是刻进生命里的坚强！

在浙江师范大学这几年的培训学习中，我认识到班主任的言传身教对学生有极大的影响，我每天都以饱满的精神状态面对学生，把每一天都过得像第一天那样充满憧憬和热爱，把每一天都过得像最后一天那样满怀严谨和不留遗憾。所以我班学生学习兴趣高昂，正能量十足。

（二）创新方法让管理得心应手

习总书记在 2013 年 5 月 4 日同各界优秀青年代表座谈时说道：“生

活从不眷顾因循守旧、满足现状者，从不等待不思进取、坐享其成者，而是将更多机遇留给善于和勇于创新的人们。”对于我们这些全省一百多万教师中的先进分子，理应是最具有创造性的群体，理应走在创新的最前列。“吃饭吃得喷喷香，睡觉睡得呼噜噜，学习起来嗷嗷叫。”这是我提出的平凡班级管理理念，高中生只有吃好、睡好，才能学习好，才会健康快乐地成长。这以人为本、关爱学生的理念适应了学生的发展，获得了家长的认可，得到了领导的称赞。

在此基础上我又提出“智慧管理”班级的方案，并逐步对学生提出在做人、做事，甚至答题方面都要利用智慧，赢得最佳。在此班级中形成了智慧做人、智慧做事、智慧答题的良好氛围，师生受益匪浅。几年来，我以智慧的工作方式点亮学生的心灯，赢得学生的爱戴，走进学生的心间，成为学生才情、智慧、人格发展不可替代的“助力者”。

（三）外出学习让思想更加丰盈

通过中原名师培育工程这个平台，我有了更多向专家们学习的机会，我先后于北京师范大学、上海师范大学、浙江师范大学等高校学习交流，也曾带领工作室所有成员前往北京大学参加“语文高考改革与新课改的趋向探析”的高端研修活动，得到教育专家温儒敏的悉心指导。同行的程老师听完报告感慨地说：“专家渊博的学识和激情讲解深深地吸引了我，我舍不得跑神，舍不得漏掉每一个字、每一句话。看着他们丰硕的教研成果，我羡慕不已。想想这十多年的教学经历，我把精力用在教育科研上太少……”程老师表达的正是我们这些一线教师的心声。

教研组长屈老师曾说：“宋爱芹老师带领大家参加的研修活动，开阔了成员的视野，指明了前进的方向，给我们的一线教学与课题研究带来最直接、最有效的指导和帮助。让我们明白了教师不仅要搞好实践教学，还要在实践中体现自身的理论反思，为理论发展做贡献。这就要求教师由凭经验转变为凭科学，这样才能完成由教书匠、语文教师向学者型教师、专家型教师的转变。我们期盼着这样的转变，并愿意为这样的转变而不懈努力。”

三、深耕

（一）乐观心态成就诗和远方

苏东坡，这位不是被贬官，就是奔波在被贬路上的北宋文学界大咖，他用一生把别人眼中的苟且活成了诗和远方。他在《定风波》里说：“竹杖芒鞋轻胜马，谁怕？一蓑烟雨任平生。”乐观心态是每个人所必需的，只有这样我们才觉得生活幸福快乐，充满诗意，也才能放下眼前的苟且，看到诗和远方！

经历了世俗却不世俗，能笑着接受人生的风风雨雨，才能在平凡的生活中寻找乐趣，即使是在柴米油盐的日子中也能谱出曲子，在荒凉的土地里也要开出花来。保持乐观心态，相信那些所走过的曲折道路，最终都会变成一道美丽的彩虹。

教师是灵魂的工程师，教师的心态不仅决定着自己的工作状态和生活品质，更左右着学生的世界观和人生观，所以我和我工作室的成员互相勉励，保持乐观心态，高效工作。

（二）读书让生活富有诗意

你的气质里藏着你走过的路、读过的书和爱过的人！想要越来越强大，一定要多读书，让知识努力充盈自己，丰富内心，你会遇见更好的自己，就会更有底气，更加从容地应对人生的坎坷与荆棘。

读书是每个成员必须要做的一件事，工作室要求每学期共读一本书，每个人写不少于3000字的读书报告；选读书目3本以上，并要完成一定数量的读书笔记；每学期还定期举行读书交流会，发言的次数和按时到会的情况都会作为考核的标准。

工作室成员赵永娥老师在工作室这几年，读了几十本书，写下了30多万字的读书笔记。这世上没有平白无故的横空出世，所有光鲜亮丽的背后都有不为人知的努力。

我认为对于教师来说，读书就是成长力。读书的你就算是跌入烦琐，洗尽铅华，面对同样的工作，也能用不一样的心境来看待；即使身处同样的环境，你也能调出不一样的情调；即使处理同样的事情，你也会显示出不一样的素养。那些能够笑到最后的，一定是不断自我学习、精进和成长的人。

（三）课堂教学是教师成长的命脉

生命的意义是什么？生命的价值在哪里？对于这个世界，或许我们真的改变不了什么，每一个人能够改变的只有自己。然而，唤醒一个教师就能唤醒了几十个孩子，唤醒一个校长就能唤醒了几百个孩子。

新教育的理念下引领团队的成长，就要从课堂教学入手。为提高团队成员的教学水平、专业素养，我邀请了全国文言文教学研究最前沿的专家——浙江师范大学教授童志斌前来讲学，并与他进行同课异构。活动结束后一成员写道：《苏武传》是一篇我们讲到这里就头痛不已的课文，今天听完童教授和宋老师的课，真有一种开辟了新世界的感觉。童教授特别重视文本细读，细致到了锱铢必较的地步，在文字的毫厘之中品读出了文章的美、文学的韵。文字是一个有生命的载体，它不仅包含了字的读音、字的意思等等，还包含了字的构造、字的多义性、字的文化甚至字的历史。一个字就是一部历史，一个字就代表着一种文化。在童教授的教学中，一个字就能体现文学语言的精妙和精美、汉文化的博大精深，折服我心！

工作室成员李琳老师写道：长久以来，文言文教学一直是一线语文教师心中的痛，教学耗时长、费力多却见效慢；同样也是学生心中的痛，不想学、学不好。但童老师上课结束后，授课班级的学生却在随笔里写道，他以一种与众不同的方式，讲了一节细致却乐趣无穷的语文课，让我们对《苏武传》的理解以及对古代文化的了解更深了一个层次，让我们带着享受的心态来学语文；这个老师的授课让我感受到了语文的魅力，让我发现语文的课堂是迷人的、浪漫的。学生的感受不仅证明童老师课堂的成功，更说明了我们的不足与差距。这次的学习让我深刻地认识到优秀的课堂不仅需要先进的教育理念，真正做到以学生为主体，更需要教师有丰富的知识储备和过硬的职业素养。多读书、多听课、多反思，希望自己也能成为学生眼中的好老师！向名师学习，向教育家靠近！

四、收获

加入中原名师培育工程这几年来，我所带的“爱琴海”班成绩更加突出，一本上线人数名列前茅，多名学生被重点大学录取。本学期高一年级语文全校第一名来自我班，班里每个学生的语文成绩都在 90 分以上，实现了语文成绩全部及格的目标。

在语文教学中，我狠抓学生写作。我的多名学生在全国作文大赛和写作比赛中获奖，其中刘子田、孙思佳在全国作文大赛中获得国家级特等奖，我也荣获写作指导教师特等奖；2017 年 10 月，朱雪琳在山西太原参加“语文报杯”现场比赛获得了全国一等奖的好成绩。

2017 年 11 月，我带领两名工作室成员参加第六届全国高中语文教学基本功大赛，我的“借用语法来断句”一课获得全国优秀课例一等奖，工作室成员李晓老师荣获一等奖，谷立谨老师荣获二等奖。2018 年 12 月，我受广州市教育研究院邀请，在 2018 年全国高中语文课程标准教学观摩研讨会作《滋兰九畹　树蕙百亩》报告，反响很好。

不仅如此，我还多次在省、市教师培训中作报告和上示范课，我主持和参加的课题也多次获奖，并先后获得市管专家、市师德先进个人、省教师教育专家等荣誉称号。

在 2019 年新年到来之际，为了名师工作室更好地发展，为了给工作室的年轻教师搭建更好的成长平台，创建更好的成长机遇，中原名师宋爱芹高中语文工作室与湖南省常德市高中语文（冯永忠）教师工作坊、江西省九江市邱益莲语文名师工作室、江苏省连云港市教育家型发展共同体（领衔人：杨帆）、江苏省仪征市刘祥“三度语文”工作室联合结盟为“语行天下”共同体。以“组团发展、互为激励、深度合作、共创辉煌”为目的，构建互为风景、互为动力的伙伴关系。

“生活不止眼前的苟且，还有诗和远方的田野。你赤手空拳来到人世间，为找到那片海不顾一切。”而今我已经找到了心中的那片海。为了心中的那片海，我自信、潇洒、乐观。相信我和我的团队在千锤百炼之后，会更加自信，更有担当，中原名师宋爱芹高中语文工作室也一定能在专业化发展的道路上茁壮成长，为辐射引领周边地区的高中语文教学改革尽洪荒之力！

案例七：在名师培育道路上　不断遇见更好的自己

——河南省实验幼儿园　王　霞

2015 年 7 月 17 日，我作为中原名师培育工程中的一名培育对象，开始了在浙江师范大学集中研修与个人日常研修相结合的学习之路。当时的心情很复杂，不知是喜是怯。因为每一位参加培训的老师都是出类拔萃者，他们大都是业务领导或骨干精英，他们的教育教学已经是独树一帜，从他们身上能感受到教育智慧的光芒以及名师身上所具有的风范与特质，和他们在一起，我还是有差距的。不登高山，不知山之雄伟；不临大海，不知海之辽阔。几年的学习与研修，让我又站在了一个新的起点，在个人专业成长道路上，不断遇见更好的自己！

一、培育之初，几多困惑

1990 年，我从郑州幼儿师范学校毕业进入河南省实验幼儿园工作，在一线执教二十年，进入管理岗位八年。河南省实验幼儿园这里一代又一代的教育人对工作高度的责任心、对孩子们无私的爱心、对专业高度和事业深度的追求，深深地影响着我。我从一位二级教师成长为高级教师，从多次的幼儿园优质课获得者成长为河南省级示范观摩课的获得者，从骨干教师成长为省级骨干教师、省级名师，在成长路上收获的点点滴滴，正是幼儿园支持、鼓励和个人努力相互作用的结果。一直以来，我一腔热血扑在班级工作上，尽力做一名一线的好老师、优秀班主任，每天带好孩子、做好家长工作，每周写好教案和教育笔记，日复一日、默默无闻，每天只顾低头走好坚实的每一步，却没有意识到要抬头看看远方的路和天空。尽管凭借自己的务实和努力，在幼儿园取得了一些成绩，但是自身的不足也是显而易见的，那就是重实践、轻学习，重工作、轻梳理。具体体现在以下两个方面：

（一）不善阅读，范围窄、量不足

因为比较注重实践层面的工作，我一直坚持订阅学前教育的期刊，购买学前教育专业图书，如《幼儿教育》《学前教育》《上海托幼》等杂志，《幼儿园教育活动设计》等教案、游戏、环境创设图书，旨在从书刊中寻找到与一线教师工作息息相关的教案、教育随笔、幼儿行为分析案例等，适时用于解决实际工作中的问题，指导自己的班级管理和教育教学、游戏等实践工作。长期以来，对于教育专著的阅读却很少，一是觉得没有时间，二是觉得实际工作中暂时不需要，三是觉得阅读理解起来有难度。久而久之，对阅读缺乏主动性和积极性。一直认为，教师的专业水平仅仅体现在教育教学技艺上的日益精湛，却忽略了让自己内心丰富的阅读。书到用时方恨少，每到撰写教育笔记和论文时，总感到内心的匮乏。

（二）缺乏科研意识，不识课题

在幼儿园一线工作了二十年，长期陷于忙碌的、琐碎的教学事务，逐渐让我认为这就是工作的常态；尽力做好我的本职工作，让家长和领导放心，让孩子开心，这就是我的一份责任，这就是我工作的最高目标。参加中原名师培育工程之前，实际工作中遇到问题就向书本请教，遇到问题第一时间想到的是怎么解决，而不善于思考为什么是这样。因此，工作近二十年的我，在幼儿园和上级教育部门提供的各种学习与培训机会中，没有关于课题研究内容的学习与培训，虽然参与了一次课题，但并不知道课题到底是怎么回事。在教育科研领域，我如同一张白纸，总认为课题是专家教授引领和擅长做的事情。2012 年，初次鼓起勇气，依葫芦画瓢尝试着写了一份立项申请书，上报上级主管部门后没有通过，专家给予的反馈是相关课题研究的内容已经很多了，本课题没有创新点和研究价值。初次尝试的失败让我又一次陷入课题研究的困顿之中。所以，课题研究对我来说，一直笼罩着神秘的面纱，高深莫测。

二、专家引领，扬帆起航

因为加入了中原名师培育工程这个大家庭，有幸在浙江师范大学各位专家教授的指导下，进行为期五年的个人研修与集中研修。在此期间，聆听了专家教授最新的教育思想，学会了独立完成课题研究，既学习了理论方法，也提升了专业能力，更重要的是，我在他们的感召和影响下，焕发出向上的活力，对未来有了更高远的憧憬与追求。加上身边众多名师在“豫浙名师论坛”中所表现出来的对教育教学的热爱与投入、严谨的治学态度和创新精神以及他们对教育的站位之高、目光之远都深深地震撼着我，使我在平凡的生活与工作中看清前进的道路与努力的方向。

（一）静心阅读，让我收获充实与幸福

从 2015 年的夏天开始，阅读再次成为促进我专业成长的重要途径，不断让我感受到内心的幸福。第一次参加中原名师培育工程的集中研修，金华市教研室特级教师朱昌元“教师的阅读素养与专业成长”的报告，让我改变了阅读的深度与广度，明白了教师的成长无捷径，读书很重要。

当我走进书的世界，我发现，原来这里很精彩，原来这里很震撼。

阅读了闫学老师的《跟苏霍姆林斯基学当老师》，久久未有的爱不释手之感在我心中油然而生。闫学老师“为了爱孩子，我来做老师”的思想表达，再次唤醒了我的教育理想，让我重新审视自己工作的价值与意义！《我从彩虹那边来》一书中有这么一句话：“献给所有孩子，他们是我们伟大的老师。”可能是自己做了二十八年的幼儿园教师的缘故吧，当我看到这句话时，我从内心由衷地对书的作者表示深深的敬意。感恩孩子们的陪伴，感恩孩子们让做教师的我们一路成长。

“读书其实就是与作者的约会，幸福着他们的幸福，悲伤着他们的悲伤。”张云鹰的这句话，代表了许多读者的心声。于是，这样一次又一次与教育专著的约会过程，让我更好地理解了“教育不与生命对接，就不是真正意义上的教育”这句话的含义，让我深深地爱上了阅读，因为阅读不仅仅是我个人意义上的兴趣与爱好，还是一名教师带有的责任、担当和使命。在学习的路上，我收获着阅读的充实与幸福。

（二）专家引领，鼓舞我在科研成长中起步

2015 年 7 月，浙江师范大学教育学院林一钢教授关于《教育科研方法：

课题设计与申报》的报告，让我在工作二十多年后初次有机会认识课题研究。林一钢教授深入浅出地阐述了课题研究的意义和如何设计研究方案，让我明确了研究方案的必备要件，理解了文献检索的方法和目的，厘清了研究内容和课题的关系，掌握了撰写研究报告的注意事项，让我对课题研究有了正确的认识。2018 年 3 月，在河南省基础教育教学研究室的申宣成博士“怎样开展课题研究”报告会上，有一句走心的话“做课题研究就是要和你的课题来一场死去活来、轰轰烈烈的恋爱”，让我茅塞顿开。这场恋爱怎么谈？就是要与课题从美好的相遇开始，由相知一步步走向相守。怀有一份如此美好的情感走上教育科研之路，做课题研究是多么浪漫的事儿啊！就是这两场报告，加上每年春季集中研修时当年重点考核对象的课题立项申请与答辩的观摩学习机会，让我了解了课题研究的内涵，鼓舞我在教育科研成长中起步。

三、立足实践，完善自我

自从参加中原名师培育工程以来，我获得了许多与专家、同行交流学习的机会，立足实践，完善自我，不断促进个人专业的发展。同时，在我园教师专业发展引领中，我也积极发挥着“传帮带”的示范作用，以个人学习成长路上的点滴收获影响着身边的教师，使所带教师的教育教学水平及幼儿发展水平都有不同程度的提高。

（一）让读书成为更多教师的一种生活方式

教师的文化底蕴是靠书堆起来的，一名教师的成长与他的读书史密不可分。回首自己一路走来的“阅读”和“反思”经历，我真切地体会到读书从什么时候开始都不晚。为让阅读逐渐成为教师的一种生活方式，成为教师的一种精神需求，在幼儿园教师专业发展引领中，我鼓励青年教师通过读书提升个人整体专业素养，并持续开展多种形式的读书与分享活动，将读书学习与分享纳入日常教研，提出“工作再忙也要看书，收入再少也要买书，家里再挤也要藏书，交情再浅也要送书”的倡议，一学期为教师们推荐两本教育专著供他们阅读，倡导“站在大师的肩膀上专业阅读，站在自己的肩膀上专业写作，站在集体的肩膀上共建专业团队”，让更多的教师伴随着读书获得反思与成长，让读书陪伴大家行走在前进的路上，实现以卓越的生命激励生命的卓越！

（二）让课题研究成为教师专业发展的抓手

“纸上得来终觉浅，绝知此事要躬行。”要将学到的教育科研理论变为自身的专业能力，就必须付诸实践。

有了对课题研究的认识和怀着对课题研究的美好情感，我主持申报的课题经我园教科室组织的专家评审、核准，在 2016 年度立项。经历了一年的研究，我带领课题组成员坚持脚踏实地，边做边反思边提高，从课题问卷的设计与发放统计，到每次课题组的讨论分析，再到课题资料的整理、课题报告的撰写，每一个环节都认认真真。我和课题组成员也从中享受到研究带来的乐趣和信心。2017 年课题结题时，一方面，我们的材料在我园第一届教育教学研究课题中被当作优秀范例供大家参考，我本人也很荣幸地代表课题组与大家分享做课题的心得体会；另一方面，课题组成员中有两位老师积极准备，分别作为新的课题主持人在我园 2017 年度第二届立项课题通知中获批立项新的课题；再一方面，有了这样一次主持课题的经验积累，我也具备了做省级课题立项主持人的资格。继续迈着研究步伐前行，我又申报了河南省基础教育教学研究室的相关课题，2017 年 9 月被通知立项。这次课题的成功立项与再研究，让我和课题组的成员们在实践研究中又上了一个新的台阶，不断在坚持中朝着目标越走越近，收获着教育科研能力提升带给我们的满满幸福！

四、吐纳相生，幸福绽放

中原名师培育之路上的学习，使我在专业发展中有了更高的追求与目标，在静静的蜕变中幸福绽放。

2015 年，我辅导的白丽老师凭借教育活动“吹泡泡”获得河南省基础教育信息技术与课程融合优质课一等奖；2016 年，我个人第一次主持的课题“幼儿园小班进餐活动中高品质师幼互动的策略研究”，在我园教科室

第一届课题申报工作中成功立项并于 2017 年顺利结项，同年，该课题获得河南省基础教育教学研究室省级课题立项并进行深入的相关研究；2017 年参与的课题“学生综合素质评价现状、问题及对策研究”获得河南省基础教育教学研究室专项课题优秀成果三等奖；2017 年组织的游戏活动分别参加郑州市、河南省幼儿创造性游戏活动比赛，分别获得二等奖、一等奖的好成绩；2017 年在河南省实验幼儿园承办的“国培计划（2017）”——河南省乡村教师访名校项目中被聘为授课专家，以《幼儿园饮水与进餐》为题与国培学员分享交流，获得了学员的好评；2017 年以《幼儿园进餐活动中的食礼教育》为题，在我园面向全省幼教同行的食育试点推进会上做分享交流，在专业上为同行做了引领，获得参会人员的一致好评；2018 年在河南省实验幼儿园承办的“国培计划（2018）”——河南省乡村教师访名校项目中被聘为授课专家，分别以《幼儿园语言活动设计与实施策略》《幼儿园美术绘画活动研讨》为授课主题，与国培学员分享交流，获得学员好评；2018 年撰写的文章《幼儿园小班进餐活动中师幼互动行为研究》发表在 2019 年 1 月《当代幼教》杂志上，2018 年撰写的游戏活动案例《我们的蔬果阳台》参加河南省教育厅组织的“幼儿园优秀游戏活动案例”比赛，获得省级一等奖，并被推荐继续参评国家级奖项。

在名师成长的道路上，我深感中原名师的责任重大，也深切地体会到教育是充满智慧的事业，教育是充满挑战的事业。我将带着学习的感悟、带着满腔的热情，将这些精彩的经历及收获运用到实践中，不断锤炼教学技能，凝练教育智慧，做高尚师德的示范者、教育理论的构建者、教育实践的探索者、教师专业发展的引领者，在名师成长道路上，为不断遇见更好的自己而不懈努力！

案例八：努力长成自己喜欢的模样

——驻马店行署机关幼儿园 张卫红

一、幼教这些年

国家为了缓解农村小学师资不足的压力，从1983年起，在初中毕业生中招录中等师范学校毕业生（以下简称中师生）。曾在中等师范学校任教的谢新茂老师说："在十六七年的时间内，全国近400万学习成绩优异的初中毕业生，拥进了门槛不算高的中等师范学校，然后，犹如一把把蒲公英的种子，被撒在祖国或肥沃或贫瘠的土地上。"

经过三年师范专业学习和多年实践历练，现如今，这批中师生个个专业出类拔萃，为推动我国基础教育事业的发展，贡献了青春和才华，成为中国当代基础教育最坚固的基石。

我便是这庞大队伍中的一员，"一代中师生的芳华"同样也浓缩了我的人生轨迹。1983年秋，我走进了驻马店师范学校的校园，坐在幼师班的教室里，那时的我年仅15岁。

我父母对子女的专业选择没有给予过多建议，能解决工作是最本真的想法，更何况是干部身份的教师职业！考上中师，父母自然最为开心，父亲当时在邮电局工作，每周日下午，都要把墨绿色制服穿戴整齐，戴上大檐帽，骑上后座两侧带收放架的"永久"邮电专用自行车送我返校上课，特有仪式感。

我最终选择幼师专业也纯属好奇心使然，欢愉在程琳《小螺号》跳跃音符中的那个懵懂少年，全然不知幼儿教师的工作不单单有绘画、唱歌和跳舞，还伴随着幼儿的哭闹和繁重的劳动。

1986年，我毕业后被分配到驻马店行署机关幼儿园工作，虽说是本地规模最大的幼儿园，但园舍极其简陋，三排平房7个班级，每班班额竟高达100多人。

20世纪80年代，改革开放初期的小城驻马店，人们淳朴而真诚。9月份的开学季，面对一大屋子齐哭乱叫的初入园幼儿，我着实乱了手脚，脑袋整天蒙蒙的，家长更是形象地把幼儿园新生班比作“蛤蟆坑”“猪娃店”“羊圈儿”，很快地，我由最初的美好错觉回归到理性的现实琐碎之中，有些迷茫，甚至重新审视人生和我选择的幼教职业。

初为人师的我，尽管有太多的不如意，但对工作还是全身心地投入，以最大克制力去关心、爱护班上的每个幼儿。一段时间过去了，孩子们的哭闹声日趋减少，他们整天像“小尾巴”一样追逐在我的身前身后，我发现故事、玩具和游戏对幼儿的神奇魔力果真是不可小觑，“闹人精”会笑了，“人来疯”能静了。故事、玩具和游戏也成了我最初管理班级和幼儿的制胜法宝。从那时起，我渐渐爱上了孩子们，慢慢适应了幼儿园工作，更有了在这条路上走下去的勇气。

接下来的日子，我开始留意园里面有经验的教师是怎样工作的。我发现韩晓德老师领着孩子们做游戏时，表演的“动物律动”形象逼真、生动活泼，孩子们总是乐此不疲；高宏老师常常与家长们聊得很开心，就像家长们的好朋友，家长们很乐意配合班级工作；白冰莹老师在音乐课堂中能运用高位轻声的方法引导孩子们进行唱歌，孩子们发出的声音很美妙……一个信念开始在我心里暗暗萌动：我要像她们一样，成为一名优秀的幼儿园教师。

伴随改革开放的浪潮，新的幼教理念不断涌入中国，我园也紧跟时代发展，大步前进。20世纪90年代，园里新建了教学楼，园舍设施得到大幅度改善，班额得到控制；教师陆陆续续出去参加学习培训，每个人都在努力工作和探索性学习。我也开始一节又一节地设计教学活动，一次又一次地试教，反复揣摩教学设计的每个环节，反思教育中出现的问题；还会根据教育教学中遇到的实际问题，有针对性地自学新的专业知识；常看《早期教育》《学前教育》《幼儿教育》等专业期刊，了解国内外幼教动向；积极参加教研活动，学习他人的经验，整合优质的教育教学方法。

时至2015年，我撰写的论文《趣学反义词》《幼儿园教师专业成长心得》《幼儿教室墙面创设点点滴滴》《幼儿园教师教学研究实践感悟》等获河南省中小学教师优秀教育教学成果一等奖，《怎样组织好幼儿园亲子运动会》《互联网 + 背景下的幼儿教育思考》等在驻马店市教育系统论文评比中多次获一等奖；教学设计“我自己”“美丽的泡泡”“神奇的指纹”等参加驻马店市教育系统组织的幼教优质课评比获一等奖。

荣誉背后，我开始深度思考教育教学中的问题，比如关于幼儿园园本课程建设中的问题、幼儿园区域活动中的问题、教师专业成长中的倦怠期问题等，有思考，但不清晰、不透彻。

徘徊在专业成长的高原期，我有些迷惘和困惑，路在何方？

二、成长转折点

随着《河南省教育厅关于2015—2020年中原名师培育工作的通知》（教师〔2015〕236号）、《河南省教育厅关于深入推进中原名师培育工程的通知》（教师〔2015〕774号）文件的下发，河南省基础教育界迎来了一个百花齐放的春天。经过层层选拔，我有幸成为一名中原名师培育对象，落户中原名师家园。

2015年7月18日，是个不同寻常的日子，我带着份憧憬，伴随一些陌生的面孔，第一次走进浙江师范大学校园，来到大学生活动中心报告厅，参加中原名师培育对象第一次集中研修学习，有机会近距离聆听河南省教育厅领导及浙江师范大学专家的现场报告，与全省名师共同学习、交流、研讨，机会难能可贵，我非常珍惜。

河南省教育厅刁玉华副厅长的一番深情讲话，使我清晰地认识到河南省基础教育师资力量相对薄弱，而群众读好学校的愿望越来越强烈，这就对中原名师的队伍建设有了更高的标准和要求：培养造就一支有理想信念、有道德情操、有扎实学识、有仁爱之心、品德高尚、素质优良、创新思维活跃、学术视野宽阔、教育教学能力与教育科研能力突出的学者型、专家型教师队伍。同时，积极发挥名师示范引领作用，有效促进中原名师培育对象提升师德修养，创新教育教学理论和方法，增强教育教学科研素养，提高实践创新能力与水平，充分发挥名师在教育教学、教育科研、指导青年教师成长等方面的示范引领作用，以此带动全省基础教育教师队伍整体素质不断提高，为实现教育强省和教育现代化提供优质人力资源保障。我感到自己身上肩负的责任重大，但也坚信经过大家的共同努力，河南省基础教育教师队伍整体水平的提升指日可待。

此后，河南省教育厅决定每年春季和秋季各举行一次集中研修活动，通过一次次的学习，我在专业成长的道路上日臻成熟。

（一）更加明晰当下基础教育的发展形势

时代在发展，教育工作者的教育教学理念也应与时俱进。埋头苦干是必须的，仰视前方是必要的，仅仅埋头苦干会不思进取，偶尔抬头仰视才能看清方向。随着基础教育课程改革向纵深发展，很多教育教学中的深层次问题不断地暴露出来，这时候更需要专家引领我们用科学理论解决问题。

教育教学质量是学校生存和发展的生命线，办人民满意的教育是我们教育工作的出发点和归宿。教师只有不断加强学习，提高业务能力，才能成为教育教学的行家里手；校长只有不断加强教育研究，提高学术水平，用先进的教育理念指导学校管理，才能逐渐形成学校独特的办学理念。

教育必须坚持把立德树人作为根本任务，认真抓好少年儿童的价值观养成教育，把它融入学校教育全过程、全方位，开展形式多样的专题教育和丰富多彩的活动。整合学校、家庭和社会教育资源，发挥“三位一体”整体合力，提高德育实效性。

用积极的心态对待自己从事的教育事业。许多老师初为人师，总会遭遇迷茫；教学数年，依然有困惑缠绕；等到驾轻就熟时，职业倦怠感又随之袭来……教师是站在文化前沿的号角手，把握着时代文化发展的脉搏；教师又是始终站在科学知识岸边的摆渡人，传承着知识与文化；教师还是学生灵魂的塑造师与精神垃圾的清道夫，守护着孩子心灵的成长。

（二）为自身的专业成长找到了路径

让阅读和学习走向常态化。书籍是人类的良师益友，可以让我们跨越时空与先哲进行精神对话，跨越行业的边界与其他领域进行对话。作为一名教师，我们不仅要读教育教学方面的书，还要博览群书。不读书，怎能系统掌握教育教学理论？何谈深化教育教学改革？如何给孩子们呈献精彩的课堂？唯有多读书来修炼自己，授课时才能做到游刃有余，而不是照本宣科。特别是现在的新教材、新理念，为教师提供了更宽广的教育舞台，同时，也对每位教师提出了更高的要求，更需要有创新的思想和强大的理论作支撑。

做研究型的教师。教师传递的是过去的知识而不是新的学问，如果缺乏自我反思的意识和自我调控的能力，一不留神就会陷入“用昨天的知识教今天的学生，让他面对明天的未来”这样的尴尬境地。要想成为一名优秀的教师，仅会教书还不行，还要在研究中成长，在日常教学活动中多做创新尝试，多研究教育教学理论，积累、沉淀并吸收经验，成为专业化的教师。既要让研究来自教育教学实践，又要让教育理论回归课堂、服务课堂。

（三）收获了专业成长共同体

“渊深归游鱼，林茂聚飞鸟。”参加集中研修的每位教师都是全省的精英名师，对教育教学都有自己独到的见解，在专业方面颇有建树。这里是聚“精”汇“神”的地方，有很多位名校长、正高级教师和特级教师，所以，每次集中研修的“名师论坛”都是一次大家切磋技艺、共同成长的精神会餐。

千里纵横更想念家，万众首领也牵挂妈。河南省教育厅中原名师培育工程项目办公室就像我们的家长，中原名师家园早已成为我们心中向往的家。大家来自基层教学单位，有着共同理想追求，彼此之间互相帮助和鼓励，就像一个其乐融融的大家庭，大家早已打破地域、学科、学段以及年龄的限制，建立了友谊和联系。创办的中原名师交流群、共享群、幼教群等微信群也已成为大家异地交流的平台，大家畅想未来、规划发展、分享经验、讨论问题，从此，我们专业成长的道路上相依相伴、相生相长。

三、名师实践路

获得中原名师殊荣后，对我而言，费劲儿最多、收获最大的就是做课题。做课题既是中原名师培育工程中的重要环节，也是评价与考核中原名师的关键性指标。我是2016年度的考核对象，那年春季还没到，我就已经进入备战状态，虽说之前做过一些市级课题，但做省级课题还是头一次，并且要规范、严谨、高质量地完成，面临的答辩专家又是浙江师范大学的教授，来不得半点儿马虎，心中自然少不了忐忑。我还是早早就做了一些准备的，通过查阅资料，大致筛选了几个课题，随即召集课题组老师讨论、确定选题，并按照浙江师范大学的林一钢教授教我们善用资源库的方法进行了文献查阅，高校图书馆网络平台可以免费下载资料，我就找人帮忙下载了几十篇很有参考价值的文献资料，领着大家一起研读和分析，再结合地域文化和园本情况，由我主笔的课题立项报告书和文献综述最终完成。课题研究阶段，在课题导师的指导下，课题组一边结合本土文化组织全园教师开展活动，一边继续探寻理论依据，不断反思和完善，课题“幼儿生活教学理念指导下的传统节日主题活动设计与实施的研究”于 2016 年通过立项，2018 年完成结项，三篇阶段性成果论文《传统节日文化在幼儿教育中的渗透》《幼儿园开展传统节日主题活动的环境创设》《浅谈幼儿园开展传统节日教育的重要性》在刊物上发表。在此经验基础上，子课题“幼儿园感恩教育的实践研究”参加市基础教研室组织的课题评比，也于 2018 年顺利结项，并荣获当年市教育教学成果一等奖。每个参与课题研究的老师，都深深地感到自己有了很多收获和提高。

我常与青年教师说，对幼儿来讲，玩什么比学什么更重要，有了趣味性，才有感染性，自有引导性。幼儿园的课程并不容易把握，知识性太强没趣味，玩得很开心啥也没学到，这些都是问题。所以，以课堂为切入点开展磨课、研课，提升教师专业能力是我做得最多的事情。课堂是教师专业成长的根基，也是教师提升教学艺术的“试验田”，众多“名特优”教师都是在课堂实践中学会教学、磨炼本领、求得“真经”的。我带着大家在听课、评课、磨课、研课环节下足了功夫，研究名师的课堂结构、教学方法、教学技巧和教学智慧，通过对名师课堂的学习、模仿、反思、创新，逐渐形成自身有个性、有特色的教学艺术风格，鼓励大家在不断的“摸爬滚打”中努力绽放课堂艺术，我指导的大班音乐“小雨点跳舞”、大班体育“破冰”、大班美工“青花瓷”、大班健康“保护眼睛”等教学活动获得市级优质课一等奖或进行了公开课展示。2016 年秋冬季，我走进民办园现场指导公开课，担任市级民办园优质课比赛评委，同多名教师进行现场评课；2017 年，市级民办园复审之际，时任市教育局民办教育科的科长王清海让我给多个园所分享了幼儿园教师如何设计课、上好课的经验。

与青年人亦师亦友，是我一直以来觉得很有意义的事情。几年来，自己的努力也得到了大家的认可，我被聘为天中幼教集团专家组成员、驻马店职业技术学院师范专业指导委员会成员和学生校外实践导师，多次面向师范生和一线教师举办专题讲座，《幼儿园教师专业成长》《园本教研的原点》《幼儿各阶段的年龄特点及教育指导》《幼儿园艺术领域的教学组织与实施》《幼儿园教师有效备课》《幼儿园园本课程建设》等专题讲座获得了大家的一致好评。为了实现理论与实践的高度融合，每次讲座前，我都要认真备课，提炼理论点、列举典型案例，深入浅出，尽力分享给大家拿来就能用的经验，实现专业引领。

为充分发挥中原名师工作室的引领辐射作用，增进驻马店市城乡幼儿园教师间的相互交流，实现专业同步发展，我带领工作室全体成员，到驿城区叶子幼儿园、驿城区宝宝幼儿园、遂平县霞光幼儿园等园所开展“送教下乡”活动。我依据幼儿教育理论，结合自己的实践经验，致力解决帮扶园教师工作中遇到的实际问题，每次“送教下乡”活动都涵盖讲授示范课、评课议课、理念引领、现场答疑等方面内容。为乡镇幼儿园送去了幼教新知识、新方法和新理念，搭建了城乡幼儿园交流的平台，使乡镇教师有了切切实实的感受和收获，充分展现了中原名师和名师工作室的良好风采，实现了城乡教育资源互补、同步发展的工作目标，为促进城乡幼儿教育的均衡发展做了一些实事。

我带领工作室全体成员共同承担省厅下达的省级名师骨干教师培育对象集中研修及市局下达的2016国培计划“影子教师”教育实践活动等教师培养任务，并圆满完成任务。每次研修活动，通过示范教学、专家评课议课，专题讲座及答疑，观摩区域活动，撰写课题立项报告等形式，对培育对象进行全方位专业引领，充分发挥了中原名师工作室对教师专业发展的指导、支持、提升和优化等功能，探索形成了“名师带徒”的培训模式，优化省级名师、骨干教师的成长路径，将中原名师工作室打造成为全省名师、骨干教师的培育基地，助力全省教师队伍梯级攀升体系建设。

四、未来还有梦

中原名师在专业成长的道路上仍要前行，我们要拿出小步慢跑的精神继续坚持。要做反思型和研究型的教师，不断学习新的幼教理念，优化原有经验，探索高效的教育教学模式，慧心思考，随思成文，力争每次活动有新突破，每次交流有新思考，每次碰撞有新发现。

路虽远，行则必至；事虽难，做则必成。扎根幼儿教育教学土壤深处，根深才能叶茂，厚积方可薄发，在润物细无声中，定会拔节生长！

我要努力长成自己喜欢的模样。

第二节　名师工作室建设篇

案例一：中原名师周枫琳初中语文工作室

一、组建过程

2010 年，随着学校办学规模的扩大，我校招聘了大批青年教师。这些青年教师有热情、有精力，但“择优上岗，择优转编”的内部政策无形中给他们带来了巨大的生存压力。拼时间，耗体力，成了部分青年教师提高教学成绩的重要方法和手段。这种苦了自己、苦了学生的做法，短期内能取得一定效果，但长期的危害是无穷的。

同时，学校中年教师却出现了“45 岁现象”。高级职称评过了，该得到的荣誉也都得到了，因此各种评比也就不再想参加了。继续奋斗的目标不明确了，工作热情开始锐减，前行的步伐渐渐放慢。许多人不愿意再担任班主任工作，教学上对自己也没有了更高的要求。

如何引领青年教师迅速成长，使他们成为教学的行家里手、业务上的骨干、合格的专业技术人员；如何激发中年教师继续奋斗的热情，强化他们不断提升自己的意识，充分发挥他们在业务上的专长，成了学校发展中亟待解决的一大问题。

“木桶理论”中的“短板”效应，大家十分熟悉：水桶的实际容量取决于最短的而非最长的木板。但是，还有一个不可忽视的事实——木桶的潜在容量却取决于最长的木板。当我们用发展的眼光去审视“木桶理论”时，发现最长的木板可能比最短的木板更有意义。这可以称之为“长板”效应。把“长板”效应应用于名师工作室中，可以得出如下认识：一个学科组一定阶段内可能实现的最大效能，取决于该学科组最强（从未来发展趋势看）的要素。

以“长板”带动“短板”，将“短板”变为“长板”，利用学校原有的资源，充分发挥骨干教师的作用，利用“以师带徒”的方式培养青年教师是“共同成长”的有效途径之一。2010 年 9 月，我们学校成立了语文、数学、英语、物理、化学、历史等学科共九个名师工作室。我担任初中语文名师工作室的首席导师。

2013 年，经过个人申报、答辩考核等方式，我又被聘为新乡市唯一的一个初中语文名师工作室的首席导师。经过个人申报、学校推荐，共选拔研修员 10 名，通过送教下乡、名师大讲堂、参加各种赛课活动，我们一方面自我成长，一方面带动区域教研活动开展。

2014 年，经过选拔，我又被聘为河南省第二批名师工作室初中语文名师工作室的首席导师。

四年，虽担任了三个级别工作室的首席导师，但我的困惑却越来越多。我发现各级名师工作室成立之初，大家积极性很高，各项标准和要求设定严格，但往往随着时间的推移，随着大家日常工作的忙碌，这些标准和要求就很难得到执行和落实。

2015 年成为中原名师培养对象后，起初我还有顾虑，担心不能坚定不移地深入其中，但参加了中原名师培育工程及培育对象第一次集中研修培训后，顾虑很快就被打消了。

中原名师的培训以更新教育理念、提高师德水平和业务能力为核心，把立德树人作为教育的根本任务，遵循教师专业发展和名师成长规律，夯基础，抓高端，补短板，促提升。依托全国知名高校建立中原名师培育基地，构建以师范院校为主体、各方面教育专家参与、开放灵活的中原名师培育体系，开展名校见习、教育科研、专题研修及考核工作。

有设计、有政策、有引领、有任务、有考核、有同伴，再出发就成了分分钟的事情。

二、重新出发

从2015年7月开始，一年两次参加中原名师培育工程组织的集中培训，激动着、学习着、交流着、实践着、成长着、收获着、反思着……

2016年，为贯彻落实中原名师培育工程名师工作室发展要求，在原有的基础上，我们重新组建了工作室。工作室以促进教师专业发展为宗旨，以更新教师的教育观念为先导，以搭建教师专业化发展平台为重点，以校本研究、校本培训、校本教研为主要形式，围绕“专家引领、课题带动、抱团成长、内修外联、突显个性、辐射引领”的理念，全面开展工作。

三、实践研修

（一）以成长为核心，规划发展目标

中原名师是荣誉，更是责任。豫派实践型教育家要求我们怀揣一颗赤子之心，带着热爱教育的品质，不断进德修业，通过自己的努力获得专业和生命的成长。“建设一个远离功利、超越小我的阳光生态环境，让工作室所有成员在积极、热情的氛围中交流学习，形成一个勇于开拓进取、不断上进的学习型、研究型、智慧型的具有可持续发展能力的团队”是我工作的理念。在这个理念的指导下，我们将“聚集课堂、扎实活动、专题研究、提升素养、打造名师、引领辐射、终身成长”作为工作室六年发展的总目标。

（二）以专业为要务，重视专家引领

2017年9月，开展河南师范大学附属中学余映潮名师工作室的筹备工作，按照余老师的要求，在全校初、高中语文组中选拔工作室研修员，要求参选人员独立撰写教学设计。余老师通过批改教学设计最终选拔了12名教师作为工作室成员。

2017 年 10 月 9 日，余老师到我校进行了为期一天的调研讲课、讲学活动，为工作室的正式、规范开展打下了基础。

2018 年 3 月、9 月分别开展河南师范大学附中余映潮名师工作室春秋季专题培训活动。我校及来自附中双语国际学校、附中实验学校、新乡市初中语文青年骨干组、新乡市十中、新乡市二十二中、商丘中原名师聂智初中语文工作室、鹤壁中原名师吕娟初中语文工作室等语文教师 200 余人参加了本次培训活动。

在培训中余老师多次强调“语言学用、技能训练、知识渗透、集体训练、气质养成”这五个课堂教学的永恒关注点，要求学员和在座的各位教师深入挖掘教学资源，要有较高站位的教学理念，并通过大量的教学案例，让教师们认识到“利用课本资源训练学生”的重要性，并希望广大教师“苦练本领，站稳讲台，把事业的阳光播洒在美丽的校园中”。参加培训的教师们被余老师的教学理念深深折服，培训结束后纷纷与余老师交流，就余老师在讲座中提到的教学方面的弱点进行了深刻反思，期望在教学中夯实自己的学问背景，苦练自己扎实的教学能力，克服教学中的弱点，关注教师教学艺术的修炼，做本领高强的学科教师。

（三）以学习为重点，提升理论素养

米兰 · 昆德拉说“生活在别处”。阅读，能够最大限度地帮助我们在熟悉的世界里寻找未知的惊奇。

从个人到工作室成员，从教师到学生，乃至学生家长，我们用读书丰厚个人底蕴。每天坚持至少读半个小时的书，每次工作室活动先交流读书体验，这是我对自己的要求，也是我对工作室成员的要求，系列化、专题化阅读保证了我们的学习有高度、有深度。

近两年，我把主要精力集中在阅读作文教学方面的书籍上。阅读了曹文轩的《小说门》、陈望道的《陈望道学术著作五种》、方明生的《日本生活作文教育研究》、顾黄初的《语文教育论稿》、管建刚的《我的作文教学革命》等有关写作及写作教学方面的专著、学术论文 205 部（篇）。

工作室成员每人每学期至少要读一本教育教学专著，并在工作室内交流读书心得。李腾飞老师读叶黎明老师的《写作教学内容新论》，汤继良老师读余映潮老师的《这样教语文》，刘晴老师读黄厚江老师的《语文课堂寻真——从原点走向共生》，刘珂老师读常丽华老师的《24 节气诵读古诗词》，王凌峰老师读余映潮老师的《致语文教师》，马兰兰老师读王荣生教授的《阅读教学教什么》……读书厚底蕴，交流促成长。

带动学生和家长乃至更多的人加入到读书的队伍中来是我们工作室的愿望。2016 学年，在学校领导的支持下，我们在七年级开展了“亲子共读”活动，结集出版家长撰写的“亲子共读”心得体会一本。2017 年 4 月，我校第八届读书节期间，工作室推荐优秀图书 100 本，推动全校师生、家长开展读书活动，组织学生和家长分别召开读书经验交流会，打造书香校园。

外出学习是我们提升自己的另一重要渠道。2016 年 7 月 19 日至 26 日，我带领工作室 7 位老师到洛阳参加《教育时报》首期“河南教师成长学院”的学习。开班典礼上，余映潮、闫学、贲友林、裴素青四位导师围绕“教师如何从优秀走向卓越”这一主题，做了精彩纷呈的报告。剩下的一周时间，三位导师进行分班教学、课堂观摩、主题报告、课例研讨，我们的收获是沉甸甸的。

第二期、第三期“河南教师成长学院”的培训，我们共有 18 位工作室成员参加学习。

2016 年 8 月 3 日至 11 日我又报名参加了“学习能力指导师”的培训，并顺利通过考试，获得了“学习能力指导师”专业培训证书。陈建翔、丁道勇、王大龙、张梅玲、朱淑玲、李光等老师的讲座让我从科学的角度认识学生，认识学生的学习，认识学生的成长。

省优质课观摩学习、群文阅读课题培训会、三新作文教学研讨会、第八届河南省最具成长力教师颁奖会……两年间我们共派出数十位老师外出学习近 20 次，每年外出培训经费 3 万多元。

（四）以主题为红线，探索教研新路

每学期坚持开展 6 次“主题教研”活动，是工作室引领青年教师在专业化成长道路上走得既快且稳的有效方式之一。

名著阅读是中学语文教学的难点。要让学生读明白，老师自己要先读明白。工作室用 2 年的时间，安排了 20 多次名著阅读“主题教研”活动，

将课程标准内要求阅读的名著全部梳理了一遍。

每学期，除 6 次集中的“主题教研”活动外，工作室还专门设立了一个公共邮箱，每个月推送至公共邮箱一篇名师的经典教学设计，要求工作室所有成员登录并下载课例，自我阅读，撰写一篇不少于 1000 字的案例分析，统一汇总、打包，再放回公共邮箱，让大家再次去下载，形成工作室头脑风暴式的阅读碰撞。余映潮老师的《三峡》、黄厚江老师的《白雪歌送武判官归京》、王崧舟老师的《长相思》、经志芹老师的《河中石兽》、王君老师的《丑小鸭》等都是我们推送的经典案例。读名师的课，想自己的课，每一位教师的课堂教学变得有味道了，有情趣了。

近几年，我们还利用微信公众号进行作文教学方面的专题研讨活动。

（五）以课题为抓手，提高科研水平

2010 年，工作室开始参加中国教育学会“十一五”科研规划课题“作文学习策略与教学评价体系创建研究”的实验工作。我被聘为总课题组教研员。聆听专家讲座、设计实验方案、撰写教学设计、课堂同课异构，我们扎实有效地开展了多种形式的实验研究活动。

2016 年，在刘黎校长的主持下，工作室申请立项省级重点课题“感知训练作文教学研究”。2017 年，我主持的课题“基于感知思维训练的初中作文教学研究”被确定为省级重点课题。

工作室成员人人有课题，在研究中实践，在实践中反思，积极撰写研究论文，极大地提升了我们的教育教学水平。

截至 2018 年，我们已经发表论文近 40 篇，有 31 项教育教学研究成果获省级一等奖，有 30 篇论文在市级以上论文评比中获一等奖。

（六）以课堂为中心，深化校本研修

“以课程标准为基点，以中考目标为准点，以文体训练为出发点，以养成学生从事紧张的、创造性的脑力劳动的习惯为根本点，以思维训练为着力点，明晰阅读不同文体的基本路径，探索家校共育的合力点，构建三年一体化的阅读教学”是工作室提出的语文教学主张。

基于这一主张，我们积极进行“生态课堂、生活在场、生命韵动”校

本导学自主课堂教学模式的探索。

仅2015年、2016年两年，工作室就有2位教师获省优质课评比二等奖，15位老师在市优质课评比中获一等奖，还有多位老师获观摩课奖。

（七）以国培为平台，扩大辐射阵地

2015年10月，作为首席导师，我们工作室承担了国培乡村（特岗教师）访名校任务。2016年、2017年、2018年我们分别承担了该项目的八期国培任务，共有来自濮阳、安阳、洛阳、三门峡、驻马店、周口、南阳、焦作、滑县、巩义、济源11个地市县区乡村特岗教师200人参加了培训。

每期培训活动，除跟岗实习外，我们还安排几十场讲座，主要包括教育政策法规、教师专业化成长、教师心理与健康、教育新理念、语文新课程的审视与反思、有效教学、阅读教学、写作教学、家庭教育、专业化的听评课、中考策略、语文教育科研、校本教研、微型课比赛、现代教育技术应用、跟岗实践、观摩社团活动、观摩道德讲堂、听知名作家报告等。邀请的培训专家有李胜利、魏新磊、姜根华、杨卫东、申宣成、丁亚宏、申雪燕、杨金俭、杨磊、刘萍萍等，王海东、路桂荣、李慧香、周丽君、冉明远、吕娟、周照鹏、朱学勤、宋爱琴、董文华等中原名师也都应邀为学员们做了精彩的报告。

依托国培平台，工作室成员从专业精神、专业阅读、教学设计、课堂提问等方面分别做了培训讲座。马宜曼老师的《韧性即是激情》、史亚楠老师的《书香为伴好成长》、张慧娟老师的《好课如行云流水般顺畅》、王青山老师的《在名师课例中学研读教材》、任云峰老师的《余映潮阅读教学艺术浅探》、马志庆老师的《课堂提问及术语表达》等都深受学员们的好评。

这几年间，我先后担任许昌学院文学院，河南师范大学教育与教师发展学院、文学院，河南广播电视大学，周口师范学院，安阳师范学院，新乡学院，郑州师范学院等省培、国培专家，做专题讲座近50次。到农村薄弱中学送教下乡20多次。

四、发展愿景

（一）内修外联

1. 成立中原名师初中语文名师工作室联盟

根据《河南省教育人才发展中长期规划（2011—2020 年）》（豫人才〔2012〕8 号）、《河南省教育厅办公室关于做好中原名师工作室省级名师和省级骨干教师培育对象遴选工作的通知》（教办师〔2018〕130 号）文件精神，为提高师德水平，转变教育观念，更新专业知识，强化教学技能，提升综合素质，增强育人功能，强强联合，资源共享，充分发挥中原名师示范引领作用。报经中原名师培育工程项目办公室批准，成立中原名师初中语文名师工作室联盟。

经前期协商、沟通，于 2018 年 5 月 16 日举行中原名师初中语文名师工作室联盟启动仪式。今后，我们将加强联盟活动，充分发挥各中原名师工作室的优势。

2. 与全国知名初中语文名师工作室建立友好关系

2017 年 10 月参加江苏南通第四届苏派作文教学名师精品课堂观摩与研讨活动，2018 年 5 月参加江苏南京丁卫军名师工作室统编教材古诗文教学研讨会。

我们还参加了全国初中语文名师工作室联盟，不断扩大视野，努力扩大影响力。

（二）物化成果

一是构建“感知思维”训练作文教学体系，形成完整的教学设计。

二是梳理统编教材，形成完整的“统编教材教读课怎么教”“统编教材自读课怎么教”的教学设计。

案例二：中原名师何风彩小学语文工作室

人在往前走时不太会想到丈量脚下，隔了一段时间回头看才发现，原来已经翻过了那么多座山，蹚过了那么多条河。

——傅莹

自 2014 年 8 月当选中原名师的这几年里，我主持中原名师何风彩小学语文工作室已接近 5 年时间。自从走到这个专业发展平台上，就感觉背后有一双手在推动着你不得不朝前走，这双手是那么温暖、那么有力。

一、启点基石

应该说，早在 2009 年，濮阳市实验小学就按照濮阳市教育局梯级教师发展工程的要求给我组建了“何风彩名师工作室”，这也是濮阳市教育局正式挂牌的首批名师工作室。当时我在濮阳市实验小学任语文教师、班主任、年级组长、学校语文教研员，那时的自己业绩凸显，小有名气，每天在学校像陀螺一样忙个不停，还要挤时间和工作室成员懵懵懂懂地开展一系列活动。现在回过头看，那其实是自己专业发展的一个瓶颈期，工作室并没有成熟的运转机制，活动开展主动谋划少，被动应付多。

2014 年春，我成为中原名师培育对象，时任濮阳市实验小学校长魏存智表态要按照省厅文件要求对何风彩名师工作室进行改造升级。他把自己的校长办公室腾出来，再加上一个近 80 平方米的教室给我做名师工作室，还高标准配齐了办公家具、图书和现代化多媒体设备，条件堪称一流。这件事给我带来了压力：我需要达到什么样的业务水平，拿出什么样的工作业绩才能配得上这样的装备？校长魏存智则说：“你只需要把压力转变成动力。”那年 8 月份，经过一轮轮比赛考核，我最终成为 2014 年度十大中原名师之一，工作室从此改造升级为中原名师何风彩小学语文工作室。

中原名师何风彩小学语文工作室在成员选拔上拥有得天独厚的优势，

就在我被确定为中原名师培育对象后，濮阳市教育局教研室管仲杰主任在我市推行市直学科教研联盟工作机制，任命我为濮阳市直小学语文教研联盟组长，联盟成员大多是市直各个学校的教科室主任、教研组长，可以说是濮阳市直各学校小学语文精英，所以，小语联盟成员即为工作室成员。而校领导则希望我能更好地在本校发挥作用，通过自我申报、领导推荐工作室审批，我校 6 位青年教师成为工作室成员。濮阳市教育局领导要求各个工作室将作用辐射到县区农村学校，去引领乡村教育发展，就通过各个县区师训部门下发文件，牵线搭桥，让我和农村骨干教师进行双向选择，最后有 4 名优秀农村骨干教师进入到工作室。这样我的工作室成员就由市直小语联盟精英、学校优秀青年教师、农村优秀骨干教师三部分组成。当时，工作室还聘请我校校长魏存智、副校长徐相瑞两位特级教师做业务顾问。

二、执着前行

（一）确立工作室目标，既仰望星空又脚踏实地

2014 年暑期我在思考，中原名师工作室究竟是一个什么样的组织？我将带着这帮人走向哪里？最终，我们把工作室定义成区域性学术组织，同时确立了这样的发展目标：努力打造“学习型、研究型、合作型、辐射型”地方区域性小学教育教学工作团队，使工作室成为教育实践研究的基地、学习合作交流的平台、教育资源辐射的中心、教师专业成长的精神家园，逐步形成一支在省内外小学语文教育教学领域有成就、有影响力的团队，以积极推动河南省基础教育教学改革优质、均衡、和谐、健康发展。这个目标符合中原名师培育工程项目办公室要“打造基础教育豫派实践型教育家群体、夯实基础教育领域豫派实践型教育家作用发挥的平台、造就基础教育领域优秀人才脱颖而出的机制”这一总目标要求。这个目标激发着我的工作热情，并引领工作室成员往前走。

（二）提炼教育教学主张，进一步升华教育教学理念

从 2015 年开始，省教育厅中原名师培育工程项目办公室每年在浙江师范大学组织两次研修活动。研修活动课程内容有专家报告、名校考察、

名师论坛等，每次聘请的专家结构层次都极具特点，有高校教授、课程专家、一线名师、著名校长等，他们从不同角度激发了我们对教育教学的思考。给我印象最深的是浙江省义乌中学吴加澍老师的专题报告《我的教学主张》，吴老师在物理教学中大力倡导让学生重演知识的发生过程，并借此过程着重培育学生的核心素养。中原名师培育工程项目办公室负责人丁武营多次启发我们要提炼出自己的教育教学主张，2016年“豫浙名师论坛”的主题就是“我的教学主张”，我静心梳理自己对语文教学的思考和实践，提交了论文《做全营养的儿童语文》，没想到以96分的成绩获得第一名。论文是2015年年底完成的，而2016年全国著名特级教师于永正先生提炼出了“儿童的语文”教育思想，我顿时惊愕，怕别人笑话自己拾人牙慧，立即把题目中的“儿童语文”改为“三味语文”。这次经历让我对语文教育有了深度思考，也为2018年代表河南省参加第三届小学青年教师语文教学展示与观摩活动获得第一名打下了坚实基础。

（三）实实在在地做课题，让我教研更有方向感

说实话，我在一线做了二十九年语文教师和班主任，我的爱好就是扎进学生堆里制造一个个刻骨铭心的教育故事，上一节节回味无穷的语文课，做课题一直是我的短板，我内心抵触为做课题而做课题。那段时间，我逼着自己去学习，每次导师对课题的点评我都用心去听，慢慢地，我对课题研究有了感觉，课题研究无非就是你在教育教学上有什么想法，为什么有这个想法，在这个问题上别人是怎么想怎么做的，你想做什么，你可以做什么，准备怎么去做，做到什么程度，有哪些措施达成你的目标。其实也就是让我们的研究更有方向，更有目标，更有思路，这就是课题的意义，原来自己一直抵触课题，或者说拒绝课题，甚至认为课题耽误了自己的教研精力和时间，这恰恰反映出自己对教研认知的肤浅和幼稚。那次，我试着做了一个课题立项书，勇敢地拿给导师张琳老师看，她认真地说了两次：“我要的就是这样的课题！你能把这个课题做好，一定能把它做好！”我受到了鼓舞，同时张老师还对我的课题题目给出建议，她建议我不要用“大识字教学”这个说法，不去造名词，别玩概念，朴素最好。最终，我保持了自己的本色，把课题题目改为“低年级创建开放而有活力的识字课程的研究”。围绕这个课题，利用自己业务副校长的角色优势，我提出“全科识字”概念，并付诸实践，在“河南省小学语文教研员和骨干教师培训班”授课时介绍了自己的课题研究成果，得到与会专家的共鸣。

（四）培育省级名师骨干，促进教师教育资源整合

2016年，河南省教育厅启动了《依托中原名师工作室培育省级名师、骨干教师试行方案（2016—2020）》，这对我又是一个新的挑战。当时我已经离开实验小学，被破格提拔为开德小学这所新建学校的业务副校长，新学校发展急需提升教师业务素养，市教育局主抓师训的副局长和王章喜科长、开德小学巩富强校长给予我全方位的支持。我只需要大胆设计培训模式，放手去做即可。我首先考虑的就是整合濮阳市最好的教师教育资源，促进市、县、校联动机制形成，把完成省厅培育名师骨干任务和我市、我校教师队伍建设结合起来。濮阳市实验小学、濮阳市第二实验小学这两所全国文明校园的校长都是我的老领导，他们给予了我大力的支持，魏存智、李慧君、徐相瑞三位校长均系省内有名的特级教师、正高级教师，他们亲自为老师们作专题报告，设计研修活动，提供校园考察机会。2017年和2018年来自全省的名师、骨干培育对象来到濮阳参加了适度教育课改大讲堂、濮阳市统编教材使用研讨会，考察名校校园文化建设，观摩专场教育戏剧演出，研修活动可谓精彩纷呈。同时开德小学青年教师、工作室成员承担了展示交流课任务，在此活动中得到历练，获得成长。可以说，这种混合式的培育模式学员满意、多方共赢，盘活了我市的教师教育资源，带动了本区域和全省教师队伍整体素质的提高。

（五）中原名师走进浙江金华，接受省外教育同行检验

2018年10月，中原名师培育工程项目办公室和浙江金华教育学院联合举办“中原名师走近浙江金华”项目，为浙江金华培训市级骨干教师。培育活动要求我们讲一节现场作文课（提前不见学生），作一个报告，并与学员现场互动，临场发挥，可以说有一定的难度。我和中原名师队伍中小语学科的刘娟娟、陈静三位老师受邀成为授课教师，当地学员评价很高，他们称收获满满，中原名师不虚此名！我很欣慰，在这个平台上，我们展示了河南中原名师形象。

三、让梦想飞

（一）研制精品课例，让生命在讲台深深扎根

教师的成长主要通过课堂的改变来体现，三十年一线经历注定我的长项是课堂教学，于是，研课、磨课成了中原名师何风彩小学语文工作室的重要活动方式。可以说，近几年从濮阳市走出去的全国小语优质课大赛、省级大赛一等奖获得者所讲的课，大部分我都参与了设计和打磨。工作室成员王振卉代表河南省参加全国小学语文阅读教学大奖赛获得特等奖，在全国各地进行示范课教学，产生了广泛的影响；程瑞华、赵瑞红、李玉萍等相继获得省优质课一等奖，他们还走出了河南，在全国各地教研平台上讲课，作专题讲座。这些年，工作室成员通过共同打造精品课例实现了语文教学思想的互融共生，一大批青年教师脱颖而出，迅速成长。2018 年，我本人代表河南省参加了第三届小学青年教师语文教学展示与观摩活动，在全国 32 节课中以总分第一名的成绩获得一等奖，为河南省赢得了荣誉。

（二）承担培训工作，启迪别人的同时升华自己

有人说，最好的学习效果是自己教会了别人，所以，最好的培训也应该是让自己去做培训者。近些年，中原名师何风彩小学语文工作室团队承担了教育部“国培计划”和省、市级小学教师培训任务。每次接到培训任务，我和工作室成员都会有一定的压力，因为我们知道，自己在讲座中呈现的每一个观点和案例都会影响到大批教师和他们身后的无数个学生。带着这份沉甸甸的责任和压力，工作室成员会精心准备每一次的培训讲稿。我们给学员讲课时，自己原来思考的结果也会更清晰、更有条理，同时脑子中还不断产生更多有价值的想法，回去立即付诸实践，并在此过程中有新的教育发现和惊喜。这样的经历，使大家没有了职业倦怠期，让我和工作室成员始终带着主动探究、互动分享的习惯，带着一个个叹号和问号去工作，在不断的教育实践和探索中突破了一个个成长瓶颈。

（三）心系教育均衡，将示范引领作用发挥到乡村

中原名师何风彩小学语文工作室成员有着深深的乡村教育情结，工作室每年都有义务送教下乡的工作任务，为此，我们创立了“将工作室主题教研活动和送教下乡进行整合”的工作思路，多次走进乡村学校，进行主题教研活动。活动中，乡村教师和中原名师教研团队面对面，从一个个课堂关键事件中深入研讨学生语文学习的规律，提升了乡村教师的教育教学理念，培养了他们的课堂教学技能。工作室还带着几千册图书到乡村进行儿童阅读推广，让广大乡村教师掌握有效的儿童阅读推广路径。

（四）打造特色活动，“教师全营养成长餐计划”成为品牌

教师的成长不是一蹴而就的，教师职业精神和文化内涵的发育更需要全面的营养补充，为此，经过工作室长期谋划设计，中原名师何风彩小学语文工作室于 2018 年出台了“教师全营养成长餐计划”，活动间周进行，每次活动安排六项内容：诵读一篇传统经典，品味一条著名格言，分享一个教育故事，透析一个教育细节，推荐一本优秀书籍，观摩一节精品好课。“教师全营养成长餐计划”获得了广大教师的认可，成为了大家心中的期待，老师们在不知不觉中发现自己的内心在改变，行动在改变。不断地有小语名师要求加入这个团队，“教师全营养成长餐计划”已经成为中原名师何风彩小学语文工作室的一个特色。

四、硕果累累

从 2014 年当选中原名师到 2019 年，转眼间五个年头过去了，这五年行进得很辛苦，但历数一个个工作业绩，有人说，这五年是我奋力拔节、蓬勃发展的五年。

五年间，我在全国小学语文教学研究会会刊《小学语文》《小学语文教学》发表了论文，一篇 2500 多字，一篇 4500 多字，使我在专业领域里实现了新的突破。

2016 年，我当选濮阳市第七次党代会党代表。

2017 年 6 月，我当选河南省特级教师，成为首批享受市政府特殊津贴

者。

2018年5月，我被评为河南省高层次人才中原领军人才——中原教学名师（全省中小学幼儿园教师10人）。

2018年6月，我代表河南省参加第三届小学青年教师语文教学展示与观摩活动，以总分第一的成绩拿到一等奖。

这五年，我作为濮阳市师德师风宣讲团成员到市直学校和各县区作师德先进事迹报告和师德教育报告《教育，我人生的信仰》《学思践悟明道立德》，得到各级领导和教育同行的肯定。

2016年，我从一个年级组长被破格提拔为副校长，有人说我是弯道超车，其实我知道，我是走上了中原名师专业发展通道。好在我没有让大家失望，我所在的新建学校开德小学不到三年时间，已经成为学生家长向往的学校，教师在全市各个业务平台上崭露头角，此被称为“开德现象”，作为业务副校长，我深感欣慰。

2019年元旦，我在工作室“教师全营养成长餐计划”第二期活动中发表感言：“感恩所有的遇见，因为遇见，所以改变；因为改变，所以成长！‘没有比人更高的山，没有比脚更长的路’，愿我们的未来更加美好！”这些年，我最美的遇见，就是走上了中原名师这个专业发展平台。

回望来时路，只为再前行。未来的日子，中原名师何风彩将持续打造“教师全营养成长餐计划”，力求让更多的老师在这个平台上获得持久的成长。这些年，我越来越深地体会到，教育这项工作最重要的是讲台上站了一个什么样的“人”，因为教育是引领“人”的事业。2019年，中原名师何风彩小学语文工作室将奉献教育工作不变的追求，仰望星空，坚守初心的教育梦想；脚踏实地，做实当下的教育小事。我们会根据“四有”好老师的要求，以“志于道，据于德，依于仁，游于艺”为目标找准好老师，启动“学思践悟”“明道立德”师德滋养课程，以中华传统文化引领教师价值观，浸润灵魂，熏陶情感，滋养师德，带领更多的老师去做有理想信念、有道德情操、有扎实学识和仁爱之心的新时代好老师。

案例三：中原名师徐艳霞小学语文工作室

一、中原名师徐艳霞小学语文工作室的组建

2012 年，河南省教育厅“徐艳霞小学语文名师工作室”挂牌成立，吸纳了河南省实验小学语文名师、骨干教师和青年教师培育对象 23 名。2018 年，中原名师工作室“青蓝工程”再次启动。我很荣幸，自己能作为其中的一抹蓝，为引领更多的一线教师成长尽微薄之力。

依据《河南省教育厅关于印发〈依托中原名师工作室培育省级名师骨干教师试行方案（2016—2020）〉的通知》（教师〔2016〕758 号）精神，我从上百名培育对象中遴选出了 5 名省级名师培育对象、10 名省级骨干教师培育对象。2018 年，我们组建成了一个更加有活力、更加温暖的团队——中原名师徐艳霞小学语文工作室（以下简称“工作室”），开始了幸福的成长之旅。大家彼此学习，彼此照亮，彼此给予无穷的精神力量。

二、工作室的发展目标

以中原名师专业成长的历程和精神为示范，聚焦教师的课堂教学、教育科研、学术交流和教育写作能力的培育内容，采取任务驱动、集中与自主研修的模式，开展理论研修、教学研讨、课题研究、经验提升等培育活动，引导培育对象养成“实践—研究—实践—反思”的生活方式，激发热爱阅读、勤于思考和善于总结的探索热情，从而充分发挥中原名师工作室对教师专业发展的指导、支持、提升和优化等功能，探索“青蓝工程”名师培育模式，优化省级名师的成长路径，将工作室打造为教学名师的培育基地，助力全省教师队伍梯队攀升体系的建设。

三、工作室的活动开展

（一）“自主课堂 +”：从课题到教学研究

1. 引领课堂变革

“自主课堂 +”的教学理念引领了教学方式的变革，为学生主动学习和自主发展提供了平台。我们希望通过此项研究，构建以培养学生主体意识和自主学习能力为核心的教学结构，转变教师的教育理念，鼓励学生完成从“要我学”到“我要学”的转变。

在多次的专题讲座和教学观摩研讨活动中，“为学生探究学习提供宽松的空间”“将学生的学习权真正地还给学生”“鼓励学生敢于质疑、敢于表达自己的观点”“以学定教”……这些教学理念成为了每一位教师的共识。教师的育人理念在变，教学思想在变，教学方式在变，学生的学习方式在变，课堂文化在变……所有这些都指向了学生的主动学习、自主发展。

至 2018 年，各位成员的课堂教学日趋成熟，凸显出尊重、和谐、探究、开放、成长等鲜明特点。王淑敏、马俊红获区级优质课一等奖；邵姗和武韶敏获郑州市优质课奖；高志恒、王珂、王敏、李艳秋、汪华、李艳、宋彦辉和孙艳娟等教师获得河南省优质课一等奖；冯杰展、高志恒和王蕊在人教社研讨会上进行大会发言和现场授课。在工作室培育对象第二次集中研修活动中，孙世红和申景妍执教的“自主课堂”观摩课“雪孩子”和“孔子游春”，赢得了各地市与会代表的好评。在人教社全国研讨会、长沙论坛、商丘课堂文化校长论坛、国培课程中，我多次应邀作“自主课堂”教学研究专题报告，形成了较大的教学影响力。

2. 鼓励个体研究

能科研，会科研，是对优秀教师的基本要求。当代教师应该能优质地教学，也应该能有效地研究。教育科研是基于实践的研究，是基于实践中问题的研究。工作室带领大家积极参与自主课堂教学研究，目的就是倡导教师树立科研意识，吸引广大教师参与到教育科研之中，在科研中提升素养。

苏霍姆林斯基曾说：“如果你想让教师的劳动能够给教师带来一些乐

趣，使天天上课不至于变成一种单调乏味的义务，那你就应当引导每一位教师走上从事研究的这条幸福的道路上来。”带领教师们养成勤于思考、善于钻研的工作方式，是激励教师们自觉爱上工作、享受充实生活的最佳选择。

2018 年，工作室承担了省级课题“提高三年级小学生自主提问质量的课前预习研究”。在导师钟晨音教授和杨卫东主任的细心指导下，我们反复研读申继亮教授的开题报告范例，把握其文献新而全、作者权威、要点清楚、注解规范和创新点突出等特点，学会了如何选题、如何做文献综述、如何选择研究方法、如何整理各种报告。最终，在立项、开题和中期汇报等答辩中，该课题以优秀的成绩通过了项目组专家的审核。

工作室成员在“自主课堂”常态化研究的基础上，各自又结合自身特点和兴趣爱好，开展了“阅读教学”“课外阅读”“班级自主管理”等个性化研究。其中，武韶敏、王淑敏、孙艳娟等 6 位成员主持的“统编版小学语文教材与课外阅读链接的探索与研究”“读写绘综合课程的实践”“‘小汉字，大文化’校本课程开发研究”等课题分别在省、市和区级科研部门立项。杨志娟、李艳和汪华多次获得了省级优秀研究成果奖。

在丰富多彩的教育科研活动中，教育理念这个习惯上被认为虚无的问题，得到了切实的解决；教育科研这个往往因为常规工作忙碌而被遗忘的问题，变成了大家实际工作的一部分；教师的职业素养得到了实实在在的提升，教师的科研能力得到了跨越式发展。最重要的是，大家在教学实践中，养成了“实践—研究—实践—反思”的专业研究习惯。

（二）“自主课堂 +”：从学习到精神成长

让工作室成为教师的精神家园，过一种幸福的教育生活，一直是我们这个团队的追求。为此，在“自主课堂 +”理念指导下，工作室通过学习的浸润，不断培养教师终身发展与社会发展的必备品格和关键能力，提高大家的幸福指数。

1. 坚持阅读点亮心灯

工作室共购进《跟苏霍姆林斯基学当老师》《奶蜜盐：家庭教育第一定律》《小学语文文本解读》《静悄悄的革命——课堂改变，学校就会改变》

《小学语文教学艺术》等 3500 余本图书，为教师的广泛阅读提供了保障。老师们畅游书海，手不释卷，自定读书计划，开展读书交流活动，自觉阅读专业书籍，阅读文学作品，阅读历史和哲学书籍，坚持整理自己的读书收获，不断丰富人文底蕴，发展理性思维。

为激励大家保持长久的阅读力，工作室定期举行优秀随笔评选、定期开展读书交流会。在读书活动中，教师们丰富了知识积累，获得了心灵顿悟，积淀了文化素养，获得了继续前行的力量。当然，让阅读成为我们一辈子的生活习惯，这是最重要的。

2. 一起学习教育写作

2017 年，我有幸成为第一批中原名师教育写作培训班的一员。整理书稿《孩子，你自己来》的过程中，得到了闫学和张文质老师手把手、不厌其烦的指导。从写作框架的梳理，到文稿的起草与修订；从每一辑核心主旨的确定，教育故事表达风格的定位，到每篇文章的题目推敲与字数统计；从如何选择鲜活的案例，到如何抓住细节生动讲述有价值的教育故事，导师们一次次不吝赐教。在数次的微信留言和异地电话沟通中，他们的热情和真诚，给予了我无穷的信心和力量。写这本书的过程，是我学习教育写作的成长过程，也是我感悟导师人格魅力的过程。

在拟定写作框架、文章题目和主要内容时，工作室成员也参与到了写作任务中，和我一起学习和分享教育写作方面的经验，搜集学生自主成长过程中的点点滴滴，帮我提建议、谈思路，给了我许多启发和智慧。

因此，每当我审阅学员的稿件时，也会学着导师的样子——无论是在遥远的他乡，还是深夜十分，总是在第一时间逐字逐句地推敲，提出细致的修改意见，直至满意为止。我还提醒大家，将原稿与修订后的稿子仔细对照，研究写作规范和技巧。

我们克服种种困难，每天保持思考和写作状态，坚持教育写作，认真写好每日百字文，及时记录和整理我们的工作和学习随笔，全力做好工作室公众号的文章推送。至今，公众号里收录了我们的读书随笔、教学故事和教学论文近 200 篇。邵姗被评为郑州市教育博客优秀辅导教师，武韶敏荣获省、市班主任基本功大赛一等奖，宋彦辉在《小学语文教学》上发表了两篇文章，我的教育故事专著《孩子，你自己来》也正式出版。当然，在繁忙的工作中，养成善于思考、勤于总结的习惯，是最值得大家骄傲的事情。

3. 邀专家引领专业成长

工作室成员在与专家面对面的交流中收获颇丰。成员们先后到乌鲁木齐市、中山市参加人教社举行的小学语文教学高端研讨会；曾代表人教社河南基地实验学校到广西南宁执教观摩课，聆听专家的指导点评；到杭州参加闫学老师举行的绘本教学种子教师研修班，邀请省教研室吴玉华老师作统编教材专题讲座。工作室还把一些全国名师请到我们身边，管建刚、张伟、刘娟娟和陈静老师都曾给我们作过报告，指点过教师们的教学。

4. 在城市乡间奔走学习

杭州、濮阳、广州、北京、西安、中山、乌鲁木齐、昆明、信阳、苏州、宜昌等地诸多活动中都清晰可见工作室成员留下的前进的脚步、奋斗的背影。每次外出培训回来，工作室都要组织教师开展“研修分享会”。学习培训，给予了教师精神成长的丰厚土壤，他们在实现教育梦想的征途中，品尝到了幸福的滋味，畅想到了美好的未来，工作室成为了老师们的“精神家园”。

老成员说：“常年工作在一个岗位上，难免会遇到瓶颈期、倦怠期，让人心生‘拔剑四顾心茫然’之感，而工作室浓厚的研讨氛围，成员间的互相交流，业内专家的指导引领，就像指南针、加油站，不仅让我们找到了努力的方向，而且还给了我们源源不断的动力，为我们打开了一扇更为广阔的大门。”

新成员说：“工作紧张繁忙，坚持做自己，读书、写作、与一群志同道合的人一起学习，让自己留得一颗初心。共同的成长愿望，让我们相聚在一起，大家互相学习、互相督促、互相提醒，甚至互相鞭策，在成长的路上不懈怠、不放弃，共同前行。”“我本以为这会是一场艰苦的学习之旅，却没想到走进了一个温暖的大家庭，走上了一条幸福的成长之路。”

（三）“自主课堂 +”：从教师到教学名师

让每位教师都能成为“教学名师”，这一目标的实现并非易事，也非一日之功。我们采取平台搭建的互生策略，努力将这些优秀教师培养成有风格、有思想和有探索精神的教学专家。

1. 搭建交流切磋的平台

工作室成员轮流主持周四晚上八点到九点半的网络直播活动，展示和交流教学思想和有效策略，其他教师积极参与学习和讨论。活动结束前，我总是对主持人完成讲座的情况予以点评，从讲座内容、课件的编辑、说话的语气和语速等细节逐一点评，鼓励学员要有“名师”的专业自信，要学会从容表达自己的观点。长久持续的听讲评课活动，既有各自教学智慧的分享，也有评课时的百家争鸣。既增强了工作室的团队凝聚力，又积累了举办专题讲座的经验，为以后更好地发挥示范引领作用锻炼了主持和交流的能力。教师们在思辨中、交流中不断发现教学现象，挖掘教育本质。

2. 搭建均衡发展的平台

工作室成员遍布五个校区、十几个城市，通过跨区跨校的组合方式给大家带来了更多的信息和资源。根据实际情况，工作室利用现代信息技术手段，建立了线上为主、线下为辅的交流互助模式。

工作室建立了 QQ 群、微信群和公众号，通过集中研修、实地考察等方式开展教学研讨交流，互相学习，取长补短，不断开阔视野，有效地辐射工作室的成果，兼顾了校区均衡发展，扩大了语文教学交流范围，增强了交流的力度、广度和深度，真正实现了教学资源共享。当然，虚心求教、自信展示已成为了我们的学习习惯，这是最重要的。

3. 搭建重要活动集结制平台

凡是参与工作室集体研修、对外教学观摩评比、邀请名师名家到校开展的主题讲座等活动，工作室全体成员都要齐聚一堂，交流研讨。这一次次的集体教研会，是个人思想与集体智慧发生碰撞、交融的时机，也是工作室凝聚人心、激发斗志和互助提升的平台。

工作室成员在帮助高志恒、王玉红和刘俊丽 3 位老师参加河南省优质课评选备课期间，磨课研讨均在 5 次以上，对教学设计切磋琢磨，对过渡语、教具、手势、仪态等细节进行推敲修改。

4. 组织集中研修活动

第一次集中研修活动，我们邀请了王涛老师做了 CCtalk 网络直播培训，为接下来的远程教研掌握了新技术，解决了难题。第二次集中研修活动，我们设置了培育对象的风采展示内容。老师们有的讲微型课，有的说课，有的朗诵古诗词或讲故事，还有 5 名成员主动承担了会场主持和撰写活动通讯等会务工作。活动前，大家统筹安排，考虑周全，多次碰头商量节目顺序、时间控制等细节，并互相指导展示内容，力求精益求精，最大限度地展示每一个人的精彩。

从教师成长为教学专家，教师的快速成长，得益于“自主课堂 +”的专业探索。广泛、自由的交互平台空间，出新、长效的培养机制，激发着每一位教师的创造热情，成就了颇有影响的一大批优秀教师：马俊红和马利滑顺利晋升为中小学高级教师，邵姗被评为区名班主任，马俊红被评为新乡市基础教育教研科研专家，王淑敏、李艳秋、朱文荣和武邵敏被评为市级先进个人，武邵敏、王淑敏和朱文荣被评为河南省优秀班主任，马俊红被评为省教学标兵，冯杰展、孙艳娟、李艳秋、朱文荣等成为河南省学术技术带头人……

（四）“自主课堂 +”：从自我成长到辐射引领

“一枝独秀不是春，百花齐放春满园。”典型示范，辐射引领，才能成为一个志存高远的团队。因此，工作室关注更多教师、更多学校，始终走在辐射引领的路上。

1. 带动新秀战略

工作室体现大智慧，彰显大情怀，致力于“青蓝工程”，培养更多优秀人才。工作室成员积极参与“名师带徒”活动，成为学科教学的示范者和青年教师成长的帮扶者。每位名师每学年带徒弟不少于 2 人，指导每位学员上不少于 2 节的研讨课，撰写 1 篇有一定质量的教学设计、案例及教学总结或论文。各位成员在本校充分发挥示范、引领、辐射、带动作用，使青年教师学有所成。姚岑、张琛、陈静等多位青年教师执教的课程被评为示范课、优秀公开课、优质课。

2. 辐射中原战略

工作室成员轮流赴林州支教，听评语文教师各课型的常态课，并针对教师们困惑的地方做了专题培训。支教期满，当地教师舍不得支教人员返郑。成员冯杰展、高志恒、席倩、陈安茹、陈静、张琛等也应邀到平顶山、林州、鹿邑、信阳、驻马店、滑县、长垣、荥阳、新郑等地执教示范课、作讲座。杨志娟被任命为鹤壁市淇滨区小学语文名师工作室主持人。马利滑执教的课程荣获县优秀公开课。

应郑州市高新区实验小学的邀请，工作室承担了该校的教师入职培训工作；与河南师范大学文学院签订合作协议，为有志于教育事业的大学生提供实习平台；与荥阳市第三小学、新郑市薛店镇民盟烛光小学和河南省实验学校林州校区签订合作协议，定期为他们做示范课，传播先进的教学理念；集体攻关统编教材微型课的备课工作，为刚入职的语文教师提供重要的教学参考资源。

值得一提的是，工作室带领安阳、许昌、洛阳和开封等地8所实验小学、12个学科，由470余名骨干力量集体完成的课题“人教版小学教材能力取向下的教学评价研究”，获得了人教社课题成果一等奖。

四、今后的努力方向

“自主课堂+”的价值追求，为“我的团队，我的生活”的旅程开辟了新路径，为工作室全体教师的专业成长创造了良好的环境。今后，工作室将进一步发挥中原名师工作室对教师专业发展的指导、支持、提升和优化等功能，探索“青蓝工程”名师培育模式，优化省级名师的成长路径，助力全省教师队伍梯队攀升体系的建设。

一个人走，会走得很快；一群人一起走，会走得很远，而且走得谈笑风生。我很荣幸，与一批有教育情怀和梦想的教师们志同道合。

虽然我只是一束微光，但我愿意，推开唤醒希望的窗，敞开永远接纳的门，与大家手牵手，一起意气风发、优雅地向光而行，走向心中的诗和远方。

案例四：中原名师剧爱玲初中思想品德工作室

多和优秀的人在一起，他们就像一团光芒，待久了，自己也想成为一团光，照亮别人，同时也照亮自己。

一、新事物、新遇见——工作室组建

我是一位来自基层学校的具有双重身份的老师，长期从事毕业班思想品德（道德与法治）课教学工作。2013 年以来担任县里思想品德（道德与法治）学科教研员工作。20 多年的职业生涯中，始终用心教书，从没有懈怠过上课，没有敷衍过工作。三尺讲台，轻歌曼舞，总有不期而遇的惊喜使我不断踏上崭新的充满希望的旅程。

2008 年，经过层层选拔，我荣获河南省首批省级名师称号。2015 年，是我教育教学生涯不平凡的一年。这一年，我经历了教育教学的再一次登高跋涉，一个关键点就是作为中原名师培育对象远赴浙江师范大学参加研修学习并以此为契机进行梳理、反思和成长。

带着憧憬，带着被唤醒的教育激情，几分懵懂，几分忐忑。2015 年 7 月 16 日，我和李校长一起踏上了南下的列车，在浙江师范大学参加了为期一周的研修活动。开班典礼上省教育厅领导对河南省教育现状深切关怀，对老师们谆谆教诲。高屋建瓴、立意高远的北京师范大学的裴娣娜教授，激情饱满、洋洋洒洒的张天雪教授，亲力亲为、行动引领的浙派名师肖培东老师，德育特级教师、名班主任方海东老师，深度思考课堂教学改革、正在研究教师忙碌问题的林一钢教授……十余位专家，十几场报告，快节奏、立体式、大容量，点滴时间、一言一行都用心良苦，台上台下，一道道教育教学大餐都精心烹制。行走在江南的烟雨中，深切地感受到那一场场的讲座是思维的碰撞，既是行动的引领，又是心灵的旅行。

培训讲堂铿锵的鼓点，催人奋进。研修返程之后，按照要求，要成立工作室，开展研修活动，迎接8月底的考核和验收。在我们的县城里，在我们这样一个教学力量薄弱的学校里，工作室是个新事物，以前没有听说过，短短的一个月怎样才能做好人员的选拔和硬件、软件的达标，从而顺利迎接考核验收？电脑查询，电话咨询，我和李校长根据会议精神，和其他校领导一起，初步拟定工作室的创建方案，商讨制定各项规章制度，根据我的学科特点和专长，初步确定了工作室的运行模式及研究课题，并把这些方案和制度上报县教体局。随后以本学校初中思想品德（道德与法治）学科优秀教师为基础，选拔了县域内8名教师作为工作室的第一批成员。他们来自不同的学校，有着不同的年龄层次，然而却有着一个共同的愿景——渴望自身的专业成长。短短的一周时间，我们整理相关资料，制作版面，策划活动。2015年8月2日，召开了工作室成立会议暨第一次学术研讨会。会上进行了示范课展示，观课议课，中考试卷分析等研修内容。工作室就这样在仓促中新生，在懵懂中蹒跚而行。

二、新起点、新规划——工作室发展

面对蹒跚起步的名师工作室，看着简陋薄弱的硬件、软件设施，该如何去迎接中原名师培育工程项目办公室的考核和验收，说实话，我当时心里真打了退堂鼓。

工作室的创建活动引起了市县教育行政部门领导的重视，2015年10月20日，南阳市教育局师训科周科长、田科长、张科长一行，来到学校督查工作室创建工作。第二天，在县教体局王局长办公室召开专题会议，划拨专项资金，立即按照省厅文件要求购置硬件设备。与此同时，要想发挥应有的示范、引领、辐射、带动作用，迫切需要学习外地的经验。10月26日，在县教体局领导的中心校和学校领导的带领下，前往南阳市第一实验幼儿园和油田第一实验小学，参观在上一年有过验收评估经历的贺晓红和刘娟娟工作室，通过交流，了解他们的硬件建设和活动开展情况。贺晓红工作室硬件的高端大气，刘娟娟工作室的格调雅致，都让我感到耳目一新，直到这时，我才对工作室的建设和发展有了一个初步、真实的认识。之后，和领导们一起反复商榷重新制订工作室的建设方案，发展学校的创建方案等，根据思想品德（道德与法治）学科的特点和主持人自己的性格、教学风格等，确定了工作室庄重大方、学风严谨、正能量、书香味的风格。室内版面的设计和文字的校对，设施安放位置的一次次反馈，工作室和发展学校档案的整理和入柜……随着工作室硬件、软件建设的初步完成，2015 年 10 月 27 日，工作室博客也在新浪网同步开通了，我们在网络上布置研修主题，开展学术交流，开启线上线下互动。而后，唐河思想品德教师家园 QQ 群及唐河思想品德教师微信群相互补充，形成了“互联网 +”时代网络教研新模式。于是，电脑桌前、故纸堆中、QQ 群里、邮箱深处、电话两旁、朋友圈里，都有我和老师们教研的“身影”。现实的引领和无声的辐射交相辉映，网络教研的开放性决定了成员由最初的不到十人，扩大到几十人，由校内辐射到校外甚至更远的地方……

原定于 11 月 27 日的考核验收提前到 11 月 18 日进行。进行汇报的时候，我调动成员的积极性，让成员参与其中，分模块汇报。认真听取考核专家的指导意见，谋划工作室的未来发展。因汇报内容丰富、形式新颖受到市教育局领导的肯定和称赞。我的汇报主题是“名师、名师工作室，我们在路上”。11 月 20 日，在河南登封进行课题考核答辩。

一周后公示了考核结果，我正式成为中原名师！得知这一结果后，没有欣喜，没有激动，三个多月夜晚的文本材料整理，三个多月的上下奔波，化作无声的泪水。不为别的，只为这个工程里有我，有我的使命和担当，我不该退缩，也不能退缩。12 月，我被授予“中原名师”称号，工作室被授予“中原名师剧爱玲初中思想品德工作室”，所在的学校被授予“河南省教师发展学校”的称号。我、我们、我们的工作室获得了新的发展机遇，站在了新的起点上。

每年两次的集中研修，名师班同学们的教育情怀，工作室建设的新理念、新做法，无时无刻不在影响着我。特别是 2016 年 3 月的豫浙名师论坛上，前两届中原名师代表或激昂、或温情、或简约、或娓娓的发言，让我内心震撼！河师大附属中学的刘新选老师给我留下的印象最深。他发言的题目是《做奔跑蜗牛，向幸福出发》，刘老师介绍了工作室建设的研究与实践。精美的课件、简洁的语言、开拓性的工作、独特的思想、出国考察的经历、常态教研的精彩、诸多的荣誉……无不让在场的老师赞叹，让我深思。

回来后我回归平常琐碎的工作，但培训讲堂中同学们的教育激情和导师们的温馨叮咛，时常萦绕在心头，催促和鼓舞着我；周期培育、任务驱动的创新培养模式，也驱使我梳理、反思。我深深意识到城乡教育的差距，深感自己读书不多，理论水平不高，科研能力不强，走出去少，眼界不开阔，等等。在审视自己的工作室建设后，我重新确定了符合学科实际的新发展理念，深深认识到工作室的发展更要着眼于长远。

如今工作室建设的指导思想以习近平新时代中国特色教育思想为统领，以推进素质教育实施为根本，以提升新教师素养为目标，以校为本，聚焦课堂，通过实践反思、同伴互助、专业引领，促进新教师的专业发展，促进县域内甚至更大区域内教师队伍整体素质的提高。

我们的发展理念为牵手同行，共筑梦想。以“形成具有一定教学领导力的教学研究型骨干教师团队”为主要目的。通过理论和实践研修，营造共同研究和学习的环境，使骨干成员进行专题研究、资源集结、提炼经验、教学改革实验等活动，使其由“教学型”教师向“教学研究型”教师转变，并提高骨干成员的教学领导力，使他们在教育改革与发展中发挥示范引领作用。

我们的工作模式是123456。“1”即一个研究总课题，课题带动，质量提升。“2”即两个工作空间，线上线下互动交流。“3”即三个愿景，学科资源的集散地、教学研究的操练场、快乐成长的空间站。“4”即培育四种精神，特别能奉献，特别爱学生，特别能合作，特别能学习。“5”即打造五味课堂。“五味”是指思品课堂要有思想味、观点味、文化味、尊重味、智慧味。“6”即6个维度的6D空间站：温度——友爱互助接地气，情谊暖暖聚人气；厚度——厚积薄发，努力提升个人素养魅力；深度——扎根沃土，以课堂教学研究为根基；高度——志存高远，让工作室成为一面旗帜；广度——海纳百川，吸纳尽可能多的参与者；长度——持续发展，让工作室富有生命活力。

2017年，河南省教育厅又赋予了中原名师培育省级名师和省级骨干教师的新使命。两年来，在教育厅和中原名师培育工程项目办公室的指导下，我们也采用模块培育、任务驱动的方式，双向选择学员；开展集中研修，平时布置作业，定期总结成绩，培育工作顺利开展，工作室的示范、引领、辐射、带动作用得到有效发挥。

就这样，成立于 2015 年 8 月的工作室不断开启新的征程。工作室通过双向选择，“重组”和“纳新”，现有本地核心成员 12 人，省内其他地市学员 30 人，工作室微信群成员 129 人，是由来自县域内外中青年骨干教师组成的阶梯式专业发展共同体。我真诚地欣赏和信任他们，相信我们这个团队会走得更稳更远。工作室以做“六会教师”为发展目标，即会上课、会学习、会研究、会讲座、会反思、会写作，培养工作室成员站得讲堂，坐得书房。工作室提出了由“情感思品，润物无声”升华为“人生思品，幸福人生”的教学理念，力求实现“斯是陋室，惟吾德馨，内心宁静，低调绽放”的价值追求。

三、新收获、新思考——工作室常态

几年来，我时刻牢记名师工作室主持人的职责：示范、引领、辐射、带动。理论学习，实践研修，学术交流，带好团队，共同成长。一个人走得快，一群人走得远。

在专家名师引领的基础上，工作室开展了自主研修活动，成员根据各自的实际情况，按照制定的专业研修目标，在三年周期内阅读图书 10 本，撰写读书笔记，定期分享交流，定期开设各种类型的公开课，进行课题研究等，在培育期内专业发展再上一个新台阶。

工作室成员每学期在自己的小区域内承担一次专题讲座任务。工作室积极开展学术论坛活动，就学科教学中的热点与敏感问题发表自己的见解，在工作室展示活动中与同行交流。成员在学术研讨时，想法各异，在不同问题的交流与碰撞中，启发彼此的思维与想法，使参与的每个人都能在研究与交流中提高。

工作室通过研讨会、报告会、现场指导等方式，多渠道展示工作室研究成果。几年来，在本地召开学科大型学术交流会 3 次，在新乡、焦作各 2 次，送教科研下乡 2 次，送教下乡若干次，成员在各自辖区内每期均开设有示范课公开课教学，有目的、有计划、有步骤地传播学科先进教育理念和教学方法，充分发挥了名师的示范、引领、辐射、带动作用，形成了名优群体效应。

主持人于 2016 年 5 月参加在郑州举行的河南省思想品德教研员暨骨干教师高级研修班并作了“追寻在思想品德教学教研的路上”专题讲座。2016年10月参加在浙江师范大学举办的首届名师论坛并作题为《牵手同行，共筑梦想》的典型发言。工作室举行大型读书交流活动 2 次，成员内部读书交流活动即时进行。

申报并结项省级课题一项，申报中原名师工作室课题一项已结题，工作室核心成员均有研究县级或市级课题。我们的工作室课题“思品课‘学、探、测’教学模式实践研究”，结合我县近年来的教育改革现状、措施和成绩及本学科教学实际、学校现状等因素，进行新课程改革理念与学科教育相结合的理论与实践研修，凝练教育思想，生成教育智慧。找寻育人为本、适合本学科特点的模式教学路径，把教学研究引向深入。

主持人在县课改能力提高培训会上所作专题“理念引领模式导航　用心培育快乐课堂”，在县教科研培训会上所作专题“结题与结题报告的撰写”均获优秀教育专题，主持人获县级观摩课一等奖 3 次。骨干成员王春老师获市级优质课一等奖和县级观摩课一等奖；刘玲会老师获县级优质课一等奖 2 次；郭苗老师获县级观摩课一等奖、市级优质课二等奖；骨干成员李明波老师今年参加省级优质课赛讲斩获一等奖桂冠；李明波老师、常云老师继获得市级名师、省级骨干教师称号之后顺利晋升为“剧爱玲工作室省级名师培育对象”。

主持人上交研修作业每年十余项（仅做统计的 2015 年研修作业共计 178759 字，2018 年研修作业 10 万字以上）；结题报告书 1 本，共计 183478 字；读书笔记 2 本。工作室整理有精品课例集、论文集、精品讲座，编写有思想品德（道德与法治）学科三个年级的导学案、学术交流成果集、学科教学好文集、教育科研实用文集，编写核心价值观校本教材等共 20 余本。每个工作室成员均有文章在知名报刊发表。

以“中原名师剧爱玲工作室”公众号为阵地，不断写作，梳理自己的教育教学理论观点，鼓励成员发布公众号文章，引领老师们读书学习，写作梳理，影响、改变、助推成员专业成长。

工作室致力于提升教师专业发展水平，服务教育教学质量的提升。我们要使工作室真正成为名师展示的舞台、骨干培养的基地、教学示范的窗口、科研兴教的引擎和教育改革的论坛。

这些年来，我们在课堂中，在研修中，在书籍中，不断地行走，开阔了眼界，也得到了心灵的自由、宁静和舒展，教育品质也得到了有效提升。我们、我们的工作室，仰望目标，脚踏实地，一定能走得更远！

四、新时代、新梦想——工作室未来

一个民族、一个国家，必须知道自己是谁，从哪里来的，要到哪里去，想明白了、想对了，就要坚定不移朝着目标前进。名师工作室在我们本地属于新生事物，成长和发展过程中存在经验不足等问题，视野有待开阔，思路有待拓展，走出去的机会需要增多，步伐需要加快。我们相信，在各级领导的支持下，我们具有无比强大的前进动力。我知道，对话、读书、反思、博采、实践、推广是我们永续努力的话题，我们会一路努力。

路曼曼其修远兮，吾将上下而求索。有幸选择了这条路，就意味着要安守于一份孤寂，于孤月晚灯下，多去聆听大师们的教诲，与他们做精神上的会晤；于生命课堂上，多去磨砺自己、锤炼自己，与学生共享生命的欢聚；于教师交流中，多去虚心学习、诚心传道，与教师作真诚的对话。

这一路上，读书将依然是我们必需的生活。我们需要高远的教育境界、开阔的教育视野、灵活的实践智慧、丰厚的文化底蕴，读书将提供给我们新鲜的血液，给予我们前行的不竭动力。

这一路上，反思将依然是我们自在的常态。反思能让我们拒绝平庸，能使我们捕捉教育教学灵感，能使我们吐故纳新，使经验得以升华。反思将保证我们不迷失、不旁骛。抓住疑惑深钻研，寻得成绩精总结，促进教师专业新发展、教育智慧新碰撞。

这一路上，博采将依然是我们内心的需要。我们需要倾听名家，受益于他们的指导。他们用生命的富蕴、独特的个性以及精深的教育思想诠释着别样的、更为动人的学科教育之美。我们坚持吸纳众家之长，坚持“请进来，走出去”，聘请名师专家讲座研讨，定期问诊课堂，分享教育科研智慧，为工作室的教育科研提供智力支持和动力源泉。

这一路上，实践将依然是我们成长的自觉。实践是巩固理论知识和加深对理论认识的有效途径，是创生思想、反思教学的重要环节，是理论联系实际的重要平台。我们以课堂为主阵地，开展主题教学、同课异构、接力教学、观课评议，验证教研思想与创造，提高教师执教能力和水平。

这一路上，推广将依然是我们担负的责任。我们要做教育之路上的先行者和领路人，要让更多的教师看到沿途的风景，感受追寻的幸福。坚持线上线下交流、送教下乡、开设讲座、公开课、观摩课、读书会，开展联谊培训活动展现工作室的研究成果，努力创造机会，创设平台，为区域乃至省内外初中思想品德（道德与法治）课堂教学的改革以及教师专业成长引领做出贡献。

“不畏浮云遮望眼”“化作春泥更护花”。“工作室”三个字沉甸甸，我们捧在手上，放在心上，担在肩上，因为使命的前方是我们的教育梦想，是我们向往的教育模样。

遇见中原名师培育工程，遇见优秀的专家团队，遇见优秀的名师朋友，遇见优秀的学员，一路牵手，走向学科教育的远方！

“远方有多远，请你告诉我。”惯于远行的三毛曾这样追问。

“坚持行走在教育教学的路上，且行且思，只问耕耘，不问收获，初心不忘，脚下就是远方。”这是我和团队的铿锵回答。

案例五：中原名师晁昱幼儿教育工作室

一、工作室的组建历程

2010 年 1 月，在濮阳市“教师专业发展梯级评价”机制的驱动下，濮阳市教育局通过层层遴选与考核，在全市中小学校中成立了 30 个名师工作室，中原名师晁昱幼儿教育工作室成为首批 30 个名师工作室之一，也是幼儿园学段的唯一一个工作室。2010 年 2 月，中原名师晁昱幼儿教育工作室正式组建，吸纳了来自市直和 5 个县区共 7 所幼儿园的 12 名教师。2013 年，濮阳市实验幼儿园改建，工作室没有了固定的活动场所，但核心成员依旧完成了《玩转童年》《民间游戏大玩家》《玩着长大》《幼儿园创新教案 50 例》等图书的编写，并分别于 2013 年、2014 年出版。随着教师梯级的转换，至 2015 年年初，中原名师晁昱幼儿教育工作室的成员发展为 7 名核心成员、12 名主要成员和近 20 名濮阳市实验幼儿园青年学习研究社的教师。

2015 年 7 月，我成为中原名师培育对象。9 月份，按照省教育厅的新要求，重新组建了新的工作室，吸纳了 19 名师德高尚、热爱幼教事业、专业水平高的教师。她们分别来自 8 所幼儿园，均是本园的骨干教师，对幼儿园教育有着独特的认识和见解，并积累了丰厚的教育教学经验，这无疑成为工作室一笔重要的财富。2017 年，中原名师晁昱幼儿教育工作室还迎来了来自全省 13 个地市的省级名师和省级骨干教师培养对象，形成了分享、研讨辐射全省的成长平台。

在中原名师晁昱幼儿教育工作室组建过程中，濮阳市教育局和实验幼儿园领导班子对工作室的建设十分重视，多次商讨工作室建设的相关事宜。濮阳市实验幼儿园是一所在河南省享有盛誉的省级示范幼儿园，有一支专业的教师队伍。作为第一代实验幼儿园教师，我成长于这片沃土，实验幼儿园是我成长的根，是我同呼吸共命运的魂，更是全体工作室成员的家。

刘辉园长十分关注工作室的发展，多次指导、参加工作室的各项活动，为工作室提供了超越省教育厅要求的标准，配备了一体机、打印机、照相机、钢琴、书籍等，对于工作室的活动经费也给予了及时的支持。可以说，坚强的后盾，为工作室高效运营提供了强有力的保障。时至今日，中原名师晁昱幼儿教育工作室已经走过了近十个年头，吸引了来自全省近200名幼儿教师，形成了实地研讨、网络分享、结伴成长的态势。

二、工作室的发展目标

在深度参与中原名师培育工程的过程中，我对省教师队伍梯队攀升体系有了更深刻的认知：宝塔式的攀升体系既是一种发展性机制，也是一种独有的中原教育文化；既是对教师当下专业水平的验证，又是对其未来专业发展的引领；既能帮助各级教育部门对教师专业化发展的经验进行梳理与传承，又能激励相关行政部门和学校对教师专业化发展的思路、手段进行创新与变革。在这样一种培育机制下，作为培育工程的温室——中原名师工作室，也必须形成与大工程保持高度一致的小工程。

根据省教育厅相关文件精神，中原名师晁昱幼儿教育工作室自组建以来，就确立了让工作室成为为教师专业成长提供动力源和起飞的平台；让工作室成为教师们建立教育信念、向往成长的地方；让工作室成为抱团取暖、享受有温度成长的地方；让工作室成为星星之火、有点燃一方能量的地方的目标。尤其是2016年以来，在中原名师培育工程的引领下，中原名师晁昱幼儿教育工作室的发展目标越来越清晰、明确，衍生出中原名师晁昱幼儿教育工作室的成长文化，形成了以“搭平台、促成长、广辐射、共发展”为宗旨，以“理论与实践相结合、自主与交流相结合、学习与实践相结合、反思与提升相结合”为原则，以“专业引领、同伴互助、自我反思”为基本形式，实现“搭好一个成长平台，做好一项课题研究，带好一支专业队伍”的愿景，促进教师专业化发展。

三、工作室的活动开展

中原名师晁昱幼儿教育工作室在组建之初就达成了这样的共识：工作室的功能不只是成员定期活动的一个场所，要成为每个愿意成长的老师的“家”，要成为开放式的工作室。为此，中原名师晁昱幼儿教育工作室从机制层面做了转变：一是制定完善了各项制度。结合省教育厅关于《工作室考核评估标准》，我带领成员认真学习领会文件精神，在原有工作室制度的基础上，完善了《工作室主持人制度》《工作室成员职责》《工作室成员分工》《工作室考勤制度》和《图书借阅制度》等；建立了工作室的文化系统，设计了工作室的室标、印章和学习交流墙；细化了成员的分工，让每个成员既把工作室当作成长的家园，建立归属感，又在制度的规范引领下提升自己。二是建立成员成长档案，实施成长性评价。我们认为差异就是资源。中原名师晁昱幼儿教育工作室的成员来自不同的园所，成长的经历和特长也不相同，是工作室让我们走到了一起，希望每位成员能背着不同的行囊走在成长的路上。结合考核标准，中原名师晁昱幼儿教育工作室为每位成员都建立了包含合作意识、规划总结、课堂教学、教学研究、工作业绩等五个方面的成长档案，以档案为引导，让每位成员在自身原有的基础上提高。三是实施“任务驱动＋清单管理”模式。透过各级各类清单内容，指明教师发展的方向和承担的任务，实现发展目标明确、培育内容具体的教师培育套餐，让工作室的每位成员在抱团成长中实现个性化风格。

自2016年以来，中原名师晁昱幼儿教育工作室重点开展了以下几个方面的工作：

（一）建构有思想的学习型幼教共同体

形成一个相互接纳、相互沟通、相互学习、相互提升、有思想的学习共同体是工作室的首要任务。工作室结合成员的意愿与需求，做到了以下四点：

一是充分利用“互联网＋”的优势，创建了中原名师晁昱幼儿教育工作室QQ群、微信群，共吸纳全市各级各类幼儿园116名教师加入，开启了新型学习交流模式。例如，我们把QQ群作为课题研究交流分享的便捷平台，制定了谁优先展示资源，谁就拥有资源权的分享小规则，使每个成员既是资源高质量的分享者，又是海量信息资源的享受者。

二是开展共读一本好书活动，并围绕读书进行读书论坛、读书分享活动。结合课题申报，开展了“故事知道怎么办”的“微”读书活动。活动形式是利用微信平台，结合喜马拉雅应用软件，在微信群中分享读书音频，每天清晨，成员们会在听书中开启美好的一天。工作室的全体成员把听书当作一种生活方式，把思考当作一种工作方式，截至 2018 年，已分享了 300 多页的读书内容，刘金钗老师把读书语音传播到了班级的家长微信群中，吸引了一批家长也加入到听书的队伍中。

三是开展以课题申报为背景的教研活动。结合中原名师课题项目，中原名师晁昱幼儿教育工作室开展了关于幼儿园一日常规的相关学习与研讨，为课题研究的内容和方法提供参考。

四是启动自主学习清单。中原名师晁昱幼儿教育工作室用任务驱动清单式的培育方法，以学习研修清单、课题研究清单、实践演练清单、自主成长清单、成果展示清单为载体，聚焦幼儿教育的核心理念，聚焦课题研究，聚焦每位教师的成长意愿，形成工作室引领指导、教师自主发展的有效路径，高质量完成教育厅的任务与要求。

（二）构建有内涵的研究型幼教共同体

结合中原名师培育工程中，凝练个人教育思想或教学主张为目标和任务的要求，中原名师晁昱幼儿教育工作室提出了把关注的视角转向孩子；打造低成本、高效率的研究方向，试图让教师把焦点放在对幼儿的观察理解上，减少教师把大量时间和精力用在无效的材料投放、组织常规和消极的实施幼儿园一日生活活动上，要在科学先进的理念指导下，形成集教师教育智慧与技能于一体的教育模式。为此，工作室多次研讨，确立了“以一日活动为线索的幼儿行为指导故事选编与应用研究”的课题，

自 2016 年以来，中原名师晁昱幼儿教育工作室开展课题“以一日活动为线索的幼儿行为指导故事选编与应用研究”已有三年的时间。每学期，工作室以课题核心要素策划区域学术交流活动。2016 年 7 月，中原名师晁昱幼儿教育工作室举办了以“幼儿一日生活的组织智慧”为主题的区域学

术研讨会，参会人员是来自焦作市和濮阳市五县两区近150名园长和教师。研讨会上，工作室向大家分享了这项课题的背景和初期研究的内容。针对课题研究内容和预设成果，中原名师晁昱幼儿教育工作室制定了分享交流故事和幼儿行为问题调查记录，梳理、提升研究第一手资料，建立了课题资料库，形成了200个治愈故事资源库和200个幼儿行为问题调查记录，为课题的阶段性开展打好了基础。

在中期答辩时，专家对课题给予了较高的肯定，并评为优秀等级，同时，又提出了进一步提升的建议。应该说，当时课题的开展已进入到了研究的瓶颈期，课题成员的变化、前期走的弯路都影响着课题的深入开展，结合专家建议，我带领课题组每周开展一次研讨，并利用寒假，集中火力对课题进行了重构与整改。大年三十下午，当家家户户包饺子时，课题组的老师们则在享受着研究的盛宴。在一次次的研讨辩论中，我们变更了课题研究的相关内容，并获得省基础教育教研室的批准。在厘清课题研究的方向与层级后，课题组老师把课题从文字转向了教学实践的现场，一份份来自一线教师对课题成果的回应与认同，坚定了我们继续研究的信心。

通过两年的案例实践研究，教师的教育观念、研究意识和研究能力得到了提升，增强了职业成就感，主要体现在：

1. 树立了幼儿教师的“专业之爱”

“爱”是教育永恒的主题，幼儿教育更要凸显以“爱”为先导。然而在当前“老师像妈妈”的误导下，幼儿教师的职业生活面临困境。当把关注的视角转向孩子时，在发现幼儿行为问题、分析问题原因时，我们发现幼儿教师的职业本质是对幼儿身心发展特性与规律的认识、理解和尊重，是懂得愉快童年生活对于生命发展的独特价值。幼儿教师的爱应是“专业之爱”。爱优秀的孩子，不难；爱有缺点的孩子，则需要正确的教育理念和宽容的教育气度。爱喜欢的孩子，顺手；爱视觉有“距离感”的孩子，则需要博大的教育心胸和充满笑容的教育面貌。爱孩子，不仅是体贴入微，更是要叩开心门。在一日生活活动中，当老师秉承着“专业之爱”时，才可以实现“始于爱心、终于智慧”的职业成就。

2. 成为了幼儿心中的“故事大王”

教师在观察幼儿行为—搜集故事—创编行为指导故事过程中，以做故事大王为起点，对海量的故事进行筛选和改创编，在一系列的“故事品鉴会”中，教师从选故事、改故事、编故事、讲故事、品故事的历程里，不知不觉成为幼儿心中的“故事大王”。

3. 提升了指导幼儿行为的水平

在运用故事指导幼儿行为的研讨时，教师在发现需要指导的行为—分析现状—匹配故事—讲故事（道具即象征物的运用）—赋予象征物力量—分享—强化的应用中，提升了用研究的视角和思路去教育幼儿的意识，并掌握了以故事为载体的指导幼儿行为的策略。

4. 体验到做专业幼儿教师的幸福

“故事一定有办法”这一低成本、高效率的教育模式使教师对幼儿出现的行为少了焦虑，多了包容；少了无助、无效，多了自信、有效。因此，当教师从观察幼儿、指导幼儿逐步走向发现幼儿、研究幼儿、支持幼儿、成就幼儿的专业教师之路的时候，他们的教育生活从急促、浮躁、无助、疲惫切换至智慧、从容与幼儿一起畅快的生活。

两年中，课题组教师共搜集整理了 500 个行为指导故事，创编了 80 个针对一日活动 7 个环节的行为指导故事，撰写了 70 篇行为指导故事应用案例，形成了 11 万字的《故事知道怎么办》的书稿。其中论文《创生幼儿行为指导故事，赋予儿童成长的力量》发表在《幼儿教师》杂志 2018 年第 6 期上，多次在河南大学、河南师范大学、郑州幼儿师范专科学校的国培、省培班上以“让童年遇上故事”为题开展专题讲座进行分享。2018 年 6 月，课题成果提交中原名师写作计划，课题也顺利结题。

（三）构建示范辐射，推动区域幼教的展示共同体

自中原名师晁昱幼儿教育工作室成立以来，积极参与承担各级各类送教下乡、教师培训、专题讲座活动。2010 年至 2016 年，工作室主持人晁昱多次受河南大学、河南师范大学、郑州幼儿师范专科学校、安阳师范学院、濮阳职业技术学院和各地市教育部门的邀请，为国培、省培、园长资格培训、继续教育承担培训任务。同时，工作室的核心成员承担了国培送教下县活动，在为期 6 轮共 24 次的送培任务中，分别做了“幼儿园教育活动的组织与实施”“论磨课”“园本教研的开展”“微课、微案例、微教研”

等专题培训，进行现场教育活动点评、园本教研演练和展示。在送教活动中，工作室成员赖丽敏、曹旭宁、李婵娟、王蕊带去了10节教育活动课，受到老师们的高度评价。

中原名师晁昱幼儿教育工作室还利用所在基地濮阳市实验幼儿园的优质资源，向全省和濮阳市县区展示幼儿园管理、教师专业成长、课程构建与实施、家园共育、大型活动、幼儿园环境创设、幼儿园园本教研等多个维度的展示交流活动。

四、工作室的努力方向

随着课题成果的不断深化，今后中原名师晁昱幼儿教育工作室将努力做好以下几点：

1. 让课题成果落地生根

工作室的课题虽已结项，但课题成果还需进一步深化和落地，我们将持续课题实践层面的应用研究，扩大课题应用的辐射面，并把课题研究作为磁石，吸引更多人加入到专业成长的队伍中来。

2. 继续探索发展的新路径、新方法

依托中原名师晁昱幼儿教育工作室，继续探索培育省级名师和省级骨干教师的新路径、新方法，让工作室成为教师专业成长的孵化器。

3. 进一步提升运用信息技术的能力

中原名师晁昱幼儿教育工作室将组织多元的信息技术培训，让工作室成员成为信息技术高手。

未来，我们一直在路上——

在路上，用我们心灵的呼声；

在路上，只为伴着我们的人；

在路上，是我们生命的远行；

在路上，只为温暖我们的人。

我们一直在路上！

案例六：中原名师李国胜小学语文工作室

一、工作室的组建

生命的美妙在于好的遇见与好的经历。遇见一群有着共同教育理想的人，共同经历着有研讨价值的事，对于个人成长无疑是一桩幸事。

2013 年 10 月，新乡市教育局决定在全市组建名师工作室，作为在小学语文园地里耕耘了 20 多年的语文教师，我渴望能够与一群有理想的人共同成长。幸运的是，我顺利地通过了专家组的考核，被授权组建全市首个小学语文名师工作室，它也是全市首批 11 个名师工作室（涵盖从高中到幼儿园各个学科）之一。

创立之初，我们工作室共有成员 11 人，其中主持人 1 人，研修员 10 人。这些成员来自市属和县区的不同学校，他们分别是崔彦豪（新乡市第一实验学校）、杨慧（新乡市育才小学）、田华（新乡市育才小学）、崔靖华（新乡市育才小学）、张爱娟（新乡市外国语小学）、牛智敏（新乡市外国语小学）、吕堃（新乡市实验小学）、解建晖（新乡市牧野区陵园小学）、张伊倩（新乡市牧野区工人街小学）、张彦娟（延津县丰庄镇后王庄学校）。

2014 年 8 月，因为教育均衡发展的需要，我由新乡市育才小学调任至新乡市新区小学工作。为便于开展工作，报经市教育局师训科同意，工作室又增加了 3 名研修员，她们分别是许玉华、李中晶、张娟。

2017 年 9 月，根据工作需要，工作室进行第二次招新活动，经个人申请，工作室审查，最终又有 8 位老师加入，他们分别是赵军、高园凤、杜静、张新利、王雪、文政琴、陈丽和王晶。至此，工作室成员共 22 人。

这是一个热爱语文教学，勤于钻研语文教学的群体，是一个不断成长的学习团队。工作室成员为着“同一个梦想，同一个追求”的共同信念，用激情点燃激情，用梦想推动梦想，互相激励，共同成长。

2018 年 7 月，我们的工作室成功地通过了河南省教育厅的考核，被授予“中原名师李国胜小学语文工作室”（以下简称“工作室”）称号。这使得我们工作室建设再上一个新的台阶，也对我们有了更高的要求。

在求索之路上，我们享受着语文所带来的快乐，感受着教学所蕴含的智慧。

二、工作室的发展目标

工作室组建了，思考接踵而来：工作室要做什么？为什么而做？怎么做？谁来做？一种使命感与责任感促使我们进行深入的思考。

通过深入的思考，我们认为工作室必须通过促进教师的专业发展，进而达到促进学生全面发展的目的。其中，促进教师的专业发展是关键。

全国著名特级教师王崧舟老师曾经说过，小学语文老师要成为一个“杂家”，他认为当代语文教师最缺的就是底蕴和学养，而提升底蕴与学养的方法就是阅读与研究。因此，在工作室的定位上，我们希望它是一个“专业阅读、专业写作与专业发展的共同体”。

经过反复的思考与讨论，我们确定了工作室的发展目标如下：

（一）小学老师有大学视野

工作室成员必须养成爱读书的好习惯，有足够的阅读量。每学期通过自读、共读等方式，认真阅读规定的书目，并完成一定篇数的阅读笔记。阅读的视野涉及哲学、美学、文学、艺术、历史、心理学等诸多领域，通过阅读，开放视野，获得心灵的顿悟，积淀丰厚的文化素养。

（二）有自主独立的品格和哲学头脑

面对自己日常的一堂课、一篇课文、一个练习、一个教学策略、一个教学过程，面对教学参考、专家学者报告、同伴意见，甚至自己已有的教学方法，都要有独立的思考、独到的见解，养成慎思笃行的习惯。拒绝克隆，回避雷同。

（三）学习先进的教育理论

通过“特色语文课程”研发，提高自己的课程建设能力，并把自己的实践与理论相结合，付诸笔端形成文字，融入课堂形成个性化的教学风格。

（四）起到引领和辐射带动作用

以我们的成长，影响身边更多语文老师的成长。希望通过我们的努力，将工作室建设成为语文教师的读写园地、骨干教师和省、市级名师的教学研修平台、课程开发基地、专业成长驿站和课改辐射中心。

三、工作室的活动开展

《礼记 · 学记》中写道：“独学而无友，则孤陋而寡闻。”工作室的建立则很好地避免了“独学”的状态。“独行疾，众行远”，团队的支持赋予每个人更强的动力。几年来，工作室成员协同努力，携手共行，主要开展了以下几个层面的活动。

（一）专业读写，促教师真发展

阅读是名师成长必不可少的途径。一个不读书，没有养成阅读习惯，不具备专业阅读能力的人是不可能成长为名师的。我们要求工作室成员每 2 个月至少要精读一本教育教学专著，并写出读书笔记。

同时，为了让更多的老师加入专业阅读的队伍，在工作室成员的引领下，吸纳部分青年教师，我们还在新区小学组织了“新语”读书会。读书会分成 3 个读书小组，每学期进行 2 到 3 次读书分享。

工作室引领教师们进入了品味书香、深度阅读、触摸灵魂的阅读世界。在这里，大家共同欣赏着《第 56 号教室的奇迹》，提醒着自己《不做教书匠》，重建《教育的理想与信念》，增强着我们的《教学勇气》，共读《教育漫话》，品味着、吟诵着《唐宋词十七讲》，共同研究《学力经济学》，在教学中一起来一场《静悄悄的革命》……渐渐地，读书成了教师们生活的一部分，就像呼吸一样重要。

阅读不只是要形成一种习惯，还需要掌握一定的方法。我们倡导“读别人的书，想自己的事”，知行合一，学以致用。我们认为“不能引发改变的学习是没有意义的”，希望大家通过专业阅读改变、改进自己的教学，走上快乐幸福的教育之路。

工作室的王晶老师在读了崔蕾写的《遭遇“差班”——一个班主任艰难而幸福的一年》一书后，这样写道：“书中的很多案例也发生在我们班，我的做法和崔老师有相同也有不同，但我们都是从不同角度去欣赏每一个孩子，真心接纳每一个孩子，享受班主任工作带来的快乐。看完此书，我回想了我是如何与班里的孩子们相处的，从而让孩子们开始一点点变化的……”

这种阅读的方法和态度，甚至延伸到生活中，一些平凡的事也能给我们极深的感悟。工作室的一位教师偶然间看到一个玉石挂件，那是一块十分普通的玉石，甚至可以说有些丑陋。整个石块大概只有拇指的二分之一大小，样子也不够规整，非但不通透，颜色也不纯正。这样的石料，估计随处可见吧。可是，因缘际会，它却碰到了一位眼光独特的雕刻师傅。那位师傅充分地利用了石块独特的形状，巧妙地将它雕琢成了一个栩栩如生的“济公”的形象。那脸庞极其夸张，玉石上面的斑驳杂色巧妙地表现出了济公的不修边幅，整个作品幽默风趣，让人忍俊不禁。由此，他悟出了这样一个道理：一个好老师，也应当像一个优秀的雕刻师傅那样，要善于发现人才，更要善于成就人才，多一把衡量的尺子，就会多出一批好学生。

做到每天阅读，对很多老师来说并不是一件太困难的事。毕竟每天抽出 20 分钟阅读的时间，还是不成太大问题的，难的是坚持专业写作。

我们要求工作室成员要坚持写读书笔记，倡导工作室成员写教育叙事、教育类影评、教学随笔等。大家写出的读书笔记、教学随笔等，都在微信群里分享，共同交流与提高。对于写得比较好的文章，我们还发布在我们的微信公众号“小学语文教师”（目前公众号已有粉丝 22 万人，辐射面涵盖全国各个地市）上。目前，我们的公众号上已发表原创文章 170 余篇。这样做一是为了知识分享，二是为了激发工作室成员的写作热情。

此外，我们还定期将工作室成员所写的文章汇编成册，进行交流。

在今天这个充满诱惑，很难静下心来阅读、写作的时代，有这么一群人能够潜下心来阅读，孜孜不倦地写作，及时记下我们在阅读中的感悟、在教学中的思考，这的确非常难得。成长，正是这样，有时它需要漫长时间的积淀，有时却会在一瞬间发生。成长路上，有人共行，多么幸福!

（二）创新课堂，促学生真成长

课堂是师生共同学习的地方，也是工作室的扎根之所。我们的工作就是要通过改变课堂，达到激发学生、促进教师共同成长的目的。

我们所渴望的语文课堂是内容丰富、思维活跃、智慧共生的课堂。在这样的课堂上，学生始终保持着好奇心，对语文活动有着浓厚的兴趣；在这样的课堂上，学生始终保持着思维的活跃，并在思维活动中积淀语文素养；在这样的课堂上，学生敢于质疑，充分体验，充分表达，在多样的语言实践活动中凝聚智慧。

为此，我们每学期都要举行观课、磨课活动。每一次活动确定一个主题，围绕主题进行研讨。每一次课堂研讨活动，工作室的老师都要参与。通过这样的课例研讨，提升的不仅是作课人自己，它同时还是一个载体，一节课可以引发全体参与磨课教师的共同思考，对每一个教师都是一次提升。

高园凤老师的群文阅读课“送别组诗”，从提出教学构想，到搜集各种资料，再到第一次试讲，然后集体评课，改进设计方案；再试讲，再评课，再改进……课堂教学设计前后改了 5 稿。后来这节课在全市多文本阅读教学专题研讨会上作现场课，得到了听课老师的一致好评。

许玉华老师的课外阅读推荐指导课“爱上阅读”和陈丽老师的班级读书会“夏洛的网”也都经过了多次磨课。以陈丽老师的班级读书会为例，第一次设计重点关注的是学生阅读的兴趣，重点交流学生感兴趣的话题；第二次设计重点关注学生阅读的方法，着力点是“课内得法，课外受益”；第三次设计重点除了关注阅读的方法，更关注生命的成长，引导学生从阅读中体会生命的意义，获得人生的感悟。每一次磨课，都是一次理念的提升；每一次磨课，都是一次由知到行的转变。

2015 年 5 月，我被省教育厅确定为中原名师培育对象之后，有了更多的机会去开阔眼界。中原名师培育工程由省基础教育教学研究室委托浙江师范大学组织，每年分别在春季和秋季开展两次集中研修活动。可以说，每一次集中研修都是对我的一次大的提升。它提醒我，必须站在高处思考，必须有开阔的视界，必须有锲而不舍的精神。每一次集中研修，除了听讲座外，还会组织我们到名校参观学习。学习的时候，我不仅关注校园的文化建设，更关注课堂的变化，并吸纳新理念、新做法，积极地将它们移植到我们的课堂上进行实践与验证。

在集中研修活动中，我有幸认识了闫学老师。闫学老师正在研究的“绘本教学”也引发了我浓厚的兴趣。我购买了闫学老师关于绘本教学的图书《绘本课程这样做》认真阅读，并在二年级进行教学实验。我发现低年级的孩子对绘本有着极高的兴趣，而且通过绘本的学习，确实能够提高学生观察生活、积累语言、运用语言的能力。好的绘本，不仅是对学生智力的提升，而且可以培养学生的审美能力。有了这样的经验，我又带领着工作室老师把这种教学方法推广到我校两个校区的20多个班级中，让更多的孩子受益。

创新课堂形式，创新课程内容，使得语文教学焕发出新的活力，在这样的课堂上学生学得有兴趣，老师教得有兴致，促进了师生的共同成长。

（三）任务驱动，促团队真研究

一个不仅会上课还会积极思考、参与课题研究与教学研究的教师，他的课堂会更多一些底蕴与新意。

因此，我们工作室鼓励大家积极参与课题研究与教学研讨。在之前进行的“群文阅读”课题研究的基础上，我们进行了深入的思考，并提出了新的研究方向——“小学多文本阅读教学‘1+X’模式研究”。我们试图把课内外阅读结合起来，既尊重教材原有的体系，又通过增加“X”篇与之密切相关的课外内容达到增加阅读量，扩大阅读面，提升学生阅读品位的目的。

为了做好这个课题，我们查阅了大量的文献资料，梳理了霍懋征老师的“教改实验”、李怀源老师的“语文单元整体教学”、韩兴娥老师的“课内海量阅读”、刘宪华老师的“主题阅读实验”、窦桂梅老师的“主题教学”、蒋军晶老师的“群文阅读教学”等研究资料，制定了我们的课题研究方案。

目前该课题已顺利被列为“中原名师培育工程”专项课题，并成功在省基础教育教学研究室立项。刚刚过去的一个学期，在工作室老师的引领下，共做课题研究课 32 节，课题研究正逐步走向深入。

作为工作室成员，除了做好本职工作，还必须承担起引领、带动更多教师成长的任务。几年来，我们工作室承担了多项教师培训、送教下乡、送培下县等活动。实际上，承担这样的任务不仅于人有益，于己也是一种提升。因为要给别人讲，自己就必须做到十分了解，必须把碎片化的知识梳理成系统化的知识。

我把每一次这样的任务都视为一种任务驱动式的学习，积极准备。几年来，我所关注和研究的专题涉及“文本解读”“经典诵读”“高效备课”“个性化教育”“教师专业阅读”“课程建设”“听评课”“教师信息知识与能力提升”“多文本阅读教学”“学生语文核心素养”等，先后承担市名师大讲堂活动 2 期，承担市骨干教师和新教师培训任务 3 次，承担河南师范大学组织的“国培计划”“省培计划”讲座 30 多场，承担新乡学院本科生和河南师范大学硕士生授课任务 5 次，参与送教下乡任务 12 次。

此外，我也积极推荐工作室的老师们承担各种讲座和授课任务。现在，工作室的崔彦豪老师、杨慧老师、张娟老师、张彦娟老师、许玉华老师都先后成为“国培计划”“省培计划”和“市骨干教师培训”的授课教师。我们承担的“送培下县”任务也先后走过了全省 20 个县区。

团队的成长，体现在方方面面。几年来，在工作室这个团队中涌现出省优秀教师 1 人，省五一劳动奖章获得者 1 人，省名师 1 人，省教育厅学术技术带头人 4 人，市优秀教师 2 人，市模范班主任 6 人，市名师 4 人。

四、工作室的努力方向

几年来，我和工作室的老师们结伴而行。在此过程中，我愈来愈懂得：抱团成长，滚雪球似的发展，是教师专业成长的智慧选择。

实际上，我们的眼光要放得更长远，胸怀要更宽广一些。我们身边的每一个“我”都可以成为“我们”中独具个性风采的一员，“我们”也因为每一个“我”的学习力和发展力而更有凝聚力。这样的同行，让教育之旅充满了无限的幸福美好与成长可能。

几年来，我们确实在原来的基础上获得了成长，尤其是中原名师工作室的建立，给了我们更多的期许，也鞭策着我们向更高的目标迈进。回顾我们走过的路，虽然我们也强调了教育写作，但写出的文章质量还不够高，发表作品的意识还不强；我们的课题研究还没有取得大的突破，还没有产生大的影响；我们的课程开发虽然已经起步，但还不够系统，还有待于进一步完善。

路曼曼其修远兮，吾将上下而求索。求索之路，快乐之途；求索之路，智慧之途。

案例七：中原名师刘忠伟小学数学工作室

一、工作室的组建

中原名师刘忠伟小学数学工作室成立于2014年3月，工作室成员有11名，刘忠伟给工作室群名命名为“群山部落”，是希望成员有山一样的意志和情怀。2014年8月，工作室被河南省教育厅命名为中原名师刘忠伟小学数学工作室，工作室通过个人申报、考核评选，又从省内遴选了4名成员，组建了15人的名师工作室团队。工作室聘请了河南省小学数学教研员刘富森为指导专家，聘请了高校教授、一线教研员为学科顾问，组建了强大的指导团队。从2017年开始，工作室按照省教育厅要求，每年从全省选择5名省级名师和10名省级骨干进行培育。工作室每年春季进行一次成员纳新活动，每年年底进行一次工作室成果展示活动，成立五年来，《教育时报》以《提炼每个人的教学主张》为题，对工作室进行了专题报道；以《迎着光，向思想更深处漫溯》为题，对工作室倡导的中原名师小学数学共同体进行了报道。

二、工作室的发展目标

以提炼每个人的教学主张为统领，培养每一位成员提炼并形成自己的教学主张，突出鲜明的教学特色和教学风格。工作室以“发出一种声音，打磨一种风格，构建一种课堂，做好一项课题，修炼一种技能，办好一份室刊，形成一种成果”为方向，不断进行探索。以课题为抓手，打磨教学风格，提炼教学成果，从经验上升到理论，再由理论反哺实践，沿着这样的路径探索和研究，激发专业成长的内驱力，在不同口味的“个性化发展套餐”中，实现发展的内在需求，努力实现从内部到外部的打破力量，成为最好的自己，是中原名师刘忠伟小学数学工作室的不懈追求。

三、工作室的活动开展

（一）“三项修炼”实现整体规划与个人发展的相知相契

每一位工作室成员，都是区域内的佼佼者，都在区域内有一定的影响力。如何突破专业发展的瓶颈，度过每一个人发展的“高原期”，是名师群体应该思考的问题。我们认为，“高原”现象，最主要就是缺氧，解决的最好办法就是供氧。让一名教师没有“高原”现象的最好办法，就是通过愿景修炼开阔教育视野，通过学术修炼开阔学术视野，通过心智修炼开阔科学视野，让他们看到山外有山，人外有人，从而树立远大的目标，不断地追逐前行。中原名师作为导师，需要以专业成长为要求，不断供氧，引领他们走出“高原”，走向高远。

1. 在愿景修炼中描绘远景蓝图

名师成长的过程首先是精神成长的过程，精神成长的核心是梦想和目标。一个人有了目标，就有了前行的方向，一个人追逐梦想，才能诗意地栖居在教育的大地上。工作室让学员制订三年发展规划和年度自我规划，这是规划学员自我发展的有效途径；针对数学学科的具体情况及学员的年龄、职称结构、教学特点以及教学经历，基于学员专业素养和发展需求，深入挖掘资源优势，让他们有成为“拔尖型”教师的愿望。研修成员根据个人的实际情况，依照中原名师刘忠伟小学数学工作室要求，科学地制订出本人的一年发展规划，完成《我的发展规划书》，落实好个人成长记录档案，明确今后自己专业发展的目标和步骤，制订未来发展蓝图，学会规划教育人生。在愿景修炼中实现阶段规划和自我规划的协调发展，这是让教师唱主角，让他们自我发展的意识觉醒，心灵觉醒了，成长就是早晚的事。

2. 在学术修炼中提升学员素养

工作室始终把提炼教学主张作为学术修炼的核心，凝练思想，形成风格，让工作室成员成为区域科研排头兵。倡导学员研究课堂，反思课堂，总结课堂，梳理课堂，在教学风格打磨和梳理与总结中不断演绎、建构，逐步形成个性化见解和主张，成为区域内有学科权威话语权的排头兵。在学术修炼中，提倡工作室成员用理论支撑和引导课堂教学，为教育生命加温，提升发展层次、行动品质和精神境界，提升名师及骨干教师的核心素养。

3. 在心智修炼中实现共同成长

五年来，我们邀请名师、专家，对学员进行 50 多次引领，组织学员参加全国有影响力的课堂观摩活动 20 多次，通过中原名师工作室成长共同体系列活动，在仰望星空中开阔成员视野，呼吸新鲜空气，享受专业阅读，聆听窗外声音，感悟名师成长轨迹。不仅如此，我们还构建了永不消失的网络“工作站”，在多维度平台中转变思维方式，通过微信公众号、网络直播等网络传播和在线互动平台，将工作室培育成为永不消失的动态“工作站”，基于网络直播平台建立“读书大联盟”“视频直播分享站”，在加强与全国网友互动的过程中，使网络研修成为工作室的一个资源生成站和成果辐射源。

（二）“三道大餐”师出有名亦有实

三道大餐，即特色餐、自助餐、营养餐，就是在任务驱动、参与式培训、主动式研讨中，注重分享式体验、网络式研修，给青年教师紧迫感，在完成一个又一个任务中积聚力量，在专业再思考中积聚智慧，在不断的积聚中凝聚出破茧成蝶、破壳新生的力量。从实际出发，研究“真课题”，投入“真研究”，善于“真思考”，关注“真问题”，感受到成长的压力，从而把压力化为持久的动力，不断发现新问题、寻找新思路，在较高水平上实现再发展。带领区域内名师团体走出相对狭隘的圈子，深入教育的本质，成为有“影响力”的实践者。

1. 特色餐——点亮名师生命底色

在群山部落，有共读共写的“读书大联盟”，部落成员通过共读为生命发展打造亮丽的精神底色。在盟主刘忠伟的经营下，每个月都会赠送成员一本书。不仅如此，还有“阅读主题”的读书活动，其成为成员智慧行走的方式。每周一下午的“书香大讲堂”活动中，数学建模、概念教学等成了主要的交流话题。“寻常一样窗前月，才有梅花便不同。”思辨让部落成员思想得到碰撞，素养得到提升，在阅读中开始仰望教育的星空。

群山部落也有自己的百家讲坛——文昌讲坛。每学期部落都会邀请高校教授，省、市教研员到工作室，对成员进行理念的引领。“学生核心数学素养的解读”“厚重课堂之读懂学生”等专题，让工作室成员不断反思课堂教学，和自身的思想产生激烈的碰撞。思想的风暴，让成员进行着一场静悄悄的“革命”。群山部落成员把全国著名特级教师的课堂作为研究目标，部落成员南到浙江参加“千课万人”课堂观摩活动，观摩全国著名特级教师的风采；北到北京参加“吴正宪名师工作站”活动，学习全国著名特级教师工作室经验。

培育工作室成员，要给青年教师搭建研修展示的平台，以学科能力提升为核心，让他们把教育问题“想明白、说清楚、做出来、写下来”，从而真正有影响力和说服力，发出“最强音”，引领学员在体验中提升。

每年的展示研讨会通过四方面展示：名师课堂教学案例成果展示、教育案例写作交流、教学风格研讨和专业发展规划。发挥团队成员的集体智慧，不仅仅是“磨课”，更是要“磨人”，为青年教师的成长打下良好的基础。

享受专业阅读，聆听窗外声音，呼吸新鲜空气，展示研修成果，一道道精神“特色餐”，为教育生命加温，对未来的发展起了导向作用，群山部落在仰望星空中开阔成员视野，提升了发展层次、行动品质和精神境界，增强了名师成长的信念。

“特色餐”，给了成员仰望星空的冲动。

2. 自助餐——修炼名师教育内涵

成长只有从内部用力，才具有蓬勃的生命力。通过“自助餐”菜单，激发教师专业成长的内驱力，给成员烹制不同口味的自主选择的“个性化发展套餐”，激发成员内在成长需求，赋予他们从内部打破的力量。

群山部落主张向学生提供“童话般”的数学教育。倡导教师把积累的宝贵教学经验上升到理论高度，充实、改造经验，使教师的主张拥有理论因子，变得具有普遍性、规律性和解释力。盟主刘忠伟提出了“质朴课堂”的教学主张，数学课基于真实的问题，简约而朴素地教，让学习有质量地发生。围绕主张，厚读各种版本的教材，对小学各册教材进行系统研读，打破教材布局，树立大课程观，让教材生命化、个性化；厚析课堂，深入研究了他本人的 140 多节课例，以及近 1000 节名师案例，开展了不同版本教材之间的深度同课异构活动。依托成员和中原名师之间、成员与成员之间深度同课异构活动，以及成员自身的同课再构活动，提升教师“读懂课堂”的能力。通过课堂再造以及深度同课异构，强化基于教学现场、走进常规课堂，研究典型课例，开展引导学员在参与体验中收获提升，发挥团队成员的集体智慧，打磨精品课堂。

“自助餐”，让成员开始“脚踏实地”的征程。

3. 营养餐——用读写记录数学教师的生活

群山部落有一份凝聚工作室心血的“室刊”——《教研在线》。“室刊”既有教师的读书感悟，又有课堂研究案例，更有教师的教学主张。学会课前思考，记录课后反思成了成员每天的习惯。《教研在线》是工作室成员思辨后的抒写。它是工作室成员发表教育见解、飞扬教育思想的平台，当闪烁着智慧与经验的一篇篇教学设计，一篇篇深刻的教学反思，发表于“室刊”，见诸期刊报端，这些成长中的一个个节点、一次次教育生活的剪影，都被完美地记录。

“营养餐”，使成员享受“秋收冬藏”的喜悦。

（三）“三项成果”努力实现工作室成员的发展蜕变

1. 从个体发展走向群体发展

为了突破专业发展的瓶颈，2015 年，中原名师刘忠伟小学数学工作室召开了年度工作室成果展示会，邀请省内知名专家，对研究成果把脉问诊，找寻更多的成长路径。2016 年 5 月，在商丘市、三门峡市，中原名师刘忠伟小学数学工作室和中原名师张凤仙小学数学工作室、中原名师苏邦屯小学数学工作室进行联合教研活动，工作室团队成员参加了《教育时报》举办的“河南教师成长学院”活动。每年都是如此，一系列自我突破的活动，使生命个体找到了归属感，成员在抱团成长中，更清楚地找准目标和定位；成长源动力被更好地激发，凝聚出了破茧成蝶的力量。

2016 年，工作室联合全省 8 个中原名师小学数学工作室，构建全省第一个中原名师共同体，突破名师工作室单打独斗的传统研讨，活动体现了前沿性、公益性、发展性，融汇小学数学名师工作室研究成果。这种新的共同体生活方式，吸引了来自全省近千名的教师参与会议。在“辐射”和“裂变”方面发挥了更大作用，以“教学主张”为依托，在实践中肩负起“点灯人”的责任，成为河南教师发展从个体发展走向共同发展的实践者，带领更多的数学名师向着明亮的地方前行。《教育时报》课改导刊以《迎着光，向思想更深处漫溯》为题，对活动进行了专题报道。

2. 提炼每个人的教学主张

群山部落的成员有一个坚定的信念：“一定要有自己的教学主张”。在盟主刘忠伟的带领下，成员进行内省性的课堂研究，研究课堂，反思课堂，总结课堂，梳理课堂，感悟、凝练、创新、梳理教学风格，逐步形成个性化见解和主张，以他的教学主张为主题，不断演绎、建构教学风格。

自2014年以来，工作室以培养每一位成员提炼并形成自己的教学主张为核心理念，开展相关活动。工作室组织专门的研讨，通过典型课例研究，认真分析曹培英、郑毓信等名家相关课例，多轮解析课堂，反思课堂教学，通过梳理、凝练、创新，完善教学主张。工作室成员以课题为抓手，打磨教学风格，提炼教学成果，用理论来充实、改造自己的经验，使经验拥有“理论”因子，变得具有普遍性、规律性和解释力，提炼出自己的教学主张，让教学主张更有生命力。

追求“质朴课堂”是刘忠伟的教学追求，数学课“朴实、清新、灵动”是工作室成员卢晓燕提出的教学主张，打造“人课合一”的理想课堂是工作室成员王伟红的教学主张……每一名成员都能够提炼出自己的教学主张，都有着自己对教育的独特见解。鲜明的教学特色是工作室成员走向成熟的显著标志。期待每个人的教学风格，都能够像一株株幼苗一样茁壮成长，相信终有一天能够长成一棵棵参天大树。

3. 著书立说，传播中原好声音

教育思想产出的最好方式，就是著书立说。为完善教学主张，构建思想体系，盟主刘忠伟出版了两本学术专著，分别是2016年出版的《突围名师成长的“高原期”》和2018年出版的《名师的起跑线——突围名师成长高原期》。不仅自己“突围”，还通过多种方式助推工作室成员成长“突围”。工作室每个成员都制订了出版规划，共同实现成长转型。只有有影响力的成果，才能在满园春色中有自己的一席之地，才能站在历史的潮头，以更宽的视野、更高的境界、更大的气魄、更新的举措、更优的实践来完成未来教育家之梦。近两年来，工作室成员撰写了近100万字的教学反思，进行了240次的集体课例研讨，在南阳师范学院、洛阳师范学院、河南师范大学等高校进行了近30次的展示，在浙江、河南、江苏等地进行了130

余次的公开课展示交流活动，引发了更多教师的思考。

这些年来，工作室立足自身教学实践，在不同的舞台发出自己的声音，参加各种培训以及论坛活动，展示了自己的课堂，介绍了自己的成长经历，给青年教师更好的启迪作用。相信工作室成员发出的大小不一的声音，汇聚在一起，一定能够演变成一首动听的乐曲。

四、中原名师工作室发展方向

成为豫派实践型教育家之路，不可能只有鲜花和掌声，也会有荆棘和挫折。未来的工作室发展，我们将会以“提炼每个人的教学主张”为主线，以读写为载体，以构建有特色的课堂为抓手，根植自身实践，追求教育个性，在反思中前行，在互助中完善，在引领中提升，打造工作室的品牌活动，让数学课堂像呼吸一样自然，让教学发展如田园一般舒适。坚定信心地走下去，以更宽的视野、更高的境界、更大的气魄、更新的举措、更优的实践，来完成未来教育家之梦。

未来，我们将加快研究的速度，提升教师的底蕴，让工作室成为研究的平台、示范的窗口、辐射的中心，让专业发展更加精彩，从一棵树的挺拔到一片林的舞蹈，实现更高层次的飞跃。

案例八：中原名师符丽幼儿教育工作室

一、名师工作室的诞生

2015 年 5 月，符丽同志被河南省教育厅遴选为中原名师培育对象。根据中原名师培育工程项目办公室要求，2015 年 7 月开始筹建“中原名师符丽幼儿教育工作室”。

（一）招兵买马

筹建工作室，首先选人。拥有一批师德高尚、业务过硬、有终身学习能力和共同教育追求的合作伙伴，是工作室生存之根本。通过工作室主持人和成员的双向选择、互签协议的办法，确立了 9 名基本成员。《抱朴子·博喻》曰：“志合者，不以山海为远……故有跋涉而游集，亦或密迩而不接。”因志同道合而聚集在一起的 10 个人，同气连枝，抱团发展，即将迎接自己生命的绽放。

（二）组建阵地

中原名师符丽幼儿教育工作室的建立，得到淮滨县委、县政府、县教体局和县直机关幼儿园的鼎力相助。县直机关幼儿园在用房十分紧张的情况下，为工作室提供了 60 多平方米的活动场地。县财政拨款 23 万元改造装修工作室。幼儿园拨专项资金购买办公设备。白色办公家具映衬着嫩绿的纱帘和淡雅的背景墙，清新画卷般的工作环境让人心神安宁。

（三）建章立制

建立健全工作室规章制度是工作室正常运转的保障，也是工作室诞生的标志之一。中原名师符丽幼儿教育工作室的主持人带着成员赴开封郭玉凤名师工作室和信阳李玲名师工作室学习，结合自身实际制定了《符丽名师工作室工作方案》《符丽名师工作室发展规划》《符丽名师工作室主持人职责》《符丽名师工作室成员职责》《符丽名师工作室三年规划》《符丽名师工作室培养方案》《符丽名师工作室成员考核方案》……经过两个月的努力工作，中原名师符丽幼儿教育工作室逐渐走上正轨。

二、名师工作室的定位

中原名师符丽幼儿教育工作室处于小县城，县域经济贫困，教育薄弱，学前教育发展滞后，县城只有一所公办幼儿园，即工作室所在的淮滨县直机关幼儿园。工作室通过对全县幼儿园调研发现，当时当地的幼教阶段存在缺师资、缺场地、缺教具玩具，大班额，对学前教育重视不够，小学化倾向严重等问题。基于此，我们找准自己的定位，那就是发挥导向作用，探索出适合农村幼儿园发展的道路。

三、名师工作室的成长

时光飞逝，自 2015 年 7 月中原名师符丽幼儿教育工作室诞生以来，在省教育厅和市、县教体局领导的支持培育下，在专家、导师的指导帮助下，工作室以团体学习、同伴互助、探索实践为表征，以学术交流、同行切磋、互动提高为宗旨，以培养青年教师为任务，开展一系列扎实有效的工作，在实践中成长为我县幼教的研究平台、成长阶梯及辐射中心。

2015—2018 年来，中原名师符丽幼儿教育工作室围绕研修主题，共举行各类专题研修活动 5 次，大型交流活动 14 次，转变了教师的教学理念，提升了教师的专业素养，拓宽了教师的专业视野。

（一）教学引领

中原名师符丽幼儿教育工作室成员在导师的引领下，既实现自我成长，又成为学科教学的典范。通过听课、讲课、评课等途径，为教育教学研究取得第一手资料；通过自身开课、借班上课、开设讲座等形式，相互学习，提高专业教育教学水平，初步形成自己的教学风格和教学主张。

1. 协作区教研

2016 年 11 月 25 日，在全县幼教协作区的第一次教研活动中，工作室成员张海霞示范园本课程“礼物”，受到来自县教研室专家和参与研讨的同行一致好评。

2017 年 11 月 14 日，在全县幼教协作区集中教研活动中，工作室成员张海霞、石明杰分别展示小班数学“小兔做客”、大班数学“两只笨狗熊”两次集中活动。

2017 年 12 月 20 日，在全县学前教育教研协作区中心教研组的第二次活动中，工作室成员代莺歌示范小班绘本《啊呜》。

2018 年 5 月 3 日，淮滨幼教协作区 2017—2018 年度第五次集中教研活动在防胡镇中心幼儿园进行，工作室成员刘杰、李锐两位教师承担了本次集中活动的展示任务。来自全县 13 个乡镇中心幼儿园的老师前来观摩学习，授课老师将“以儿童为本”的理念落实在活动的每一个环节中。

2. 送教下乡

为积极发挥名师工作室的辐射带动作用，为课堂教学共享优质教学资源、引领教师专业成长，提升幼儿园的保教质量，发挥工作室导向作用，促进我县学前教育的均衡发展，工作室分别在 2015 年 11 月 5 日、2016 年 3 月 25 日，到期思镇中心幼儿园送教；分别在 2016 年 11 月 11 日、2017 年 3 月 22 日，到防胡镇中心幼儿园送教；2017 年 12 月 11 日，到王店乡中心幼儿园送教；2018 年 3 月 23 日，到张庄乡中心幼儿园送教。

3. 县区交流

2016 年 4 月，工作室受邀去新县宏桥幼教中心进行县区交流；2016 年 12 月 29 日，工作室赴息县第一幼儿园进行县区交流；2017 年 4 月 26 日，工作室再赴息县第一幼儿园进行县区交流；2017 年 12 月 8 日，工作室赴商城迎春台幼儿园进行县区交流；2018 年 5 月 11 日，工作室赴信阳市平桥区幼儿园进行县区交流。区教体局股长易红敏和来自商城县、平桥区各乡镇幼儿园的园长、教师们共同参加了此次活动。

几年来，工作室成员教学相长，教育教学能力得到了提升，共获得省级模拟教学一等奖 1 节、三等奖 1 节，市级优质课比赛一等奖 6 节、二等奖 4 节，县级优质课比赛一等奖 5 节、二等奖 3 节。

（二）教育教学研究

教育科研是教师职业幸福的源泉，是教师专业化成长的有效途径。几年来，中原名师符丽幼儿教育工作室一直聘请高校老师为科研导师，坚持问题导向，着力研究教育教学中存在的问题，提高教师的教育科研能力。工作室成员共计两个省级课题结项，两个市级课题结项，一个县级课题结项。

（三）教师培训

2015 年 9 月 7 日，工作室主持人符丽对淮滨县直机关幼儿园教师进行《幼儿园教育指导纲要（试行）》的培训。

2017 年 7 月，工作室主持人符丽受信阳市教育局和新县、淮滨县、息县、光山县、罗山县、平桥区教体局邀请，承担了 2017 年“市培计划”——信阳市幼儿教师“送培到县”继续教育岗位培训，培训全市、县幼儿教师约 2000 人。

2017 年 7 月 9—11 日，在信阳市淮滨县思源中学报告厅举办“中原名师符丽工作室培育省级名师、骨干教师集中研修活动”和全县幼儿教师两天半的集中研修培训。

（四）专题讲座

2015 年 7 月 6 日，工作室主持人符丽受河南省中小学校长协会的邀请，在信阳市举办的幼儿园园长任职资格培训班上开展了一场题为“幼儿园管理”的专题讲座。

2015 年 8 月 13 日，工作室召开了全市幼儿园“守望成长，静待花开”主题研讨会。

2015 年 9 月，工作室主持人符丽针对全县幼儿教师开展了“家园共育促成长”的专题讲座，就农村幼儿园家园共育中存在的问题提出了详细的解决策略，丰富家长育儿经验，提高家长育儿水平。

2015 年 9 月 3 号，工作室主持人符丽开展“新生入园技巧”专题讲座，改变家长育儿观念，提高家长育儿能力。同年，工作室主持人符丽针对家长开展“给孩子适宜的爱”专题讲座，针对幼儿教师开展“幼儿园教育指导纲要”专题讲座和“教师如何组织幼儿开展集体活动”的讲座。

2016 年 5 月，工作室主持人符丽受河南省教育厅基础教育二处聘请，担任专家宣讲团成员。讲座“请不要让我们的孩子们抢跑”，从不同角度通过剖析典型案例，解读幼小衔接的各种误区，向幼儿园教师和小学教师传递幼小衔接的科学做法，引导和帮助幼儿家长树立科学的教育观。

2017 年 11 月，工作室成员韩宏杨受中国教育电视台 2017 年“国培计划”项目邀请，到罗山县和光山县作专题讲座。

2018 年 8 月 28 日，工作室主持人符丽针对淮滨县直机关幼儿园全园教师开展“从幼儿园教师专业标准谈为人师表”的专题讲座。

（五）园本教研

2016 年 7 月，中原名师符丽幼儿教育工作室积极利用当地的社会资源，把淮滨民俗文化“泥叫吹”融入幼儿园课程，传承保护我县优秀的民族文化，让幼儿感受到祖国优秀且丰富的文化，激发幼儿爱家乡的情感，课程研究取得良好的教学效果。2016 年 11 月，在全县幼教协助区教研活动中，工作室展示的“泥叫吹”课程受到县教研室领导和听课教师的好评；所撰写的相关论文《浅谈基于乡土资源——“泥叫吹”园本课程的实施路径》获信阳市 2018 年教育教学活动一等奖，《校地合作探索特色园本课程》获信阳市学前教育优秀论文二等奖，《农村幼儿美术教育浅析》获信阳市学前教育优秀论文三等奖；2018 年 9 月，在信阳市优质课评比中，“泥叫吹”园本课程“送礼物”获市优质课二等奖。

2017 年 11 月，为了拓宽幼儿视野，增长幼儿知识，让幼儿亲近自然、感受生活，淮滨县直机关幼儿园依托工作室成立了园本主题实践活动课程小组。课程小组以《幼儿园教育指导纲要（试行）》《3—6 岁儿童学习与发展指南》为指导，多次召开研究会议，从本地与本园实际出发，充分挖掘符合教育目标和价值的内容，将其纳入幼儿园园本课程体系之中。课程小组确立了此次主题活动周期，讨论集中教育教学活动课程表，确定活动的时间、内容，从而使本次主题活动更加贴合本地实际，更加贴近幼儿生活。在本次主题活动的开展中，教师们采用了灵活多样的教学方法，融合健康、语言、社会、科学、艺术领域的学科知识，并延伸至区域活动，进行多元化拓展，极大丰富了幼儿的相关认知和经验，优化了幼儿的学习环境，提高了教学效果，提升了自身的专业能力。

四、联盟研修，资源共享

为深入贯彻《河南省教育厅关于深入推进中原名师培育工程的通知》（教师〔2015〕774 号）精神，落实中原名师培育工作的各项目标任务，充分发挥中原名师的示范、引领、辐射、带动作用，提升幼儿教育省级名师、省级骨干教师培育对象的教育教学和科研能力，推进河南省中小学幼儿园教师梯队攀升体系建设，工作室与中原名师刘梅、弯丽君共同成立幼儿教育工作室联盟。

2017 年 11 月 21—25 日，工作室联盟进行了第一次研修活动。来自全省 11 个地市的 43 位省级名师与骨干教师培育对象，以及周口市 6 个市级名师工作室成员共计 120 多人，齐聚周口市实验幼儿园。大家怀揣着对教育事业的一腔热情，对学前教育美丽的梦想，来参加此次集中研修活动。在三天的活动中，学员们通过专家讲座、同课异构、观摩幼儿园等系列活动，对幼儿园的课程理念有了新的认识。大家相互学习、探讨交流，彼此影响、相互促进，均获得了不同程度的提升。

2018 年 10 月 14 日，工作室联盟第二次集中研修活动在漯河市市直幼儿园隆重举行。来自三个工作室的省级名师、骨干教师共 45 人，以及符丽、弯丽君、刘梅的工作室成员等参加了此次集中研修活动。本次研修活动为期五天，以“专业引领、交流探讨、共同提升”为宗旨，进行专家讲座、同课异构、课题开题、组织观摩、推广应用交流等活动，力争实现“名师引领、资源共享、优势互补”的教师专业发展和学校教育的全面发展。集中研修让参训教师在彼此了解的基础上，更加坚定“虽然一个人可以走得更快，但一群人可以走得更远”这个信念。学员们纷纷表示，一定会拿好接力棒，传承责任，不负使命，勇于担当，关注思考今天的教育，做幼儿教育探究的实践者、改革者。

五、互帮互助，共同进步

中原名师符丽幼儿教育工作室成员通过学习、交流、教学相长，个人的专业素养成长迅速。成员刘艳艳连续两年被信阳市基础教育科聘为市级示范园复评工作组成员。

2017 年 8 月，成员刘艳艳、刘俊杰被淮滨县教体局任命为县栏杆中心幼儿园副园长，韩宏杨、刘婷婷被任命为淮滨县直机关幼儿园业务主任。

成员韩宏杨被聘为 2017 年“国培计划”——河南省网络研修与校本研修整合培训项目送教下乡式集中研修活动学前教育学科授课专家；韩宏杨、石明杰、代莺歌被县基础教育教学研究室聘为学前教育学科兼职教研员；张海霞被中国教育电视台聘为“信阳市中小学教师信息技术应用能力提升工程网络研修培训（30 学时）”项目辅导教师。

六、砥砺思想，促进提升

在阅读中思考，在实践中反思，在写作中表达，这是教师必经的专业发展之路。因而读书笔记、课例分析、教学随笔等成了教师每次活动必做的功课。大家读书、思考、实践，并将思考与实践的成果用文字记录下来，撰写能力逐渐增强。

2015—2018 年，中原名师符丽幼儿教育工作室成员在市级以上刊物共发表论文 7 篇，获奖 4 篇。主持人符丽在核心期刊发表论文 5 篇，成员刘艳艳在国内期刊发表论文 1 篇，成员刘俊杰在国内期刊发表论文 2 篇，成员张海霞在国内期刊发表论文 3 篇，成员李锐在国内期刊发表论文 1 篇。其中，张海霞撰写的论文《浅谈教师如何制定幼儿游戏规则》获河南省中小学教师教育教学研究成果二等奖。

七、今后的努力方向

几年来，中原名师符丽幼儿教育工作室虽取得一些成绩，但我们深知，在成长的路上任重而道远。以后工作室将继续为教师专业化成长搭建平台，以教育教学一线教师为基本队伍，强化培育人员的辐射力和感染力，创建和谐、愉悦、向上的工作环境，以“教育：唤醒自主成长的种子”对教育本体和教育使命进行思考，做“幼儿在场”的教育，唤醒每一位教师自尊需求、归属感需求、自我发展需求，使教师自主成长为“博爱、广才、创新”的河南幼教人。

案例九：中原名师常明学前教育工作室

一、工作室的组建

（一）工作室组建背景

教育乃立国之本。教育的好坏关系到国家的未来。作为肩负教育责任的教师队伍，承担着社会未来发展的重任、提高全民整体素质和社会教育质量的重任，因此教师队伍的培养尤为重要！为进一步发挥中原名师的示范引领作用，加强学科教学团队建设，引领学科教学快速发展，全面提升我省教师队伍的整体水平，河南省教育厅于 2013 年启动了中原名师培育工程。2014 年，洛阳市教育局经综合推荐考评，命名了第二批 28 个名师工作室，中原名师常明学前教育工作室便是其中之一。

中原名师常明学前教育工作室成立于 2014 年 5 月，隶属于洛阳市教育局，扎根在洛阳市实验幼儿园的“沃土”之上，截至 2018 年共有名师、骨干教师 18 人。近年来在党的十九大和习近平新时代中国特色社会主义思想指引下，秉承“巩牢平台，集结智慧，孵化成长，实践辐射”的发展理念，不断汲取和努力探索学前教育的前沿理论和发展规律，建立了阶梯式名师培养模式，培育出一批“教育思想先进，教学风格独特”的幼教名师。借助名师工作室这块“阵地”，在幼教系统内，出色发挥了“教学引领，授课示范，育教辐射，带动发展”作用，为学前教育质量的提升做出了突出贡献。

（二）名师工作室成员职责

根据幼教特点，按照年龄、岗位、教学特长等召集了幼教行业内的优秀教师，分别是：主持人常明，洛阳市实验幼儿园园长兼书记，中原名师培育对象，擅长幼儿美术教学；助理魏和平，洛阳市实验幼儿园业务园长，三十余年教龄，具有丰富的教学经验和业务管理经验；助理赵巧玲，洛阳市实验幼儿园后勤园长，将近三十年教龄，具有丰富的教学经验和管理经验；成员王利晓，洛阳市实验幼儿园保教主任，省级名师，擅长幼儿舞蹈创编、音乐教学；成员李佳，洛阳市实验幼儿园教师，市级骨干教师，擅长幼儿歌唱教学；成员张瑞瑞，洛阳市实验幼儿园教师，市级骨干教师，擅长幼儿语言教学、音乐教学、幼儿舞蹈教学；成员赵斐，市直二幼保教主任，市级骨干教师，擅长幼儿舞蹈教学，尤其在幼儿体操编排上有丰富的经验；成员孔晓莺，市直二幼办公室主任，擅长电脑信息技术应用和文字的编写；成员郑佳，六一三幼儿园骨干教师，擅长幼儿语言、美术教学；成员樊秒丽，六一三幼儿园教师，擅长幼儿音乐教学；成员张璐，六一三幼儿园教师，擅长幼儿体育教学。上述教师具有先进的教育理念，宽阔的发展眼界，精湛的育人技巧，突出的教学能力，特别在为人师表方面具有显著的示范性和影响力。我们这个团队自组建后定期聚集在一起研究教学，探究教学趋势，交流教学经验，分享彼此成果，可以说实现了智慧的集结和资源的共享，起到了对内凝聚引领、对外辐射带动的作用。

二、工作室的发展目标

（一）名师的内涵

什么是名师？顾名思义，名望高的教师，指在教育领域中有重大贡献和影响的学者、教师等。名师的境界不是看其知识积累的多少，而是看其思想境界的高低。名师成长的阶段，要经历三个层次：争做名师—做好名师—做有思想的教育专家。

（二）名师工作室的内涵

1. 工作室的定位

以“专业引领、同伴互助、交流研讨、共同发展”为宗旨，以教育科研为先导，以课堂教学为主阵地，以网络为交流载体，融科学性、实践性、研究性于一体的研修团队。

2. 工作室目标

中原名师常明学前教育工作室吸引同一领域名师、骨干参与，具备良好的师德、先进的教育思想，开展教育教学研究与实践，并以课题研究为重点，搭建教学相长的交流平台，充分发挥区域内的示范、引领、辐射、带动作用。以学习为主导，以研究为主体，以工作为主线，以课堂教学为主阵地，立足教育教学实践，通过名师引领、实践反思、同伴互助、专业引领、团队合作等方式，积极探索优秀人才成长培养机制，促进教师的专业发展，培养一批教育思想先进、教育风格独特的高素养的优秀学科骨干教师。

3. 工作室的特色

工作室的特色是名师工作室品牌塑造的内核，也是名师工作室的名片。如何在名师独具魅力的教学思想的基础上建设名师工作室的特色，是名师工作室的主持人一直思考的问题。一是如何对“工作室特色”做更好的诠释；二是如何带动工作室团队的发展，着力打造名师工作室特色，促进教师专业成长；三是作为名师工作室，如何基于特色引领下发挥示范、引领、辐射、带动作用。

如何形成特色呢？这是一个漫长而痛苦的提炼过程，需要遵循幼儿的特点，还要遵循教师的内心，既要简单明了，还要坚持不懈。经过缜密思考，我们工作室经历以下三个步骤：

步骤一：分析学科特点，寻找适合的特色内涵。陶行知先生曾提出：“我们没有生活外的课程，也没有课程外的生活。”从孩子们人生的第一天开始，生活即与他们密不可分，生活中蕴含着取之不尽的教育资源，学习可以说是随时随地发生的，所以在幼儿园一日生活中皆是课程。幼儿园的一日生活包含集中教育教学活动、区域活动、室内外游戏、生活活动及一日常规的培养。因此，我们提炼出第一个关键词：生活。

步骤二：分析幼儿的年龄特点，寻找特色的定位。游戏是幼儿的基本活动，游戏最符合幼儿的身心特点、认知水平和活动能力，能最有效地满足幼儿的需要，促进幼儿的发展。游戏就是幼儿的学习与工作，游戏活动能够最充分地反映与体现幼儿学习与发展的主体性。基于教育对象的年龄特点，游戏就成为我们锁定的第二个关键词。

步骤三：分析学前教育的最终目标，诠释工作室的特色内涵。《3—6岁儿童学习与发展指南》中指出，学前教育为幼儿的后继学习和终身发展奠定基础，实施科学的保育和教育，让幼儿度过快乐而有意义的童年。一个快乐、多彩的童年，往往能够形成日后活泼开朗的性格及乐观、向上的生活态度，为幼儿一生发展奠定基础。因此，快乐教育尤为重要，幼儿快乐地学习、教师快乐地工作，幼儿与教师共同发展、快乐成长！经过认真的思考，我们工作室的特色定位就逐渐清晰了，即“在生活中快乐游戏”。

4. 工作室的发展

为实现工作室的实效作用，促进工作室的发展，我们进行了三项修炼。

一是愿景修炼。规化工作室的发展，凝聚教师团队的力量。首先，制定了发展思路。中原名师常明学前教育工作室自 2014 年成立以来，在《3—6 岁儿童学习与发展指南》《幼儿园教育指导纲要（试行）》的带领下，发挥“教学引领，授课示范，育教辐射，带动发展”作用，体现幼儿教师“一专多能”的特点，成为孕育名师的摇篮、教师成长的平台，为名师搭建平台，帮助其形成独特的教学风格。促进教师梯队建设，带动幼教队伍的整体提升。其次，不断充实工作室发展对象。2014 年有主持人 1 名，助理 2 名，成员 8 人，共 11 人；2015 年新加入市优秀名师 1 人，市名师 2 人，共 14 人；2016 年新加入学前教育硕士 1 人，学前教育学士 1 人，共 16 人；2017 年又加入两名省级名师，目前共 18 人。最后，设定预期成果。培育出一批独具教学风格的省、市级名师，培育出一批实践型幼教骨干，总结形成一套良好的名师工作室运行方式及实施办法，向中原名师工作室的目标迈进，形成较为成熟的《名师工作室成果集》。

二是心智修炼。营造幸福文化，促进名师团队和谐发展。为了教师们的身心健康，营造和谐、愉快的工作氛围，用心打造“幸福生活、快乐工作”的主体文化。“幸福生活、快乐工作”旨在通过轻松的环境创设、温润的人文关怀等引导工作室成员热爱生活，用心感受生活中的幸福，拥有良好健康的心态，以快乐的态度面对工作。

三是学术修炼。提升教师专业素养，建设学习型队伍。幼教的专业特点是重“弹、唱、跳、画”等技能的学习，轻“说、写、研”等科研能力的塑造。为此，中原名师常明学前教育工作室提出打造“完整教师”的想法，培养全面发展的幼教人才。通过专家引领、名师结对、教师讲堂、专题研讨、课题带动、观摩教学、研修成果等方式，提升学术素养。

三、工作室的活动开展

中原名师常明学前教育工作室从成立以来，一直扎扎实实开展各种活动，以此促进教师成长，发挥示范辐射效应。

（一）理论引领，提升工作室成员的专业素养

学术理论是名师工作室发展的内驱动力。为确保中原名师常明学前教育工作室有担当、能作为，我们把学术研究和理论攻坚、特色发展作为团队发展的重中之重，抓紧抓好。

1. 提炼教学主张，提升专业成长

教学主张是教师对教学的理性认识和见解，是教师教学个性最集中的表现。它源于教育经验，生于教育过程，长于科学理论的引导。

有没有明确的教学主张，是衡量一位教师是否成熟的重要标志。工作室成员在名师工作室特色的基础上，结合自己的实践经验，初步提炼出自己的教育思想，形成教学主张。在实施中，名师工作室的老师形成了各具特色的教学主张。具体有魏和平的“快乐玩，有效学”，赵巧玲的“健康生活，快乐阅读”，王利晓的“播撒阳光的爱，用心做事用爱育人”，李佳的“乘着音乐的翅膀，幸福成长”，张瑞瑞的“紧紧抓住生活中的教育契机来培养幼儿的良好品质与学习能力”，高桂荣的“以智慧启迪智慧”，黄春风的“创新从培养幼儿的能力开始”，马好婵的“业精一分千千滴，爱心一颗花万朵”，陈静的“多媒体手段——让幼儿语言活动更精彩”，吕芳的“尊重幼儿从一日生活做起”，马丹的“兴趣引学习，实践出真知”。

2. 探讨教学热点，解决问题难点

每月定期召开教研例会，开展工作室活动安排、课题研究及教研探讨等活动，坚持理论与实践紧密结合。开展“月聚”活动，针对教育教学中的热点、难点，聚集群体智慧进行研讨培训，促进教师们在交流中研讨，在研讨中碰撞，在碰撞中感悟与提升。

3. 聆听名师讲学，拓宽专业视野

工作室还多次邀请专家进行专题讲座，提升教师的专业能力。

4. 倡导自主学习，汇集教学能量

为了帮助大家提高学习的有效性，讨论专业学习的内容，工作室给每位成员订阅了《幼儿教育》《早期教育》《学前教育》等幼教核心刊物。坚持每周自主阅读与及时记录为主，并在第一次集中会议时为每位成员准备精致的笔记本，便于摘录与分享。在每月读书沙龙活动中大家畅所欲言，交流心得。

5. 开展教师讲堂，分享交流经验

教师讲堂是教师们分享教学经验、交流教学心得的平台，也是教师们展示自己、自我提升的舞台。

（二）示范引领，有效发挥工作室的辐射带动作用

针对不同层次与不同类型幼儿园的自身特点及需求，工作室进行有计划、有目的的指导。通过讲座培训、下园指导、送教下乡、教学研讨等多种方式，最大程度地发挥工作室的示范、引领、辐射、带动作用。

自 2014—2018 年，工作室针对不同对象开展了 13 次专题讲座、12 次送教活动，以实际行动示范引领教学。

（三）师徒结对，引领学员教师创出特色与成绩

1. 师徒结对

为了更好发挥名师示范、引领、辐射、带动作用，名师工作室的每一位成员均担任青年教师的导师。成员们对结对子的学员教师进行了系统的指导，从活动设计组织到实施反馈，从说课预教到随堂点评，从教育实践工作到课题指导，全面系统地带动学员教师的专业成长。在建设上积极探索“定位导引、互助攻坚、深度实践、快速推广”的培育方式，努力培养出一批“能研究课题，可解决实际问题，善授课帮扶”的优秀名师和一批“思想端正、魅力十足、业务精钻”的专家型骨干。从上好每节课开始，努力钻研、勤学好问，从思想上到业务上全面提升；严格要求自己，以身作则，积极做好“传帮带”工作。

2. 交流学习

优质课观摩是教师相互交流、学习的平台，也是师徒思想碰撞、迅速

提升的交流学习形式。每学期，工作室都会进行成员和学员教师优质课观摩活动。观摩展示中，学员教师对教学目标的设置、活动过程的游戏化设计、操作材料的制作、多媒体课件的应用等都做了精细的准备，在组织教学的过程中也充分展示出了丰富有趣的教育手段、灵活机智的教学能力和科学合理的教学方法。课后，名师、工作室成员和学员教师集体研讨，各抒己见，在肯定成长的同时，也为学员教师完善教学提供了宝贵的意见。

（四）依托课题，提升成员整体素养和教育科研能力

教育科研是促进教师专业成长最有力的平台。教师成为研究者，不仅促进了教师的专业成长，提升了成员整体素养和科研能力，还推动了学前教育的不断进步。工作室所有成员均参与到课题研究中，目前课题“区域游戏活动中幼儿学习与成长的研究”“3—6 岁幼儿阅读兴趣与习惯的实践研究”“3—6 岁幼儿球类游戏多样化的实践研究”“儿童折纸教学研究”“交互式电子白板在幼儿园文学活动中的应用研究”“区域游戏活动中幼儿自主性学习的叙事研究”“幼儿园中大班剪纸课程的研究”均已结题；课题“信息技术环境下幼儿歌唱教学方式变革的研究”正在研究中。工作室以课题研究为抓手，在实践中研究，在研究中反思，以研究促教学发展，以研究促教师成长。

中原名师常明学前教育工作室是幼儿教师协作交流的优秀平台，是学前教育快速发展的绿色渠道。工作室的每次活动因为相约让我们变得如此期待，工作室的每次畅想因为目标让我们变得如此努力。

四、今后的努力方向

在上级领导的大力支持下，依托北京师范大学的教育指导，目前我们形成了“洛阳幼教工作室联盟”新发展格局，各工作室也有了更多相互交流学习的机会。但是我们也深深感受到，名师工作室在前进的道路上需要有进一步的提升和突破，因此分析原因，激活工作室的内在发展，让工作室建设真正“活”起来。

（一）“活”在思想

名师的定位在于示范、引领、辐射、带动，而工作室的引领不仅仅是一次、两次教学活动的指导、推动，而是需要对教师教学思想起到引领作用。

（二）“活”在动力

名师工作室不是一个人在前进，而是一个优秀团队在努力前行。定期进行头脑风暴，凝聚合力，畅想目标，团队中的每个成员都满载活力，在团队核心力的引领下充分发挥积极能动作用，才能促进工作室滚动式的增容与发展。

（三）“活”在方法

名师工作室的建设是一项长期发展、不断创新的过程，因此，要让名师工作室不断注入新思想、新方法。如真正实现名师培育、名师孵化的目标，就要从方法上“活”起来，给名师建立宽松、自信的平台，从一个工作室发展为若干个小的名师工作站，点面结合，以自主学习、合作探究式的小组活动实现相互学习、交流提升，对于成绩突出的工作站给予合适的奖励，大胆肯定其工作，从而让教师突破自我、提升自我、改变自我。同时，也实现名师工作室建设的突破和发展。

（四）“活”在多元

多元化的信息时代，需要打破传统思想，突破领域界限，多元化地学习，收集多方信息，让名师工作室拥有超强资源库。组织方面也需要多元化的形式整合资源，运用现代信息技术，节约时间提高效率。

（五）“活”在成果

名师工作室是学科教学成果凝练的重要基地，因此，要组织工作室成员及时总结、提炼、验证在实践中形成的教学研究成果。让成果内容“活”起来，要有著作、有课题、有材料、有视频、有教育思想的展示，要有教育特色的彰显，要有成长轨迹的记录，要注重拓宽成果。

人，因梦想而伟大，因团队而卓越！相信在省教育厅的指导帮助下，名师工作室的成员会更加努力，带领队伍在教育领域中绽放更夺目的光彩！

第三节　教师发展学校篇

案例一：激发名师新时代活力，推进教师高质量发展

——漯河市高级中学　王海东

一、教师发展学校基本概况

漯河市高级中学，1948 年建校，现有南北两个校区，总面积 533 亩，2018 年在校生 7000 余人，教师 380 人，其中正高级教师 1 人，副高级教师 133 人，中原名师 1 人，特级教师 4 人，国家级名师 1 人，国家级骨干教师 2 人，教育部公派留英学者 4 人，省教育教学专家 1 人，省教师教育专家 2 人，省级学科带头人 6 人，省级骨干教师 7 人，拥有研究生学历者达 96 人，市级优秀班主任 100 余人，市级优秀教师 500 余人次。另外，漯河市高级中学还充分利用社区教育资源，聘请一部分社会知名专家、学者担任兼职教师、名誉教师，建立了一支专兼结合的教师队伍。

教育教学改革成效显著，积极推进“有效教学、学本课堂”，开发“三维六元”卓越课堂模式，坚持培养“卓越型”领军人才的教学目标。引来北京、四川、内蒙古、广东、云南、重庆等省（区）、市学校及教育专家前来交

流学习，以及中国教育科学研究院、中国教育电视台、《中国教育报》、《人民教育》等科研机构、媒体的关注与研究。

近 5 年，有 5 名学生获河南省青少年科技创新大赛 8 个一等奖；在漯河市教学质量评估测试中，各项指标均居全市第一；连续 14 年夺得高考前十名占有率、应届生上线率、重点大学进线率和净增长率全市第一。高考连创辉煌：获河南省状元 1 次；省第二名 3 次；漯河市近 10 年文理科状元 20 个，漯河高中占 16 个；近 5 年有 56 人被清华大学、北京大学录取。

漯河市高级中学办学成绩卓著，成为清华大学、中国科技大学、中国人民大学、武汉大学优质生源基地，被评为河南省首批示范性普通高中、省新课程改革样本校，首批“河南省普通高中多样化发展试点学校”，是漯河市唯一一所申办全国示范性高中的学校、全国教育科学规划教育部优秀科研基地、全国师德建设先进集体、全国教育系统先进集体、全国教育创新示范学校、全国“学本教育”联盟示范校和副理事单位、全国课改名校、全国素质教育示范校、中国卓越学校、全国特色中学、中国百强中学。

中原名师王海东高中语文工作室成立于 2014 年 5 月。主持人王海东，为正高级教师，核心成员为在全省选拔的省名师 28 人、省骨干教师 14 人，一般成员为漯河高中、漯河五高、临颍一高、舞阳一高等 10 余所城乡高中的 36 名语文骨干教师。

二、教师发展学校建设

（一）理念目标

1. 教师发展理念

“要让名师名副其实，要让骨干教师真抓实干，要让普通教师突破普通圈框”，这三个“要让”是中原名师王海东高中语文工作室促进教师发展的指导理念。

2. 教师发展目标

“蓝青传承，点面效应；名师担纲，百师挈领”，是漯河市高级中学教师的发展目标。

“蓝青传承，点面效应”，就是要发挥名师与工作室成员教师的蓝青传承作用，就是要发挥名师与工作室成员教师的以点带面效应，就是要结成两个对子，一是让名师与核心成员教师结成师生对子，二是让核心成员教师与普通成员教师结成互助对子，使得名师的教育理念得以纵向和横向传承。

“名师担纲，百师挈领”，就是要发挥名师的主导教育作用和众教师的共振教育作用。“名师”的“师”，不仅在于其可以为学生之师，更在于其能为教师之师。学生之师，只能教授影响一批有限的学生，而教师之师，却能教授影响一批老师，而一批老师中的每一位老师都能够教授影响一批学生，产生的是一种层层渗透的影响，发挥的是一种梯队建设的作用。

“蓝青传承，点面效应；名师担纲，百师挈领”，就是要立足漯河市高级中学，点亮漯河，辐射全省，影响全国。

（二）组织建设

1. 教师发展“双线”特色组织管理模式

漯河市高级中学依托中原名师工作室，积极深化管理机制改革，加强教师发展组织建设，摸索出“双线”特色组织管理模式。“双线”特色组织管理模式，是指“校长—教务处—教研组—备课组—教师”与“校长—年级主任—政教处—班主任”双线结合的组织管理机制。

“校长—教务处—教研组—备课组—教师”的一线管理中，学校实行班子成员包年级、包教研组、包教师的“三包”教学管理机制，以实现条块结合，分级管理，使学校形成管理、指导、服务三位一体的新格局。

“校长—年级主任—政教处—班主任”的二线管理中，学校努力实现学校管理、年级管理、政教管理和班级管理的无缝衔接，实行定点定时坐班制、班级管理量化评比制、周总结周检查制、作业检查督导制、纪律卫生巡查制、周例会制度等举措，加大对年级和班主任的管理和督查力度，做到细化管理，追求实效，任务明确，责任落实，形成人人有责任、层层抓落实的管理格局。

2. 名师工作室“123 复式立体培育”体系

中原名师王海东高中语文工作室“123 复式立体培育”体系，即一个中心、两个区域、三层框架复式立体培育体系，见图 3.3–1。一个中心，就是以中原名师王海东为一个教师培育体系中心；两个区域，就是校内和校外两个培育区域；三层框架，就是名师—校内、校外核心成员—校内、校外普通成员有机结合而构成的培育框架体系。

一个中心，是构成一个优秀工作室的核心元素。名师的教育教学水平、思想境界、管理水平和研究方法，都决定着这个工作室的发展水平、发展强度、发展高度和发展方向。中原名师王海东高中语文工作室的主持人王海东，为漯河市高级中学党委书记、校长，国务院特殊津贴专家，全国“五一”劳动奖章获得者，中原名师、正高级教师，特级教师，河南省教育教学专家，省首届教师教育专家，全省普通高中课程改革先进个人，省科技创新标兵，省首届时代教育风云人物，全国优秀科研校长，中国管理科学研究院学术委员会特约研究员，河南师范大学和郑州师范学院特聘教授。他有能力成为这个名师工作室的核心元素，并能够担当起促进整个工作室发展的重任。

两个区域，是构成一个优秀工作室的空间要素。中原名师王海东高中语文工作室含有校内和校外两个培育区域。校内培育区域为名师直属培育区域，在这个区域，主持人王海东对教师培养方略和课题研究可以做到随时开展、随时研讨、随时指导、随时调整、随时改进。该区域是主持人王海东可以躬身蹲守、随时关注的理论研究与实验的创新区域。校外培育区域为名师定点培育区域，在这个区域，主持人王海东对教师培养方略和课题研究可以做到分散研究，博采众长，培养主体教师，带动群体教师。该区域也是名师工作室的理论研究与实验成果得以迅速推广和有效传播的拓展区域。同时，两个区域中都有以省级名师、骨干教师为代表的科研教师群体。这样，校内和校外两个培育区域，既具有分散培育的灵活性、实效性，又具有集中培育的规模性、效能性。

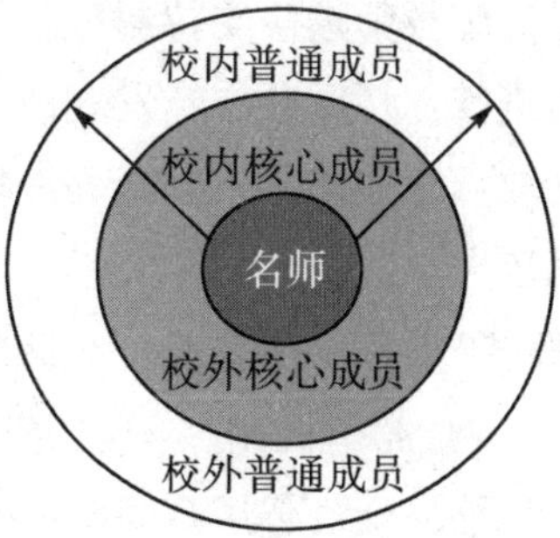

图 3.3–1　“123 复式立体培育”体系

三层框架，是构成一个优秀工作室的动力要素。名师培育是教师培育体系的第一层框架，是工作室教师培育的动力源要素；它分为名师自我发展和名师对工作室成员的培育两个有机部分。核心成员教师培育是教师培育体系的第二层框架，是工作室教师培育的动力传承要素；它分为核心成员教师自我发展、名师对核心成员教师的培育和核心成员教师对普通成员教师的培育三个有机部分。普通成员教师培育是教师培育体系的第三层框架，是工作室教师培育的推动力要素，它分为普通成员教师自我发展、名师对普通成员教师的培育和核心成员教师对普通成员教师的培育三个有机部分。

一个中心、两个区域、三层框架，相互交融，相互影响，相得益彰，形成一个复式立体的教师培育体系。

（三）制度建设

1. 建立激励机制

（1）提升机制。一是坚持“五课两会”制度。“五课”即普通成员教师汇报课、过关课，青年教师优质课，名师示范课及教研观摩课。“两会”即每月初的集体研讨会和每月中旬的理论学习会。将名师工作室成员的日常教学工作、教育科研工作和理论学习工作有机整合，并使之制度化、规范化、常态化、长效化，以保障名师工作室工作的有序有效正常开展。二是实施“青蓝工程”。“青蓝工程”即新上岗教师和高级教师签订师徒合同，以老带新，以老促新，以老推新，帮助新教师尽快成长，尽快成才，“青出于蓝而胜于蓝”。三是实施“一三五成才工程”。“一三五成才工程”即采取各种措施，力争让新入职教师一年过关，三年成熟，五年成才。四是实施教师进修支持制度。学校制定教职工常态学习研修制度，为教师学历进修、订阅杂志、发表论文、出版著作等提供资金支持和平台支撑，推动教师专业提升。五是外派培训学习。选派骨干教师参加北京大学、北京师范大学、东北师范大学、河南大学、河南师范大学的优秀教师提升培训课程班学习，打造了一支高素质的教师队伍。

（2）竞争机制。一是全面实行教师聘任制度。坚持实施持证上岗、量化考核、全员聘用合同制，在核编、定岗、定责的基础上，通过双向选择，竞争上岗，以岗位提能力，以职位促发展。二是开展同课异构赛课活动。采取对同一教学内容用不同的风格、方法、策略进行教学竞赛的方式，增强竞争意识，提升竞争能力，提高教学教研水平。

（3）奖励机制。一是开展名师评选活动，即按照“十佳”“十杰”

的评价标准，通过优质课、示范课展示，评选“十佳教师”“十杰班主任”，以及拨发科研经费等精神物质措施激励教师成名成家，促进教师发展。二是实行工作量津贴制度。按各人的工作量发放工作量津贴，打破大锅饭式的平均主义，多干少干不一样。三是实行考勤奖励制度，奖勤罚懒，鼓励大家积极探索，奋力进取。四是实行业绩奖励制度，做到干好干坏不一样，鼓励和增强教师名师意识。这项制度的实行与目标管理、量化考核、双向选择等制度挂钩，密切联系，积极发挥促进教师发展的有效激励作用。

2. 建设培养机制

为了落实“要让名师名副其实，要让骨干教师真抓实干，要让普通教师突破普通圈框”这一教师发展理念，中原名师王海东高中语文工作室施行了“自研公研复合研究青年教师培养”体系，见图3.3−2。在这一体系中，以名师自研为核心，带动校内、校外核心成员自研和校内、校外普通成员自研。因此，名师自研培养项目，校内、校外核心成员自研培养项目和校内、校外普通成员自研培养项目三个部分构成了“三级自研培养”体系。围绕名师，四类自研成员形成的外弧大循环为名师公研，两类核心成员形成的上弧循环为核心成员公研，两类普通成员形成的下弧循环为普通成员公研。名师公研培养体，校内、校外核心成员公研培养体和校内、校外普通成员公研培养体三个部分构成了“三级公研培养”体系。在“三级自研培养”体系的基础上，实施“三级公研培养”体系，二者形成有效的自转力和公转力，从而自觉保持相互间的引力，共同推动青年教师培养体系的“恒星系统”可持续运行。

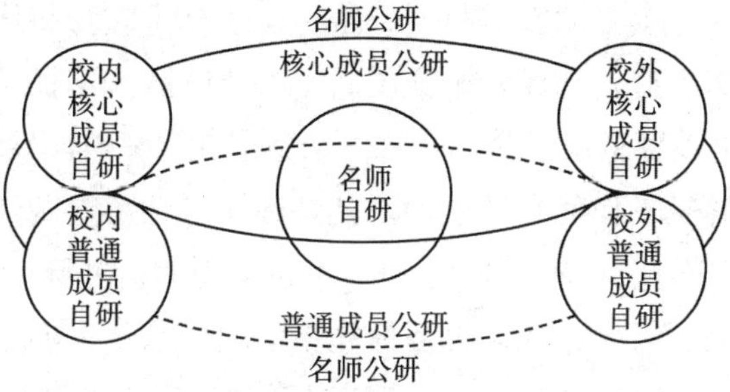

图 3.3−2 “自研公研复合研究青年教师培养”体系

3. 制度保障

(1) 修订了《漯河市高级中学章程》，为深化教育改革、促进教师发展、维护教职工合法权益提供了有力保障。

(2) 建立了一套系统科学的评审制度和质量评估制度，构建新入职教师发展目标、骨干教师发展目标、优秀教师发展目标等，根据不同的发展目标，确定不同的教学、教研、创新等发展指标，积极建立激励机制，促进和帮助教师成长，使教师发展得到制度保障。

三、教师发展学校工作开展

漯河市高级中学紧紧围绕学科建设和人才培养的目标，以全面提高教师队伍素质为中心，以培养学科带头人和骨干教师为重点，多管齐下探索培养人才渠道，努力开创师资队伍建设新局面。

（一）坚持内涵发展，打造微型教育科研团队

一方面，如果要提升名师工作室的业务能力，就要加强教育科研，走内涵式发展道路。另一方面，由于名师工作室成员遍布河南省各地市，经常性地组织教育科研活动有一定难度。为了破解这一难题，在这条内涵式发展道路上走得更加坚实，工作室实施了打造微型教育科研团队，低重心运行策略。名师工作室以每一个核心成员教师为一个教科研细胞核，加上两个及两个以上普通成员教师，构成一个教育科研细胞；三个及三个以上教育科研细胞或一个县的教育科研细胞，构成一个教育科研细胞群；一个市的教育科研细胞群，构成一个微型教育科研团队。这样，每一个教育科研细胞，每一个教育科研细胞群和每一个微型教育科研团队，就内部而言，都能做到教育科研工作的互帮互助；就外部而言，都能做到教育科研工作的联系整合。在教育科研过程中，分，可化整为零，进行小分队作战；合，可进行纵队整编，联合作战。灵活性和整体性相结合，促进教育科研工作向深度和广度、纵向和横向发展，从而做到教育科研工作的内涵式发展。

（二）开展课题研究，引领教师持续发展

先进的教育思想是教师的灵魂，也是教师成长的精神营养。为了提升名师工作室成员的成长速度，使其尽快成才、成名、成家，工作室积极引进先进的教学理论——全国教育科学“十二五”规划教育部规划课题“‘少教多学’在中小学语文教学中的策略与方法研究”，并在此基础上，整合升华，形成课题网络，以推进工作室成员教师教育科研理念的革新。“少教多学”有利于实现教学重心转变为以学生的学为中心、以课堂教学与学生课内外自学相结合、传授知识与培育素养并重的轨道上来，有利于开阔教师的视野，在更高的层次上开展教学研究，使教师在专业发展方面有更加广阔的天地，有利于促进教师向专家型和学者型教师转变。在此基础上，工作室形成一种崇尚学术，崇尚研究的氛围，这是保障工作室教育科研和教师专业化发展的有力内在机制，推动名师工作室的可持续发展。

（三）注重教学方法，实施推广“三维六元”卓越学习模式

中原名师王海东高中语文工作室首创了“三维六元”卓越学习模式。这个学习模式的基本理念是卓越，关键词是问题导学、思维建构、个性发展，意在为问题导学筑基，创建学本课堂，实现卓越发展。“三维”即过程、工具、课型。过程的内容包括结构预习、对话探究、回归评价（即“导学案”，简称“一案”），工具的内容包括问题生成评价单、问题解决评价单、问题拓展评价单（简称“三单”），课型的内容包括问题发现生成课、问题展示解决课、问题拓展提升课（简称“三课”）。“六元”指学生学习过程中自学、合学、探学、展学、评学、拓学的六种元素。“三维六元”卓越学习模式最终实现培养卓越型的领军人才的教学目标。

这种模式的特色可以概括为“教学有效，课堂高效”。此模式下，“问题导学”是基础，“学本课堂”是根本，“卓越发展”是目标。它实现了由“教”的课堂向“学”的课堂转变；实现了学生由被动等待学习走向主动展示学习，逐步学会自主合作探究学习，学生学习能力、评价能力、管理能力与日俱增，简言之为由“懒惰型”学生走向“勤奋型”学生；实现了教师由“教知识”走向智慧指导学习，由强调自我、张扬个性、勤奋讲授走向收敛个性、智慧指导，简言之为由“勤奋型”教师走向“懒惰型”教师、“导演型”教师。

“三维六元”卓越学习模式不仅解放了学生，成就了个性发展，同时解放了教师，成就了专业发展。广大教师既尊重差异，让学生学会、会学，又各有特色，让学生好学、乐学。教师除了获得本身专业知识的完善提升，更获得了人生的一种体验，生命的一种张扬。从讲书者到教书匠再到教育家的转变过程，既是专业的成长，又是人生的历练，更是教育的真谛。教师在专业成长过程中，体验到成长快乐、人生幸福。教师的角色在专业发展过程中得到了更加科学有效的定位，教师的导师作用尤为突出，由教导者变成了学习者、参与者、激励者，由主导者变成了引导者、启发者、诱导者、促进者、合作者，由主演者变成了导演者、策划者，由领导者变成了服务者、协作者。师生则由对立者、对应者变成了学习共同体、共同学习者，由答案的拥有者变成了答案的探究者、完善者、提高者。学校通过这一模式找到了教师专业化发展之路，打造出了一支人格完善、学识渊博、业务精湛、业绩超群、学生喜欢、社会敬重、幸福快乐的卓越名师队伍。

（四）坚持“引进走出”，创新教师发展方式

名师工作室采用多种形式培养青年教师：一是交流活动、研究课题、讲座、培训等途径；二是自学与集中学习相结合、理论和实践相结合、平时上课与教研组活动相结合等方法；三是坚持“引进来，走出去”形式，即一方面引入专家开展讲座、培训加强青年教师培养，另一方面工作室骨干教师不断被邀请到本省、本市的兄弟学校传经验、做示范，还多次应邀远赴深圳、云南、重庆等地的学校作报告，组织当地学校学生进行有效教学实地实践，使得青年教师有了更优质的历练条件和更广阔的发展平台。

（五）注重内在修养，加强师德师风建设

教育事业，是以育人、树人为宗旨的特殊事业，而作为这项事业践行者的教师，其言行、学识，尤其是道德品行，对教育主体起着潜移默化的重要影响，因而育人当先育己，树人必先正身，学高才能做人师，德高方可为世范。名师工作室在进行师德师风建设过程中，以“热爱学生，教书育人”为核心，以“学高为师，德高为范”为准则，以“强烈的责任意识和甘为人梯的奉献精神”为动力，以“做人民满意的教师，办人民满意的

教育”为不懈追求，发扬“团结协作，无私奉献，锐意进取，追求卓越”的“漯高精神”，坚持一手抓成员教师教育科研技能的提高，一手抓师德师风建设。两手抓，两手硬，相辅相成，相得益彰，取得显著成效，做到了修德以立人，正风以立校。

四、教师发展学校未来展望

漯河市高级中学创建中华卓越名校战略中长期发展规划分为三步：第一步是从 2001 年到 2005 年创建成为河南省首批示范性高中，第二步是从 2006 年到 2010 年创建成为区域性开放型中心学校，前两步已如期实现；第三步是从 2011 年至 2020 年创建成为中华名校，实现高层次、全方位、多领域、可持续育人的战略决策，现已获得 2012 年全国课改名校，2013 年全国教育创新示范学校，2015 年中国百强中学，2016 年中国百强中学，2017 年全国素质教育示范校、全国特色中学，2018 年国内影响力的河南十大教育领军品牌、中国百强中学等称号，今后要在增内涵、强质量、重实效上发力，努力实现中华卓越名校战略。

漯河市高级中学创建中华卓越名校战略，共有三个组成部分——内涵型中华名校、高质量中华名校、实效型中华名校。

（一）内涵型中华名校

高层次课改、高水平科研和名优师资是内涵型中华名校的主要体现。高层次课改，即学校要进一步完善“三维六元”卓越学习模式，培养出更多、更好的卓越型领军人才。高水平科研，即教师利用最先进的教学理论、最前沿的教育科研理念，进行科学、系统、深入的教育科研工作，促使更多的教师向专家型和学者型教师转变。名优师资，即学校要完善教师专业化发展之路，打造出一支人格完善、学识渊博、业务精湛、业绩超群、学生喜欢、社会敬重、幸福快乐的卓越教师名师队伍。

（二）高质量中华名校

素质教育、学生素养和学业能力是高质量中华名校的主要特点。唤醒学生的“卓越”意识，让学生的自我教育促成越来越多的“名牌学生”，培养出德才兼备、具有卓越能力的自主创新人才，是高质量中华名校的卓越目标。名校孕育名师，名师哺育英才，英才为名校增质。

（三）实效型中华名校

影响力、认可度是实效型中华名校的主要衡量标准。漯河市高级中学要凭借其深厚的文化底蕴、崭新的时代精神、先进的教育理念、辉煌的办学业绩，继续发挥名校品牌效应和优质教育资源的示范引领作用，继续做实做大做强学校的品牌，继续通过引进来、走出去和集群发展等方式，提升卓越品牌影响力，增加优质教育拓展认可度，示范漯河，光耀中原；引领河南，辐射全省；增辉中华，影响全国。

案例二：主动探索，志在卓越

——郑州外国语学校　司德平

一、教师发展学校基本概况

郑州外国语学校系河南省首批示范性高中，教育部首批确定的全国十三所具有保送生资格的外国语学校之一，国家科教合作促进高中科技后备人才培养项目实验学校，“双一流”建设高校优秀生源基地。郑州外国语学校的培养目标为“中西文化融合、智慧人格并重、本土情怀与国际视野兼备的高素质预备人才”。自 1983 年建校以来，郑州外国语学校高扬“文理兼长，外语突出，全面发展”的素质教育旗帜，坚持以培养学生“个性张扬，特长发展，素质全面”为重心，努力培养“优一等，高一格”的预备英才学生，为学生的终身发展奠基。学校形成了以“严、细、深、实、快”为标志的干事创业新作风，以“肯干、能干、多干、干好”为标志的干事创业新境界，以“倡导两个服务——服务教学、服务师生”为标志的干事创业新态度。培养目标、职业定位等学校文化的价值取向已经深入郑州外国语学校师生人心，成为师生共同的价值追求和行为方式。

2013 年 7 月和 2015 年 12 月，郑州外国语学校两次被河南省教育厅授予河南省教师发展学校，同时，分别成立了中原名师郑美玲初中语文工作室、中原名师司德平高中物理工作室。另外，学校设有郑州市名校长王中立工作室、郑州市名师司德平高中物理工作室、郑州市名师曹四清高中数学工作室、郑州市名师司德平高中物理网络工作室、郑州市名班主任李俊英工作室、郑州市名班主任石长玉工作室、郑州外国语学校王俊博士高中物理工作室。

自 2007 年起，高中录取分数线连续 11 年蝉联郑州市第一，保送生人数占河南省保送生总数的三分之二以上。高考一本率 95%—98%，每年考入清华大学、北京大学 50—60 人，985 高校 600 多人。近年来，在中国著名百强高中排行榜中位列全国第 10 位左右，河南省第 1 位；在全国自主招生百强高中排行榜中位列全国第 6 位左右，河南省第 1 位。2018 年学校有教职工 300 多人，其中，中小学正高级教师 7 人、全国优秀教师 3 人、河南省特级教师 8 人、河南省教育教学专家 7 人、中原名师 2 人、中原教学名师 1 人、享有国务院特殊津贴专家 1 人、享有省政府特殊津贴专家 2 人、河南省优秀专家 1 人、河南省学术技术带头人 1 人。学校先后荣获全国教育系统先进集体、首届全国文明校园、省级文明单位、省级平安校园、河南省教育科研实验基地等荣誉。

二、教师发展学校建设

（一）理念目标

树立“名师群体”理念，使更多的教师成为名师，形成“郑外名师群”。构建平台梯级培养，群体发展主动超越。培养 70 名达到市级名师条件的校级名师，30 名达到市级名班主任条件的校级名班主任，20 名胜任自主招生和各项辅导的高水平教练员；培养一支能胜任大学先修课程教学实施的高水平教师团队，为大学先修课程的开设提供师资保障。青年教师任教 3 年合格率达 95%，任教 5 年成熟率达 90% 以上。

提高教师学术素养和学术水平，3 年内至少确立 3 项市级课题，2 项省级课题，1 项国家级课题；争取 3 年中发表教育类文章 30 篇，省、市获奖论文 100 篇；打磨省、市级优质课、公开课、观摩课、交流课等 20 节左右。至少有 3 个学科研发并印制符合我校学生特点的教学辅助资料或教师共享资料。

引领教师形成以“教师定位认同”“学生培养目标认同”“四干精神为评价标准的认同”为三个侧重点的学校文化的共同价值取向，努力形成观念新、素质高、有个性、能创新并与学校特色创建相适应的教师团队。

（二）组织建设

学校教务处、教科处、竞赛部依托中原名师工作室、郑州市名师工作室、郑州市名班主任工作室、教学研究指导组、教研组和年级组，积极主动地保障青年教师、骨干教师、梯级名师的培养与发展。强化教学研究指导组和教研组的引领和督导作用，同时，突出年级组在教学组织实施与分析评价过程中的积极协调作用。

（三）制度建设

1. 建立激励机制

（1）专业引领。学校坚持 6 条路径为主的引领：一是发挥教学研究指导组的具体指导与辐射带动作用，引领教师专业发展。二是开展小课题研究，研实践之困难，解实践之疑惑。三是探究以“思悟”为中心的课堂教学改革，促进教师教育理念、教学方式的转变与优化。四是组织高水平的外出观摩和针对性的培训，借鉴国内外先进的教育理念与现代教育技术。五是实施教师进修支持制度，推动教师专业提升。学校要制定教职工常态学习研修制度，为教师学历进修、订阅杂志、发表论文、出版著作等提供资金支持和平台支撑。六是积极打造 3—4 个在郑州市乃至河南省有影响力的学科，通过学科建设引领教师专业发展。

（2）岗位竞争。不断完善双向聘任制，引入竞争机制，优化教师队伍，促进教师队伍整体素质的大幅度提升。

（3）考核评价。优化整合学校教育教学常规，传承郑州外国语学校教育管理优秀传统，努力做到守正出新。利用教职工代表大会等形式广泛征求教师意见和建议，定期对学校教学常规要求进行优化与完善。同时，不断完善绩效工资考核办法和其他教师工作激励办法，认真贯彻“多劳多得，优劳优酬”的激励原则。从教务处等处室职员入手，严格教育常规管理，强化“两个服务”的思想意识，提升“两个服务”的能力与水平。对教育教学各项常规检查，认真建立“有布置必检查，有检查必反馈，有反馈必整改”的管理机制，确保学校教育教学管理环境的公平有序和不断优化。学校要不断探索和完善绩效工资体制下的教师福利待遇提高办法，在不违背相关政策和法规的前提下，努力实现“既规范又提高”。

2. 建设培养机制

（1）师德建设。建立并完善师德典型激励机制。要加强教师职业理想和职业道德教育，增强教师的责任感和使命感，形成“强校必先强师，强师必先强德”的学校氛围。教师要关心学生，严谨笃学，淡泊名利，自尊自立，以人格魅力和学识素养教育感染学生，做学生健康成长的陪伴者和引路人。按照市教育局中小学教师职业道德考核办法，进一步加强师德考核，将师德表现作为教师考核、聘任和评价的首要内容。同时，继续寻找郑州外国语学校“最美教师”，坚持师德先进个人民主推荐制度和多级表彰制度，不断深入挖掘身边的榜样和典型，多渠道宣传和表彰，使教师在师德修为方面学有动力、学有榜样。

（2）分层培养。学校坚持全员性的“校本培训项目”，主要有：面向新进教师的“岗前培训”，面向青年教师的“基础培训”，面向成熟教师的“提高培训”，面向骨干教师的“专题培训”，面向名师或准名师的“需求培训”。制定教龄3年内青年教师的培养办法，建立依托“名师工作室”的成熟教师“提高培训”机制与平台，为优秀教师的成长提供帮助。

（3）积极促进和帮助青年教师专业成长。成立由教务处主管的“青年教师培养服务团队”，制定“指导与服务”制度，引领和帮助青年教师尽快成长。要更新理念，创新办法，使青年教师尽快传承郑州外国语学校师德要义，提升教育思想、提高教学能力、更新专业知识。培养内容要注重和教学实践相结合，注重和常规教学管理相结合，注重和青年教师的特点相结合，激发兴趣，扎实有效。有计划地开展各种形式的说课、讲课以及青年教师学术论坛等活动，要给青年教师提供教学展示的机会，创造开阔教育视野的机会，经常开展经验交流。学校学科指导组要积极创新办法多途径培养、指导青年教师，努力通过专家引领、同伴互助、个人研修的途径促进青年教师专业水准快速提升。同时完善青年教师成长激励机制，使青年教师认识到个人成长与学校发展历史任务的紧密联系，把个人专业能力持续成长和学校教师队伍不断优化相结合。在整体优化的过程中，提升自我，使郑州外国语学校在向全国最著名中学迈进的路途中能够尽快脱颖而出。

（4）发展平台。学校创造条件引导和支持青年教师制订和完成个人三年专业发展规划。在制订个人发展规划的基础上，开通专业学习、教学实践与教学反思“三个渠道”，搭建公开课、教学论坛、科研工作、教育管理比赛“四个平台”；完成选修课、展示课、课题研究、特色项目创建、教育信息技术软件制作“五大任务”，使青年教师能够在最短的时间内主动成长、迅速成长。

（5）学科团队。教务处要创新管理办法，引领教师强化教研与学术交流意识，寻找校内外、跨学科、同学科交流的有效途径，形成具有郑州外国语学校特色的“内引外联多渠道，兼容并蓄广吸纳”的学术交流模式。开展优秀年级组、教研组评选活动，强化年级组、教研组、备课组、学科教学研究指导组“四组建设”，逐步使年级组、教研组、备课组形成我校特色或达到优秀年级组、教研组标准与要求。增强年级组的教学协调作用，定期召开年级教学工作会，在课程实践和学习效果巩固方面统一协调，交流提高。充分发挥教研组的学科研究作用，实实在在地开展教研活动，使教研活动更扎实、更新颖、更有效、更受欢迎。强化备课组的活动内容、时间、地点、主持人的管理，建立机制实现教育智慧资源共享。通过公开课、优质课、研讨课展示制度进行学术探索与交流。学校要制定制度激励教师主动承担展示课任务，坚持校级、协作区、市级、省级公开课、优质课、研讨课的逐级推荐制度。学校设立课堂教学专项奖励经费，不仅奖励优胜者个人，而且奖励所在的教研组或以获奖者为主的团队，具体办法由教务处制定并不断完善。教务处每学期按思悟课堂理念的标准，安排 20 节以上的校级公开课，鼓励教师主动承担。公开课要与校内交流、托管学校交流、教学开放周等活动相结合，学校要制定政策引领和督导。

3. 制度保障

积极完善促进和帮助教师成长激励机制。成立由教务处主管的“青年教师培养服务团队”，制定“指导与服务”制度，引领和帮助青年教师尽快成长。

继续探索教职工评价激励机制。教务处要修订我校现有的教师评价制度，积极探讨教师评价新机制；办公室要在原有评价办法的基础上修订行政人员的评价办法，引导行政、服务人员积极主动地为教学服务、为师生发展服务。

坚持学习激励机制，开展读书活动，营造书香校园。坚持给教师订一份专业杂志，给班主任订一份班级管理杂志，为教职工发放优秀图书，鼓励教职工撰写读书报告，开展多种形式的读书报告会；在校学生每年至少读一部名著、名人传记或自己喜爱的图书，并撰写读书报告；设立郑州外国语学校读书专项奖励，每年至少表彰一次，鼓励师生读书、读好书，营造良好的读书氛围，打造书香校园。

三、教师发展学校工作开展

（一）“青蓝工程”项目

学校坚持教师分层培养机制，使各层次和各层级的教师明确各自的发展方向和目标。面对青年教师实施“基础培训”，进行每年一次的教学比武活动，使青年教师的能力得以提升，教学风格得以张扬，促进青年教师成长为骨干教师；面对骨干教师实施“专题培训”，为其成长提供更高的平台和舞台，促使其成长为研究型教师；面对名师、特级教师实施“需求培训”，推动他们以研究者的身份，学习研究教学模式与环节，参与教学研究过程，提出研究问题，并在教育教学实践中提出行动策略，然后应用于实践，最终成为学者型教师。发挥名师、特级教师在继续教育计划中的引领作用，发挥学科指导组、名师工作室的作用，通过各种有效措施，如带教制度、举办专题短训班、面向全体教师开设讲座等方式，以老带新，促进新老教师共同成长。

（二）头雁培育项目

以校级学科高地建设为平台，培育“一超多强”高水平的学科团队：在全省乃至全国中学学科教学领域具有一定的影响，能够把握河南省中学学科课程与教学改革的方向，参与国家、地方课程与教学发展政策的制定。在“郑外名师群”的基础上，形成5名左右的“首席郑外学者”，对外作为郑外学者型教师的代表，对内作为学科导师引导学校课程教学改革，指导和带教中青年教师的成长发展；形成10名左右“郑外学者”，学有专攻，教有专长，教学成绩优异，成为学校的主要学科带头人和学校课程教学改革实践的核心力量。

（三）阿基米德项目

该项目主要是为教师特别是中青年教师找准和提供专业发展的平台和

支点，实施个性化教师培养。学校以资源倾斜、能力强化、荣誉吸引、优胜劣汰为导向，初步形成“点、线、面结合”的特色培养方案，使教师能够在合适目标引导下，实现个人专业化自主发展。点，即培育和建设好学科竞赛教练员、大学先修课程讲授员、科技创新教育辅导员“三大员”的跨学科教师团队；线，即学校每年聘请20位不同学科的大学教授，担任领航教师培养导师；面，即要求每一位教师具有驾驭一门必修课、开设一门选修课、指导一门活动课和辅导学生自修的能力。

（四）T台展示项目

学校借助一些全国高端学术会议，全方位、多角度地为教师提供学习、交流、展示的平台和机会。面向全国，学校每年开展一次郑州外国语学校思悟课堂展示和交流会，举办一次全国著名高中协作体“同课异构”交流会，召开一次全国拔尖学生培养项目学校师资培训和经验交流会。适时举办不同学科的高考创新与展望高端研修会等。遴选一批学校教改项目面向教师实施课题招标制，通过给予一定经费支持，使得教师在自我价值实现的过程中构筑起郑州外国语学校的特色高地。

（五）思悟课堂深化项目

经过多年的实践与探索，郑州外国语学校思悟课堂教学模式已经逐步在教师中展开。思悟课堂以学生的“领悟”为目标，以“以思论教”为理念，以“突思促悟”为策略。学校将继续完善、发展思悟课堂模式，逐步形成教师的常态课。不仅关注学生的学业水平提升，更关注学生在学业水平提升过程中的代价付出和学习体验，努力实现较高学业水平与较低学习代价、较好学习体验的和谐统一。

发挥学科指导组作用，坚持教师课堂教学评议制度，教师教学反思制度（每位教师每年至少开设一次校内公开课，每年至少撰写一份教学反思报告），不断规范学校考试的命题、改卷、成绩分析和反馈制度。鼓励教师在思悟课堂思想下独创个人化教学模式，形成个人教学特色，整体推进思悟课堂教学的有效性。

四、教师发展学校未来展望

在传承郑州外国语学校传统文化的基础上，努力创设一种能激发每个人的才智和发挥创造力的校园文化环境，尽可能提供学生按需选学的教育教学环境、教师按需施教的专业成长环境、高校按需选才的学生发展环境，努力把学校建成示范郑州、代表河南、辐射全国的实验性、学术性的全国著名中学。

这一愿景具体阐释为一个发展指向、两个发展特征、三个办学定位，代表着学校新一轮发展的方向和力量。

（一）一个发展指向

迈入全国著名中学行列，这是学校新一轮发展的具体使命和愿景。

（二）两个发展特征

1. 实验示范

学校要主动承担国家、河南省及郑州市高中教育改革先行探索的实验任务，探索示范新时期高中教育人才培养，特别是拔尖人才培养的新路径。探索现代化教育改革，使学校成为先进教育思想和经验的教科研基地。

2. 学术内涵

学术性既是全世界优秀高中的共同特征，也是“未来人”所应具备的基本素养。支撑“学术性”素养形成必须具有责任使命和满腔热爱，必须通过交往、碰撞、批判、反省来培养独立的思想、创新的精神和尊重包容的胸怀，还必须在深度学习的基础上掌握科学的研究方法和思维方式。从内涵上来说，即追求学校教育思想的现代化、教育制度的现代化、教育内容的现代化、教育方法的现代化、教育实施的现代化、教师队伍的现代化。

（三）三个办学定位

1. 示范郑州

继续发挥学校品牌和优质教育资源对郑州市的影响、示范和带动作用，在教育教学改革上成为郑州市高中教育改革和人才培养模式创新的引领者和先行探索者。

2. 代表河南

继续做大做强学校的品牌，在传承郑州外国语学校文化的基础上，把学校打造为不断开拓创新的具有郑州外国语学校特色的河南一流高中，使学校在河南全省实验性、示范性高中里保持领跑的发展态势，能够代表河南，成为河南高中教育的亮丽名片。

3. 辐射全国

在以前发展的基础上，学校要继续向成为全国著名中学的目标发展。学校将通过各种手段拓展和体制创新在全国范围逐渐扩大影响，要将郑州外国语学校成功的办学经验、独具特色的管理模式和课程体系在全国范围推广，为全国的高中教育做出自己应有的贡献。

案例三：促教师专业发展，提园所保教质量

——周口市实验幼儿园　刘　梅

教师是保证学校办学水平、提高教学质量的关键，是学校力量的主体，是教学改革中最活跃、最有创造性的因素。教师的成长离不开自身的努力，也离不开各种形式的培训和交流。师资队伍建设是学校一项长期具有战略意义的重点基本建设，特别是当前教师队伍正处在新老交替的关键时期，更需要建设一支职业道德高尚、业务勤于研究、科研勇于探索、充满活力的教师队伍。建设教师发展学校旨在帮助教师不断更新教育观念，不断发现和解决问题，不断调整自己的教学行为，逐渐提升专业水平，真正实现在教学实践中的成长。

一、教师发展学校基本概况

（一）幼儿园基本情况

周口市实验幼儿园位于河南省东南部，始建于 1981 年，占地面积 6600 平方米。2006 年被评为河南省示范幼儿园，2018 年拥有一个总园和两个分园，共 42 个教学班，1500 多名幼儿。在编教职工 170 人，是一批师德高尚、专业精湛的品牌教师，本科学历教师占 92%，教师资格合格率达 100%。其中，中原名师 1 人，省特级教师 5 人，省、市级骨干教师 30 人，省、市级名师 16 人，省级学术技术带头人 15 人，省、市级优秀教师 44 人，市专业技术拔尖人才 5 人，是全市幼儿教育的领航者。

（二）幼儿园教师专业化发展中存在的问题与发展诉求

1. 发展优势

（1）幼儿园班子队伍精良。幼儿园有一支和谐合作、敢于担当、善于管理、注重实效、特别注重教师专业发展的领导班子队伍，有一支爱岗敬业、师德高尚、业务精良、优质高效的教师团队。

(2)幼儿园管理科学规范。在管理方面，推行目标管理制、考勤登记制、教学评估制、活动评比制、卫生保健检查制、安全责任追究制、奖罚激励制等一系列制度，形成科学的管理体系，确保各项工作正常有序、严谨周密地开展。

(3)幼儿园名师工程初见成效。教育成败，系于教师，建设一支高素质的教师队伍，是扎实推进素质教育的关键。幼儿园依托名师工作室，以幼儿园为阵地、以教师为主体、以活动为载体，形成了比较成熟的培养体系，培育出一批奋发型、研究型、专家型教师。

(4)幼儿园教育教学成绩突出。幼儿园先后获得国家级语言文字规范化示范校、全国优秀家长学校、河南省示范幼儿园、河南省文明单位、河南省绿色学校、河南省安全管理先进单位、河南省级卫生先进单位、河南省中小学二级食堂、河南省消防安全教育示范学校、河南省教师发展学校、中原名师刘梅幼儿教育工作室、周口市先进基层党组织、周口市学前教育送教下乡先进单位、周口市幼儿园观摩研讨先进单位等荣誉称号；周口市“五一”劳动奖、周口市幼儿园教师模拟教学比赛及创造性游戏比赛组织奖、周口市2018年度中小学幼儿园优秀自制玩教具优秀组织奖等奖项。幼儿园有6位教师获得河南省教育科学研究优秀成果奖，有3位教师分别获省级优质课一等奖、二等奖，有8位教师获得河南省教育科学研究优秀成果奖，有27位教师获得市级优质课奖励，有9位教师分别获得全国幼儿园游戏自制玩教具展评活动二等奖、三等奖，有5位教师获得周口市校本课程评选一等奖。

2. 现阶段存在问题与发展诉求

(1)教师的年龄结构趋于年轻化，专业知识结构不强，骨干教师缺乏，急需改善。知识是形成智力和能力的重要因素，幼儿园教师队伍的知识结构应该由学历、相应的文化科学知识、教育理论等组成。幼儿园自2009年以来，相继招聘教师116名，招教的教师虽充满激情和热情，但理论知识欠缺，知识结构不够全面，专业知识更是匮乏。新老教师出现青黄不接的现象，需要大力培养年轻的骨干教师，而年轻教师刚踏上工作岗位不久，要成为骨干教师还需要一定时间的磨炼和打造。

(2)教师接受继续教育的热情不足。教师虽对继续教育和专业发展需求持认可态度，也愿意提升自身的综合素质、更新教育观念、拓展加深学科专业知识，特别是在教学基本功、现代化教育手段运用能力、教育教学能力、教育理念上都希望通过培训、学习得到进一步的提高，但却不愿付出过多的时间去主动学习，在课题研究中遇到困难就放弃，畏难现象突出，亟待园方通过不断加压，积极创设环境，激励教师从内源上认识到专业成长的重要性，从而增加学习的主动性，通过系统的指导提升自身素养。

二、教师发展学校建设

（一）理念目标

实验幼儿园秉承“一切为了孩子”的教育理念和培养“快乐自信、合作交流、锻炼能力、获得发展”的教育目标，注重工作的务实、创新，不断提高保教质量，为孩子们健康和谐发展奠定坚实基础。

1. 打造周口市幼儿园教师教研、教师教育、课程发展基地

与周口市教育局基础教研室、周口师范学院、周口幼儿师范学校等高等院校合作，整合基础教育高端人才，共享资源，建设有利于教师专业发展的一体化长久机制。

2. 创设教师学习与研究的条件和氛围，引领教师专业素养持续有效发展

幼儿园通过园本培训、外请专家来园指导、教师外出参观学习、日常培训、教师集体与分组教研等各种活动，创设促使教师终身学习与不断进取的文化氛围。

3. 提高师资水平，加大省级示范园辐射力度，推动周口幼教事业的发展

打造周口幼儿教师发展高地，以教师发展促幼儿的发展，充分发挥省级示范园的引领作用，加强与周口市城乡姊妹园、帮扶园及民办园的指导、交流与合作。

（二）组织机构

1. 领导机构

建立幼儿园教师发展学校领导机构——教师发展学校工作领导小组，实施“一把手”工程，落实教师发展学校园长负责制。园长刘梅任幼儿园教师发展学校工作领导小组组长，为第一责任人。副园长孙秀英任副组长，成员由其他中层管理人员担任，负责具体工作。

2. 组织管理机构

幼儿园建立了园长任组长，业务园长任副组长，保教主任及副主任、教研组长、各班班主任为组员的“河南省教师发展学校创建工作管理机构”，形成一级抓一级，层层抓落实的管理网络，帮助青年教师不断超越自我，为做好教师专业发展奠定了基础。

（三）制度建设保障

幼儿园建立教师专业发展机制，主要制度有《实验幼儿园教师量化评估考核细则》《实验幼儿园继续教育制度》《实验幼儿园园本教研制度》《实验幼儿园教师绩效工资发放实施方案》《实验幼儿园教师职务评聘标准》等，并采用家长评价、幼儿园综合评价等多元评价体系，促进教师的专业发展。对教师的师德素养、德育工作、教学能力、教育科研成果、培训情况及合作互助品质等进行全面的考核，逐步形成评价与奖惩、评价与任用相结合的发展性评价体系，用评价来促进教师水平的整体提高。

三、教师发展学校工作开展

幼儿园依托中原名师刘梅幼儿教育工作室对教师进行梯级培训，有层次、有计划、有目的地对教师进行培养，以“老带新、师带徒”的培养形式，让新老教师得到不同程度的提高和锻炼。制订青年教师培养计划、骨干教师培养计划、名师培养计划，组织教师参加省级骨干教师培训、班主任培训、课题研究培训及观摩学习省、市优秀教学活动等。同时，经常开展岗位练兵活动，如全园性的教育活动观摩研讨、专题教育活动观摩研讨、青年教师演讲比赛、三项全能竞赛、保育员讲故事大赛、炊事员烹饪比赛等，多种形式的培训活动，锻炼了教师的业务能力，提高了教师的保教水平。

（一）着力加强师德修养

加强学习党的十九大精神和政治学习，正确理解并运用党的方针、政策，提高教师政治思想觉悟。教师的职业道德水平直接关系到幼儿的健康成长，幼儿园专门成立了以党支部书记为组长的师德师风学习活动小组，通过每周的政治学习、演讲比赛、“感动一刻”、“说说我的教育故事”等活动，增强教师的职业道德观念。在连续几年的家长调查问卷中，家长对教师敬业精神与品行修养的满意度达到 100%。

（二）深入开展《3—6 岁儿童学习与发展指南》的学习和探讨

针对《3—6 岁儿童学习与发展指南》（以下简称《指南》）中各领域内容开展专题讲座和培训，为教师们答疑解惑，开展分段教研活动使教师融会贯通，通过专题培训使教师们收获颇多，并能将《指南》精神落地生根。幼儿园利用多年开展体育特色课程的经验，进一步开展特色活动——户外大区域活动，这样不仅提高了教师组织活动的水平，也发展了孩子们的各种能力，受到家长、同行的认可和赞扬。由于我园能将《指南》精神贯穿于幼儿一日生活之中，因此被周口市教育局授予“周口市幼儿园健康领域教研基地”和“周口市幼儿园社会领域教研基地”称号。

（三）强化教育教学技能培训

以中原名师刘梅幼儿教育工作室为平台，明确教师培训目标，划分教师专业梯队：引领研究型（特级教师）、榜样示范型（省、市名师，学科带头人）、奋发向上型（正在成长的年轻教师）。对于不同发展期的教师给予不同的任务驱动，引领研究型梯队主要是以研究引领为主，出思路，出理念；榜样示范型梯队主要是以实践、探索、示范为主，出经验，出方法；奋发向上型梯队主要是加强自身的学习与提高，勇于探索，不断实践，做出成绩。幼儿园广泛开展了各项园本培训，激励教师不断反思，挑战自我，提高教师的业务素质。立足本园特点，以园本教研为平台，深入开展有效教学研究，不断提高保教质量和教师素质，努力构建具有园本特色的园本课程。开展多种形式的教研活动以及教学基本功比赛，使教研工作能够真正解决教育教学中实际存在的问题。

（四）积极开发园本课程

教师是课程的实施者和执行者。幼儿园园本课程开发的过程，也是教师理解课程的过程。幼儿园成立了“周口市实验幼儿园园本教材研发小组”，组织教师采众家之长，将多元智能、主题课程等内容进行有机整合，充分挖掘本土特色，将周口的非物质文化遗产引入幼儿园课程，编写切合本园实际的园本课程，现已投入使用，让幼儿在了解这些家乡非物质文化遗产的同时也懂得了传承的重要性，丰富了幼儿的社会生活经验，真正做到了小课堂走进了大社会。

园本课程的开发，极大地推动了多种形式的教研工作，最大的收获莫过于促进了教师从工匠型向专业型的转变，从而为更好地建设优质幼儿园，促进幼儿更全面和谐的发展服务。

（五）倡导参与课题研究

幼儿园倡导教师积极承担课题，逐步成为教学专家。2016 年刘梅、牛锦华等 6 位教师的市级课题“幼儿园文化建设研究”获市级研究成果一等奖；2017 年对教师进行课题培训，当年有 18 位教师获得市级课题一等奖，6 位教师申报省级课题获得成功；2017 年 6 月，曹丽莉、周影霞等 12 位教师的市级课题“幼儿园对单亲家庭儿童教育策略研究”“隔代教育问题研究”结项；2017 年 8 月，孙秀英、朱艳丽、张媛媛等 6 位教师申报的课题“中大班幼儿餐前讲述活动对其语言表达能力提升的实践研究”被河南省基础教研室立项，正在课题研究阶段；2017 年 9 月，刘梅、牛锦华等 6 位老师的省级课题“促进幼儿园初任新教师专业成长的园本研修与实施”顺利结项；2018 年 7 月，刘梅、牛锦华等 6 位教师的课题“园本课程之社会领域的开发、实施与评价研究”获得河南省农村学校应用性教育科研课题优秀奖；2018 年 8 月，牛锦华、李莉、张丹等 6 位教师申报的省级课题“幼儿园探索型户外体育活动的实践研究”被河南省基础教研室立项，正在课题研究阶段；2018 年 9 月，刘梅、孙秀英等 6 位教师的研究报告《促进幼儿园初任新教师专业成长的园本研修与实施》获省优秀成果一等奖；2018 年 9 月，孙秀英、刘红等 6 位教师的市级课题“大班幼儿不良学习品质的行为表现与对策研究”结项。通过对课题研究内容的介绍、课题活动研讨及课题研究资料的展示等，我园教师的科研水平得到大大提升。

四、教师发展学校未来展望

（一）优化教师年龄结构，加强骨干教师培养

根据幼儿园现有教师的年龄结构，将老、中、青教师按比例组成一个梯队，使其各尽所能，取长补短。此外，加大骨干教师的培养力度。现有的骨干教师要积极发挥示范作用，成为教育教学的领头羊，不断进取。青年教师要做好个人专业发展规划，勇于挑重担，积极参加各种评优、评先活动，力争早日成为骨干教师。

（二）采取多种培训方式，促进教师专业发展

为了促进教师的专业发展，除了利用现有的培训平台，定期组织教师开展好各种园本研修，还要多组织教师进行各种培训。根据教师的年龄特点，采取不同的培训方式和内容，对中年教师采取系统学习、参观考察、网络培训等方式进行教育理念、基本功、教育现代化手段运用等方面的培训，对青年教师采取定期学习、外出听课、案例分析、讨论交流等方式进行教学活动设计、教学能力、教学反思、教育教学论文撰写等方面的培训。

（三）加大教育投入，促进教育现代化

随着教育的发展，幼儿园要逐步改善办园条件，加强硬件建设，及时增添现代化教育设备，使教师能够通过学习和练习，掌握运用现代化教育设备的方法，提高教育质量的有效性；也可以运用现代化的教育设备，加大对教师现代化教学运用能力的培训，切实解决教师在专业发展中遇到的问题，提高教师运用现代化教育手段的能力。

总之，要发展幼儿教育，教师队伍建设是关键。幼儿教师的专业成长，是幼儿教师在专业生涯中习得幼儿教育专门知识与技能、内化幼教专业规范、形成幼教专业精神、表现专业自主性并实现专业责任的历程，是教师自身素质结构持续不断更新、提升的过程。加强教师的队伍建设，加大教师专业的培训力度，努力建设一支具有高素质、高水平的教师队伍就显得

尤为重要。幼儿园深知在教师专业发展学校建设中还有许多路要走，还有许多问题急需解决，幼儿园将以园所为主阵地，有效整合各方资源，为教师的进一步发展搭建更广阔的平台，让教师在专业成长中谱写人生的快乐之歌！

案例四：从“火车头”到“动车组”

——鹤壁高中　周照鹏

中原名师是学校的品牌，他们用人格魅力和渊博的学识，促进和引领着众多教师的发展，进而推动了学校的发展；中原名师是“火车头”，在教师发展学校的建设中起引领作用，支撑并推动着学校的建设与发展。名师成就名校，中原名师周照鹏高中语文工作室自成立以来，在“火车头”效应的带动下，学校学习共同体建设更上一层楼，每个部门、每位教师都有专业发展的动力与能力，自觉规划，主动发展，从“火车头”变成了“动车组”。

一、教师发展学校基本概况

学校以中原名师工作室为引领，加强师资队伍建设，引领教师专业成长，打造优秀教师群体，全面促进各级教师专业化建设。

（一）实施“青蓝工程”系列培训

青年教师的成长是推动学校持续、健康发展的重要保障。学校注重青年教师的培养，给教师搭建更好的成长平台，使年轻教师在个人专业教学上更好、更快地成长。

1. 举办新教师的培训

学校领导和名师每年都会对新教师进行培训，以教学常规培训为重点，为新教师的专业发展提供更多的晋升空间。新教师首先观摩名师示范课例，要求他们围绕研讨专题带着问题听课，把握得失，积极参与研讨；并依照示范课例及归纳小结，将研讨专题迁移到自己的课堂教学中，在课堂实践中将研讨专题巩固、深化。

2. 通过师徒结对等措施，增强学校发展的后劲

学校每年还举办“以老带新”拜师仪式，实行一对一帮扶，三年为一期进行考核。学校每年举办青年教师基本功竞赛，对青年教师进行教学、教案、专业等方面的考核，考核形式有演讲比赛、专业知识测试、钢笔字比赛、讲课比赛等。

3. 积极倡导青年教师研究高考试题、撰写教学反思

要求青年教师每学期做到“三个一”，即在鹤壁高中学报上发表一篇高质量的教学研究论文、参与一个课题的研究、上一节优质的同课异构课，从而使青年教师做到“六个提高”：一是教育教学理念提高；二是专业知识水平提高；三是课堂教学技能提高；四是运用现代教育技术水平提高；五是教育创新能力提高；六是教育管理水平提高。

（二）实施“全员发展”系列培训考核

“全员发展”系列培训考核，着力解决教育理念、教学方式的更新，以及课程技能难题，夯实教育教学基本功。通过专家讲座、教学观摩、示范引领、教学竞赛、教师论坛、集体培训与远程培训相结合等多种方式，提升施教水平。

1. 加强师德师风建设

以立德树人为核心，以社会主义核心价值体系建设为根本，以提升教师思想道德修养和文明素质为核心，加强师德师风建设。

2. 组织同课异构活动

每学期举办校内和校外两种同课异构活动，体现资源共享、优势互补。课后开展评课和教学研讨，找亮点，谈收获，指不足，议对策，同课异构打造高效示范课堂，促进教师专业化的发展，推进整体教学水平的提高。

3. 抓好校本教研和校本培训

（1）以学科组为单位举行教研培训。在校本研训工作中，我校充分发挥教研组的有效作用。学校注重对教研活动的过程管理，做到培训时间、内容、人员、考评“四落实”。

（2）加强班主任培训。召开班主任例会，举办班主任论坛，组织班主任外出培训学习等，提高德育工作的针对性、主动性和实效性。

（3）积极组织教师参加新课程远程培训。把远程培训作为更新我校教师教育教学理念、提升我校教师教育教学水平的重要资源和机会，积极动员全体教师参加。

（4）让教师“走出去”，开阔视野。组织教师积极参加“市培”“省培”和“国培”，外出考察、学习、交流。坚持不断地学习，积极更新知识。

（5）“请进来”，邀请知名专家来我校讲学。学校先后邀请了中科院李永舫院士，《百家讲坛》主讲人、南开大学教授孙立群等名家来我校讲学，拓宽了教师的学习渠道。

（6）争办各级各类教学研讨活动。为教师创建学习和实践的机会，深化学校课程改革，提升教师专业水平，促进学校教育发展。

（7）加强互联网和信息技术知识的培训。主动应对信息技术对传统教学手段的冲击，从中找好切入点，用信息技术助推教师发展。

4. 加强备课组建设

在集体备课方面，学校进一步加强了要求和统一管理，各备课组坚持做到“三定”“四备”和“五统一”。“三定”即定时间、定内容、定中心发言人；“四备”即备教材、备学生、备教法、备学法；“五统一”即统一教学进度、统一目的要求、统一重点难点、统一作业练习、统一测验考试。

5. 加强校际业务交流

加强校际业务交流，更好地深化教学课堂改革，全面促进学校教育教学的实施，努力提高教师的业务水平。以晋、冀、鲁、豫、苏、浙全国六名校联谊会为高端合作平台，立足于办学理念探索；以中原名校联谊会为中端平台，立足于高考备考策略的探索；以豫北名校联盟为合作体的基础平台，立足于校本教研和精英培养；由安阳市第一中学、新乡市第一中学、鹤壁高中组成的交流平台，以同课异构为载体，侧重于教师教育科研和专业成长，促进教师专业化发展。

二、教师发展学校建设

（一）发展特色亮点

1. 认真落实各项课程方案

严格执行《国家义务教育课程设置实施方案》《河南省义务教育地方

课程和学校课程设置方案（试行）》《普通高中课程方案（2017 年版）》，开齐开足各类课程。

2. 以课程建设为载体，促进学校特色发展

（1）校本课程持续开发，学生性情得以修养。持续开展国学特色、航模、"快乐作文"等校本课程，为学生能够接受更高层次的教育搭桥铺路。

（2）社团活动、活动课程、实践课程、特色课程（活动）丰富多彩。积极组建成立朗读社团、课本剧社团、文学社等学生社团，为学生开设实践活动课程，强化了学生健康、阳光品格的培养。

（3）课堂教学注重培育和践行社会主义核心价值观、加强中华优秀传统文化教育。开展了"诵读经典，传承文明""中国梦激发学生进取""感恩教育，唤醒学生良知""升旗仪式，加强德育教育"等活动。

3. 根据区域特点，促进均衡发展

依托中原名师工作室和全市教研建设开展活动，致力于探索"名师工作室—市教研室—学区教研—校本教研"四位一体的教研链条，教学教研初步形成了上下联动、优势互补、协调运作的良好格局。

4. 课堂教学管理制度建设有提升

（1）教研制度、听评课制度、备课制度更科学、更精细。教研活动有规划、有主题、有方案、有反思；制定校本教研活动方案；坚持集体备课制度，保障备课质量。

（2）教学质量监控与评价、监测与评估制度更科学、更规范。对教师的教学能力、学生的综合素养进行评价，能更好地促进教师专心教学和学生全面、个性化发展。

（3）教师培训制度更有利于教师的专业成长。坚持"三个引领"，搭建"三个平台"，助推教师成长。

（二）实施"名师孵化工程"系列培训

以名师培养名师，以"名师工作室"和"名师大讲堂"为抓手，进一步发挥骨干教师的引领作用，形成名师辐射和骨干教师带动的层级培训格局，促进以名师为核心的梯队成长。

1. 启动“名师大讲堂”“名师论坛”活动

发挥名师效应，传播先进经验，更好地加强教师间的交流和学习，解决学科教学中存在的问题与困惑，打造优质课堂，提高教学质量，进一步提升教师学科专业核心素养。学校稳步推进“名师大讲堂”工作，通过选拔等活动，扩大名师和学校的影响力，不断推出更多的名师。

2. 举办“高级教师讲课示范周”“骨干教师示范课”活动

名师、骨干教师是教师队伍建设的中坚力量，他们带领广大教师聚焦课堂教学，剖析典型课例，打造优质课堂，提高教学质量，引导全校教师研究课堂、研究课型、研究课改、研究学生，这些活动的举办为广大教师提供了一个交流的平台，汲取先进的教育理念和教学方法，提升全体教师的整体素质和教育教学水平。

三、教师发展学校工作成效

学校始终围绕“规范、科学、高效”的指导思想，静下心来抓教学，一心一意谋发展，坚持培养名师、以名师发展学校的内涵建设工程，抓好“青蓝工程”、教育科研工程、“名师孵化工程”、质量提升工程、德育创新工程、全面育人工程，建设一支践行核心价值观的教师队伍。汗马耕耘，硕果飘香，学校的教学工作取得了一些成效。

（一）做好课程计划和课程建设

认真落实好国家规定的课程计划，进一步加强课程建设，积极推进校本课程和学校活动课程的规范发展。切实建立管理制度，真正推进校本课程和实践课程的实施。

（二）教学环境设施建设水平不断提升

校园环境文化的引领作用效果明显，功能教室建设标准高，为开展教学提供了有力的支撑，提升了学生的创新意识和实践能力。

（三）教学观念、教学过程、教学方法、学习方式、教学手段、评价形式转变明显

课堂上力争培养每个学生的质疑解惑能力，实现真正意义上对学生学习过程的关注。推进教育教学改革，增强教师的团体归属感。

（四）深入开展课题研究

由于教研组和教育科研工作的脚踏实地、求真务实，所以这一时期在教育科研方面也取得了丰硕成果。2008 年至 2018 年我校承担有国家级课题 25 项、省级课题 56 项、市级课题 61 项，总立项数达 142 项，已结项国家级课题 11 个、省级课题 31 个、市级课题 35 个。另外，在各级各类刊物上发表论文 400 余篇。

（五）课堂教学改革成效显著，特色教学模式精彩纷呈

积极推进高效课堂理念，开发多种课堂教学模式，取得良好的课堂效果和社会效果。教师根据学科分类不同，在学校大教学模式的基础上，构建具有本学科特色的教学模式，一校多模，一科多型。

（六）教师获得各项教育教学荣誉

截至 2018 年，全校教职工近 500 人，其中省特级教师 5 人，首批中原名师 1 人，全国“五一”劳动奖章获得者 1 人，国家级模范教师 1 人，国家级骨干教师 2 人，省“五一”劳动奖章获得者 3 人，省教育厅学术技术带头人 16 人，省级学科带头人 15 人，省级骨干教师 23 人。

（七）全面发挥示范辐射作用

在全市发挥示范辐射作用，促进教育均衡发展。本着资源共享、优势互补、深层合作、实现共赢的原则，从管理交流、教学交流、学生交流三个层面开展结对帮扶工作，实现资源共享，促进教育教学质量等全面提升，为本校教师的专业化发展以及为全省乃至全国学校的教学改革探索方向。

四、教师发展学校未来展望

学校认真贯彻党的教育方针，朴实、坚韧、执着地在改革与发展的浪潮中奋勇前行，形成鲜明特色，展望未来。

（一）师校一体、共荣共耻

学校的文化内核越强大，凝聚力就越强，确立学校共同价值观，为教师搭建平台，促进专业发展，享受职业快乐。鹤高兴衰，我的责任，成就鹤高，成就自己。学校通过各种举措，培养教师的团队协作精神，调动每位教师的积极性和创造性，使教师队伍保持强大的凝聚力和战斗力，增强鹤高教师的集体荣誉感和责任感；教师的成长又促进了学校的发展，科研课题深入开展，指导了教学，促使了教学质量的攀升。我校坚持学校的发展和与教师专业发展的统一，使二者相得益彰，相互促进。

（二）全体教师的全面发展

我校激发起全体师生教与学的潜能，分层推动，促进教师专业发展，促进全体教师的全面发展。按照教师的教龄成长历程及能力划分层次：

试教期教师（1—3 年）：实施“青蓝工程”，搞师徒结对活动，具体帮扶。从教法、学法指导，到生活问题乃至人格魅力的塑造等，以老带新，促进新生力量的迅速成长。

发展期教师（3—5 年）：主要是成熟骨干阶段，以省、市、区骨干教师为引领，以示范课为载体，深入研究教法、学法，以承担科研课题为依托，积极培养教师的创新意识和教育科研意识。

成熟期教师（5—15 年）：采取给任务、压担子、造名师的办法，努力创造契机，坚持走出去，拓宽视野，积极打造、成就名师。

倦怠期教师（15—25 年）：采取多体贴、多关怀、多理解的情感倾斜方式，重启动力源，横向联系，纵向推动，渲染造势，向校外推介，促其奋进与拼搏，形成自主提升。

更新期教师（25—35 年）：中老年教师对信息技术了解少，教学理念落后，知识储备急需更新，因此应加大培训力度，满足课堂教学和教师专业发展的需要。

（三）课堂教学常态化

切实加强学校课堂教学过程管理，规范教师上课行为，打造真实、朴实、扎实、高效的常规课堂，努力提高教育教学质量，帮助教师提高教育教学水平，促进教师专业成长，在全校教务工作会议上，实施随时推门听课的方案，对教师的教学内容、教学方法、教学效果、教案准备、课堂管理等情况进行全面检查和反馈，提出切实改进意见和建议，并共同研讨交流，寻找提高课堂效率的有效措施。

（四）教学研究常态化

各教研组长、备课组长应认真抓好两级教研活动，从教学实际出发，发现问题、研究问题，将教研工作的重心下移并具体化，积极开展教师案例研究，倡导教师撰写“教学后记”“教育随笔”“教学案例分析”，把日常心得成果化。立足学校实际，以教研组为载体，纵向深入，开展校本教研活动，使各学科组都有自己的校本教材，深受学生的好评。

（五）教学评价常态化

强化教学质量意识，构建评价指标体系，基于教师课堂教学质量的基本要求，规范课堂教学行为，设置教学评价、培训、考核、评奖、评优、岗位聘用基本规范，重视优秀等级结果评价，引导和鼓励教师重视教学，提升教学水平，促进教师教学能力发展。时时有考核，事事有评价，狠抓常规教学管理，保证课堂教学改革，促进教师教育教学水平的提高。

（六）实施课题带动策略，促进教师专业发展

以课题研究为支点，积极倡导教师做“研究者”，积极承担课题，学会教育科研，成为学科知识专家、学科教学专家。学校鼓励立项、开题、进行教改实验，并积极撰写教育科研论文。

学校的发展离不开教师的发展，教师的专业水平决定着学校的核心竞争力，培养教育理念新、教育教学水平高、教育科研能力强的教师队伍是学校可持续发展的基础。“一花独放不是春，百花齐放春满园。”名师名校两相依，有名师的学校才是有生命力的学校，有名师的学校才是有内涵的学校，有名师的学校才是有未来的学校。

中原名师周照鹏高中语文工作室已经形成了强大的辐射场，在校园内外开花，结出了累累硕果。相信在它的引领下，鹤壁高中一定会涌现出更多优秀知名的教师，也必将依靠这些名师使学校变得更加声名显赫，从而最终实现学校成为一个文化和思想的世界，一个情感和智慧的天堂，一个师生共同精彩的乐园的美丽梦想！

案例五："漫教育"理念引领下的教师专业化发展

——郑州市第二实验幼儿园 石 吟

一、教师发展学校基本概况

郑州市第二实验幼儿园是郑州市中原区教育体育局着力打造的一所高起点、高品质的现代化幼儿园。幼儿园位于郑州市启福尚都小区内，分东园和西园两个园区，占地面积共约6000平方米。

幼儿园以"漫教育"哲学为引领，秉承"一个儿童，无限可能"的教育理念，对幼儿实施科学的保育和教育，着力培养"悦玩、悦爱、悦言、悦思、悦创"的"悦宝贝"，促进幼儿健康快乐成长。我们期待通过孩子爱玩的天性，以教师的专业陪伴和专业引领促进儿童在游戏化的环境中自主自发的愉快发展。

我们结合中原名师石吟学前教育工作室的规划，有效运用名师工作室的名师引领优势和辐射带动作用，结合幼儿园教师发展的内在需要，本着为郑州市第二实验幼儿园输送优秀教师为实际目的的"适度超前"发展原则，建立了郑州市第二实验幼儿园教师发展学校。2017年7月通过考核，郑州市第二实验幼儿园被河南省教育厅授予"河南省教师发展学校"称号。

截至2018年，幼儿园有教职工20多人。其中，中小学副高级教师2人，中原名师1人，河南省名师2人，河南省骨干教师7人，郑州市名师1人，郑州市学术带头人2人，郑州市骨干教师9人。学校分别获得郑州市教科研实验基地、郑州市教科研先进单位、郑州市语言文字示范校等荣誉称号。

二、教师发展学校建设

（一）理念目标

郑州市第二实验幼儿园教师发展学校是在中原名师石吟学前教育工作

室的引领下，紧紧围绕“以教师发展促幼儿成长”的发展理念，结合我园教师队伍的现状，以培养信念坚定、业务精湛、品德高尚、自修创新的教师为愿景，按照教师工作年限、经验能力、发展路径摸索出适合教师专业成长的“五段式”培养方案，为一线教师有目标地发展明确了方向。“五段式”即新入职教师（1—3 年）——规矩中成方圆，经验型教师（4—6 年）——熟练中生巧，成熟型教师（7 年以上）——教学中独具风格，骨干型教师（10 年以上）——完善教学主张，引领型教师（15 年以上）——具有教育情怀的实践专家，见图 3.3–3。我们坚信“被爱过的人才会爱别人”。在爱的氛围中，成就每一位教师的专业成长，是我们的核心思想。

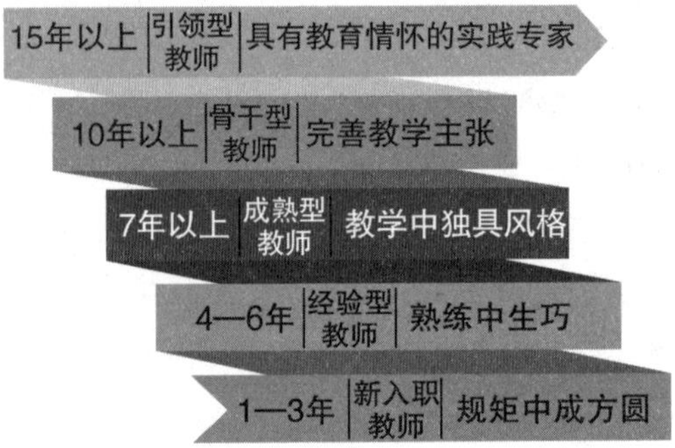

图 3.3–3　教师专业成长的“五段式”培养方案

教师发展学校基于园所教师“五段式”培养方案，聚焦教师的专业成长，旨在通过园本教研、专家培训、课程开发等多种活动形式，运用问卷调查、个案追踪等方法，探索出促使教师专业成长的路径与策略，并进一步完善教师专业成长的“五段式”培养方案，为我园教师管理机制提供理论依据和实践启示。

（二）组织建设

幼儿园依托中原名师工作室、科研小组、教研小组、特长小组和年级小组，积极主动地保障新入职教师、骨干教师、梯级名师的多层次交互培养与发展，强化教学研究指导组和教研组的引领和督导作用。同时，突出年级组在教学组织实施与分析评价过程中的积极协调作用。

（三）培养机制

1. 师德建设

我园牢固树立“以人为本、敬业奉献”的高尚师德，以营造讲学习、讲政治、讲正气、求上进的教师人文环境为目标，努力打造一支有爱心、有耐心、有责任心，具有崇高敬业精神的教师队伍。一是抓思想。我园高度重视教师的思想政治素质，一方面不断加强教师的政治学习，提高自身的政治理论水平，提高辨别是非的能力，努力做好新时代的人民教师；另一方面定期开展教师谈心谈话活动，及时掌握教师的思想动态，了解他们的所思所想，及时进行排解疏导，确保教师以良好的精神面貌面对孩子、面对同事。二是重学习。利用集中时间学习或利用业余时间自学相关指导文件、法律法规，如《3—6岁儿童学习与发展指南》《教师职业道德规范》《新时代幼儿园教师职业行为十项准则》等，通过学习、讨论，真正使每一位教师认识到师德的丰富内涵，认识到师德与育人的密切关系，以此激发教师认真思考，促进教师提升自我形象，注重修身立德的自觉性。三是树典型。榜样的力量总是无穷的。定期组织教师深入学习同行的先进事迹，如2019年9月，学习李芳老师的先进事迹，并开展“向榜样学习”征文活动。另外，我们还注重在园内树立优秀教师典型，组织教师学习身边的先进事迹，征集身边的好人好事，利用大会宣讲、宣传栏等多种形式进行宣传教育，以展示教师的良好风貌。

2. 梯队培养

我园根据教师专业成长的“五段式”培养方案，结合每个梯队教师的成长规划与需求，制订培养计划，有效促进每位教师的专业成长。新入职教师的入职培训，主要以理念认同、幼儿园一日工作流程及五大领域教学入门等内容为主。经验型教师的提升培训，主要以提高教育教学水平及班级管理、家长工作等内容为主。成熟型教师和骨干型教师的专题培训，主要以家庭教育、特长培训等内容为主，帮助他们形成自己的教学风格，完善教育主张等。引领型教师采取输入＋输出混合式培训，“输入”即根据个人需要提供精准培训，进一步提升其综合素养；“输出”即搭建平台，充分发挥其示范作用，对青年教师进行专业引领。

3. 搭建平台

为促进教师的专业成长，我园定期开展丰富多彩的活动，如读书沙龙、教学活动展示、基本功评比等；每周开展一次预约课、推门课，每月开展一次半日活动观摩，每学期组织一次教师公开课展示活动等，课后跟进园本教研，指导教师做好日常教学工作。我们还定期开展教师学指南、展师德、促专业素养提升班等活动，运用定期轮训、分散自学、分段考试等形式，帮助教师历练基本功，提升专业技能，互助共长。

（四）学习渠道

1. 阅读滋养

在教师成长的路上，最有效、便捷的方法莫过于阅读了。教师精神的成长，需要高品位阅读的滋养；教师专业发展，更需要经典教育专著的引领。为此，我园为教师量身制定了“阅读书单”，为教师的成长保驾护航。“阅读书单”围绕我园的办园理念和培养目标的六大理论支持而制定，分为必读书目和选读书目，类别包括理念类、文学类、儿童读物类、传记类等。除了幼儿园的“规定动作”，我们还为教师“留白”，让每个人根据自己的需求选择适合的书目。通过定期读书、分享读书笔记，开阔教师的视野，拓展教师的思维，从而提高教师的文化底蕴与文化修养，使教师成为有思想的教育者。另外，幼儿园坚持给每位教师订购两份专业幼教杂志，给班主任订购一份班级管理杂志，为教职工发放优秀图书，鼓励教职工撰写读书报告，开展多种形式的读书报告会。每年 3 月为我园的“耕读月”，旨在鼓励师生多读书、读好书，营造良好的读书氛围，让书香弥漫每一个角落。

2. 素养提升

幼儿园教师与中小学教师最大的不同就是专业技能方面，要会弹会唱，会跳会画，会说会玩等。为此，根据我园教师专业技能的实际情况，一方面，我们每周六上午组织教师开展“专业素养提升班”培训活动，帮助教师历练基本功，提升专业素养。每学期，开展一次教师基本功大比武活动，搭建互学共长的平台，取长补短，提升专业技能。另一方面，我们利用教师的特长爱好成立“兴趣小组”，如新闻宣传组、科研组、艺术组、体育组等，帮助教师强化特长、发展特长，鼓励教师人人有专长、人人有才艺。

3. 专业引领

我园建立了完善的园本教研制度，并积极拓展教研形式与内容，保障园本教研活动的有效性。一是根据教研对象进行分层教研，共分为三个层次：第一层为骨干名师层，教研形式为开放式教研，目标是集思广益，为幼儿园进行顶层设计；第二层为平行班教研组，教研形式是促进式教研，活动目标是互帮互助，提升研课、磨课能力；第三层为全园大教研，形式为针对式教研，目标是切实提高教师教育教学水平、做好家长工作以及解决班级存在的基本问题。这三个层级每个都是立体的，但是三个层级间并不是相互独立的，而是相辅相成的，是一个完整的教研系统。二是根据教研内容分为诊断式、案例式、培训式教研。如开学之初针对区角创设是否合理，我们在小班开展现场教研，从区域划分、材料投放、规则建立等方面进行了实际分析和现场建构；再如针对幼儿行为观察，我园运用视频案例的方法请教师运用白描式分析法进行同一案例的分析等。三是根据教研场地的不同分为“走出去、请进来”式教研。如针对在《3—6 岁儿童学习与发展指南》背景下美术活动该如何开展，我园分批次组织老师走出去观摩美术优质课教学展示活动，回园后进行讨论交流；再如数学活动的组织，我们特邀吉林省教育科学院学前教育研究所研究员、思维学具发明人魏鹏展老师，对全园教师进行“幼儿数学能力的培养和实践应用”的培训等。

我们的园本教研做到理论延展一小时——提升学习，草根教研一小时——形成特色，无生说课一小时——及时充电，集体备课一小时——研读教材，技能拓展一小时——提升素养。多层次、多方面、多项目活动的开展，有效推动了教师教育教学、专业技能等的提升，教师的学习积极性也不断高涨。

（五）课题引领

教师发展学校本着教育科研兴师、教育科研促教的发展思路，以《幼儿园教育指导纲要（试行）》《3—6 岁儿童学习与发展指南》为指导，以教师为本、以教研为先、以幼儿为重、以立项课题为统领，开展了一系列丰富的教研活动，通过规范、务实的研究，不断提高幼儿园保教质量，提升幼儿园办园品质。

1. 营造学习氛围

俗话说：“只有学得好，才能教得好。”为了调动广大教师参与教育教学改革和研究的积极性，使大家掌握课程和教研的目的、内容和方法，我园始终把教育理论学习放在突出位置，并根据每学期的工作实际，确定学习重点，再制定出培训形式和内容，如聘请专家来园作报告、教师参与性学习与培训、派教师参加各级各类培训班等，由此开阔教师视野，掌握幼教发展动态，提高教育科研能力。

2. 课题研究绽异彩

幼儿园在“漫教育”理念下，架构了园本课程——“趣课程”。“趣课程”以情绪为主线，遵循“幼儿园一日生活皆课程”的原则，包括一日生活乐趣课程、主题体验童趣课程、户外混龄野趣课程、平行走班志趣课程等内容。我园科研小组围绕幼儿园一日活动开展相关专题实践研究，如幼儿园混龄走班活动的实践与研究、大班幼儿自主体验式主题课程的实践研究、基于幼儿园“趣课程”的一日生活活动的优化研究、户外混龄体育活动中幼儿创造能力发展的个案研究等。为了保证活动的实用性，小组成员定期组织教师讨论课程内容在实践运用中的优劣，及时修改、补充、完善。经过一年多的探索实践，我园形成了以五大领域教学为主要内容的园本课程体系。在课题引领的同时，我们也邀请专家进行专项指导。无论是混龄教育、户外混班大循环还是幼小衔接，我们都聘请到全国和河南省学前教育理论实践的专家下园指导，引领我们走得更快更稳。

3. 改革教学管理模式

一是改变了备课形式——先上课后讨论。幼儿园根据主题课程的需要，编排了小、中、大班统一教材，教师根据班级孩子的年龄特点、学习经验等情况细化教案，实施教学，每周同年级组的教师针对课程实施情况进行反馈、交流，并及时修改、完善教案。这种备课形式的改变，让教师们从繁重的书写中解放出来，给他们更多的时间去研究教材、研究幼儿、尝试新的教学方法，真正达到因人而异的教学管理，充分发挥每个教师的特长和创造。二是加强自我反思。反思是教师对自己的教育行为进行分析，从中发现问题，再探索解决问题的方法，从而改进并不断提高自己教育教学的一个过程，它是园本教研的核心，是教师自我发展的有效途径。一年来，我园结合园本教研活动的开展及教师的迫切需求，加大对教师反思行为的研究，请专家进园作讲座，学习相关文章，使教师真切感受到教学反思的重要性，激发教师自觉反思教学行为的意识，并将理论与实践相结合、行为与观念相结合，鼓励教师在教育活动中勤于思考，逐步学会并掌握了反思的形式与方法，由原先单一的课后反思转变为课前、课后的反思，由反思自我逐渐转变到反思自我和幼儿相结合。在行为上真正体现教育新观念，不断提高教育策略，改善教育行为，提高保教质量，并从中体验到成功的喜悦和职业的幸福，让每位教师争当研究型教师、学习型教师，与课改共同成长。

（六）制度保障

积极完善促进和帮助教师成长激励机制。引导行政、服务人员积极主动地为教学服务，为师生发展服务。幼儿园继续建立健全相应激励机制，以机制做保证，强化过程管理，确保教师发展学校建设的正常进行，如《教师培训实施方案》、《教师考核实施方案》、各项教研实施方案、园本教研及园本培训制度等，将教师专业发展内容纳入年终考核并和教师评职、晋级、评优挂钩。继续探索教职工评价激励机制，如制定相应的学习激励机制，调动教师专业成长的积极性与主动性；逐步完善教师专业成长的评价体系，制定不同层级教师的认定标准，为研究教师成长的有效性提供依据。

三、教师发展学校工作开展

（一）专题培训——精华培训注精髓

每学期，我园会特邀市、区教研室的专家团队及中原名师石吟学前教育工作室的骨干教师团队分别从语言、数学等五大领域，活动的组织，园所理念的倡导，环境创设等方面进行全方位的解读，让全体教职工快速熟悉园所理念与教育理念的精髓，尽快进入角色。

（二）师徒结对——“一岗双师”保质量

所谓“一岗双师”，是指每位教师有两个导师，即一个是教学导师，负责给予教学指导；另一个是班级导师，负责协助指导处理班级事务。教学导师主要是在开学初引导新教师结合自己的特长选择五大领域中的优势学科，安排他们与有经验、有特长的教师结对，拜思想与业务素质双过硬的省、市级骨干教师为师。班级导师主要是实行中层领导包班制，即包班领导每天进班指导班级工作，如做环创、家长工作、实施园本课程、处理班级事务等，指导新教师积累工作经验，做好班级管理等各项工作。这一活动，同时促进新老教师的专业成长。

（三）跟岗实践——“影子”教师领方向

学期之初，我园协调辖区内的姐妹园，从孩子入园第一天开始进行为期两周的跟岗实践活动，与班上教师结为“影子教师”。学习、工作、生活在一起，跟着“影子教师”熟悉幼儿园一日工作流程，学习如何缓解小班孩子的入园焦虑及班级管理技巧等。幼儿园定期组织跟岗教师进行反馈，交流学习心得及困惑，明确目标和方向。

（四）园本教研——研训结合解困惑

我们积极拓展教研形式与内容，重视用“研训”结合的形式解决教师实际工作中遇到的共性问题。如开学之初针对区角创设是否合理，我们在小班开展现场教研，从区域划分、材料投放、规则建立等方面进行了实际分析和现场建构。

（五）多彩活动——精彩纷呈助成长

为促进新教师的专业成长，我园定期开展了读书沙龙、教学活动展示和教师学指南、展师德、促专业素养提升等丰富多彩的活动。

（六）践行课程——“趣课程”促提升

“趣课程”是我园的园本课程，是基于“漫教育”理念下架构的。在课程架构的过程中，每个教师都是课程架构的参与者、课程的执行者。目前，课程在实施完善阶段，我们每学期都会召开课程审议会，邀请专家进行指导，为课程把脉；同时，听取课程项目负责人及一线教师的反馈，了解课程在实施过程中遇到的问题，聚集体之力，进一步完善。在审议会上，每位教师对课程实施情况进行汇报与分享，讲述自己的收获与成长。我们都知道课程是流动的，每一次课程的架构、再实施的过程，对教师都是一次学习、提升的过程。

“成为我自己，我们在一起，按自己的节奏呼吸和成长！”我们相信每一位教师都是有潜力的，要用发展的眼光看待他们，更要为教师的专业成长搭建平台，帮助教师找到职业幸福和教育自信，让他们成为最好的自己！

四、教师发展学校未来展望

在“漫教育”理念的引领下，郑州市第二实验幼儿园教师发展学校将努力为全体教职工打造出有趣、有爱、有故事、有温度的“家”文化。在这个充满挑战、充满朝气、聚满人气的“家”中，当太阳冉冉升起之时，我们定会以热情、以爱心、以汗水、以能力呵护每一个家庭成员的成长。让每个孩子都能如花绽放，让每位教师像花儿一样幸福！

我们将把握“一个目标”，从“两个维度”，促进“三个成长”。

（一）一个目标

以培养“悦玩、悦爱、悦言、悦思、悦创”的“悦宝贝”为目标。

（二）两个维度

1. 理论研修

鼓励教师进行学历进修及哲学、文学、历史等通识性学习，提升自身的理论素养。幼儿园也将继续探索新时代幼儿教师专业成长的路径与策略，特别是骨干教师培养的新路径，着力打造学习型、研究型教师发展学校。

2. 教育实践

以实施师德建设工程、全员培训工程、名师培养工程，促进教师的专业发展，培养教育情怀，提升教师的职业自信与职业幸福感；以制度建设、分层管理、园本研修为抓手，促进教师专业发展的规范化、科学化、常态化，提升教师的综合素养。

（三）三个成长

1. 教师成长

继续充分发挥中原名师石吟学前教育工作室及教师发展学校的示范引领作用，利用身边的优质教育资源，采取多种途径，为园所、为中原培养更多优秀的幼儿教师，在学前教育发展中成为郑州市幼教改革和人才培养模式创新的引领者。

2. 幼儿成长

继续以“教师发展促幼儿成长”的发展理念为引领，努力把教师专业化发展与教育科研有机整合在一起，以教师为研究主体，立足园本教学，进行教育科研，不断增强教学能力，切实为教育教学服务。以教师专业的发展，促保教质量的不断提升，从而促进幼儿的全面发展。

3. 园所成长

深入推进“漫教育”“趣课程”的落地，为打造幼儿园品牌继续努力。幼儿园将通过多种形式宣传“漫教育”理念，拓展影响力，为中原幼教事业的发展做出应有的贡献。

郑州市第二实验幼儿园将以坚如磐石的信心、只争朝夕的劲头、坚韧不拔的毅力，秉承教师发展为根本、岗位练兵为平台，追求内涵外延同步发展，加强对教师的人文关怀，有效整合各方力量，为教师的专业化发展搭建更广阔的空间平台。

案例六：构建教师成长共同体　联动区域教育发展

——北京第二实验小学洛阳分校　张胜辉

前　言

《中国教育改革和发展纲要》中指出："振兴民族的希望在教育，振兴教育的希望在教师。建设一支具有良好政治业务素质、结构合理、相对稳定的教师队伍，是教育改革和发展的根本大计。"

党的十九大报告就新时代如何优先发展教育事业、加快教育现代化、办好人民满意的教育、建设教育强国提出了明确要求。2018 年 1 月 20 日，中共中央国务院《关于全面深化新时代教师队伍建设改革的意见》中明确指出："坚持兴国必先强师，深刻认识教师队伍建设的重要意义和总体要求。"

中原名师张胜辉小学语文工作室是在政府教育主管部门指导下，集教学、科研、培训等职能于一体的教师成长共同体。以名师为引领，以学科为纽带，以先进的教育思想为指导，旨在通过搭建促进中青年教师专业成长以及名师自我提升的发展平台，通过打造一支学校教育领域中有成就、有影响的高层次教师团队，依托名师工作室力量探索教师专业化成长的新方法、新途径，把工作室机制创新与运行模式和学校发展、课程管理与教师成长融为一体，来激活教师的自主发展，自我提升。通过名校的名师带领农村地区、薄弱学校的教师提高教育教学业务能力水平，从而有效推进教育均衡发展，承载新时代的教育历史使命。

一、学校基本概况

北京第二实验小学洛阳分校成立于 2013 年 10 月，是由洛阳市政府引进优质教育资源，洛龙区政府投资兴建，区教育局直接管理的一所全日制小学。学校设有英才、美茵、凝碧三个校区，92 个教学班，在校学生 4631 人。截至 2018 年，学校有在编教师 189 人，其中特级教师 1 人，中小学高级教师 3 人，中小学一级教师 66 人，中小学二级教师 119 人。特聘教育专家 2 人。

学校自成立之初，从各县区引进了一批骨干教师、名师，如何使他们融入原有的教师团队，找到新的方向定位？新入职教师多，怎样尽快进入角色快速成长？学校快速发展阶段，怎样促使教师专业化成长，实现与学生美丽相融？怎样满足社会期望，打造教育品牌，为人民提供有品位、高品质的教育服务？……这些都是学校一直不断探索的。

历经多年发展，秉承北京第二实验小学的大爱精神，以“爱育精彩”作为学校办学思想，通过办学思想的高位引领，学校管理的中位统整、教师团队的低位做实，营造充满爱的教育氛围，依托厚重的河洛文化，培育“精彩学生”，成就“精彩教师”，引领“精彩家长”，朝着“爱，让不一样的你一样精彩”的育人方向不懈追求。

二、工作室成立背景

中原名师张胜辉小学语文工作室成立于 2013 年 9 月，是洛阳市教育局通过的第二批名师工作室之一。成立之初，工作室共 8 人，其中主持人 1 人、成员 7 人，全部为区域内的洛阳市首届名师，两个学科，分布在五所学校。2016 年，随着学校的发展，为了便于开展工作，报经市教育局师训科同意，工作室又增加 15 名老师，11 名为我校的区级名师，4 名为五校联盟的校长。

中原名师张胜辉小学语文工作室作为一个综合型名师工作室，目标定位为教师专业学习的组织、教育教学研究的平台、名师骨干培养的基地、教学成果辐射的窗口，并确立了成长愿景——做有专业尊严的教育者，旨在追求最真实的课堂、最真实的教研、最真实的学习、最真实的成长。在中原名师张胜辉小学语文工作室的引领下，协属的“叶峰亮语文名师工作室”“司马会鸽数学名师工作室”“郭欣欣英语名师工作室”“秦凡丽科学名师工作室”“陈向芳少先队名师工作室”等五个名师工作室也先后发展起来。同时联通学校办公室、教务处、教科研处、教师发展中心，辐射带动洛龙区第二实验小学、行知小学、西高明德小学、定鼎门小学搭建“本真课堂”五校联盟，构建起资源共享、协同研修、共同发展的学习共同体、研究共同体、成长共同体。直面教师发展、学生成长，以问题为导向，立足课堂，关切人的终身发展，碰撞智慧，在实践、探索与创新中，助推学校乃至区域教育教学工作快速发展，不断书写精彩。

三、枝干相依，美美与共

（一）扎根向下，从心出发明方向

1995 年，年仅 25 岁的张胜辉在全乡教代会上全票当选为李楼乡桃园小学校长。他作为一名从农村学校走出的教师，成为校长后发现教师普遍存在视野不宽、底蕴不厚、修养不足的问题。

因此，自洛龙区第二实验小学 1999 年成立时，张胜辉便将“发展教师，成就学生”确定为学校的办学目标，开始带领全校教师走向一条专业化发展之路。

2003 年，张胜辉接任洛龙区第二实验小学校长一职。他再次提出“把教师的发展放在第一位”。他始终认为，一所学校能否做到“一切为了学生”，起决定作用的是教师，只有一流的教师才能教出优秀的学生，从而带动学校的发展。

2013 年，北京第二实验小学洛阳分校成立，作为一名传承名校品牌、被社会寄予厚望的新校校长，张胜辉依然选择“把教师的发展放在第一位”。他带领工作室成员多次召开座谈会，深入调研。以教师发展为本、以青年教师专业发展为抓手、以名师梯队建设为突破口，全面提高教师队伍整体素质，构建和完善以学校为基地、以现代教育理论为基础、以教育科研为先导、以教学实践为导向，指导完善学校师资的培养体系，强调“因人施训”“因需设训”，关注教师人文需求，提高教师的文化品位。坚持师德与师能同建原则，坚持专业与特长相结合的原则，坚持专家引路原则，把“教师第一”理念转化为具体行动扎实落地。

张胜辉针对教师队伍现状，借助骨干名师的示范引领，把教师发展镶嵌在教师的生命之中，将发展过程与生命成长过程自然融为一体，确定发展目标，制定发展路线，采取多种措施促进教师团队和谐、健康发展。

然而，教师的发展不是一蹴而就的，也不是齐头并进的。教师是拥有自己独特个性的个体，想要使其成为懂孩子、会教育、作表率的教师，需要做好顶层设计。结合张胜辉自身的成长经历，结合工作室各位名师的发展历程，在课题“中原名师工作室机制创新与运行模式研究”的理论指导中，中原名师张胜辉小学语文工作室依据不同教师的年龄、学历、资历、驾驭课堂教学的基本能力，梳理出适合教师个性特点的螺旋式上升的专业发展通道，逐步形成一个核心、三年规划、六个阶段的教师发展模型。教师成长可以分为六个阶段，自低向高依次为合格型教师→胜任型教师（校骨干）→成熟型教师（区、市骨干）→业务骨干型教师（省骨干、市名师）→学术带头人（省名师、省学术技术带头人）→专家型教师（特级教师、中原名师）。

教师发展的六个阶段，给教师的专业发展提供了方向和目标引领，一个个身边的名师榜样，让教师明白了成长可以有规划、有“差异”，平台共享，前景可期，通过因才培养、分时培养，鼓励教师首先有定位，其次有目标，助推学校快速健康向上发展。

（二）专家培护，核心成员一专多长

张胜辉作为工作室主持人，身先士卒，始终把理论学习、外出观摩培训作为成长汲取营养的根源，也在漫漫“求学”路上，结识了很多志同道合的好友，拜识了教育教学领域的顶尖专家。北京第二实验小学洛阳分校成立之后，他定期邀请专家到校指导工作室工作。北京大学教授陈向明的专题报告“行动研究的基本思路和方法”，是在用具体案例和教师们分享行动研究的意义；省教研室主任杨伟东的专题讲座“课题研究 ABC”，让教师们对课题研究有了更进一步的认识；全国特级教师支玉恒的专题讲座“语文教什么”、作文教学领军人物管建刚的专题讲座“我的作文教学革命”，让教师们沉浸其中。除此之外，上海师范大学教授吴忠豪到工作室指导成员叶峰亮语文课堂教学；省教研室小学语文教研员张琳老师、市教研室小学语文教研员朱爽老师多次指导青年名师的语文学科教学；工作室导师武

琼不仅在工作室主持人每年集中培训时授课指导，同时还莅临工作室参与听课、评课，亲自上课做示范引领。

名师工作室成员还通过走入北京总校、依托中原名师张胜辉小学语文工作室在北京、上海、南京等地的人脉资源，有计划地安排工作室成员及教师前往南京行知学校、上海竹园小学、秦皇岛简约教学基地、海安“华应龙和化错教育”研讨会等实地培训、观摩、考察学习。借助云平台观摩心智模式课程，解读教育部全国小学骨干校长高级研修班上华应龙校长的示范课、北京总校的优质课、心理学讲座、期末和谐团队述职、西城区优质课等内容，整合教育集团的专家资源、教育资源，借鉴北京总校教育集团学校发展、课堂教学、课程开发的路径。聘请知名专家、教研员张丽霞老师和杨建斌老师为名师工作室学科顾问，对工作室发展提供专业支持。经过思考、研讨、实践，逐步形成了个人从名师向专家型教师的转变。

（三）以点带面，教研相济共生长

伴随学校的快速发展，学校教师人数快速增加，但是教师构成群体比较复杂，既有教龄10余年，已形成自己教学风格的成熟型教师，也有刚刚毕业，教学技能比较欠缺的新教师。如何让庞大的教师团队共享智慧，快速成长，适应部编版教材全面推行下的教学要求，满足家长期待、学生成长需求，成为摆在学校面前的重要问题。

张胜辉以管理者和教育者的视野带领工作室成员，发动全校教师开展“自我革新，追求品质”的系列调研活动，从自己做起，开展“校长面对面”系列活动，走进每位教师、每位学生心田，走进各班家委会，走到家长身边，以本真课堂为导向，关切教师们的真问题，关切家长们的真心声，关切学生成长的真需要。

教师层次的显著不同，使学校在促使教师专业发展之路上有了更多的考虑。为使新加入北京第二实验小学洛阳分校的新教师能跟上学校快速而又扎实的步伐，基于教师和学校的发展，工作室丰富完善了教师发展的内涵：发展教师成就学生，实现综合素养逐步提高；发展教师成就自我，实现教师团队蓬勃向上；发展教师成就学校，以“爱”引领精彩绽放。工作室通过辅助学校确定校本研修的管理模式和基本路径，并在其中发挥工作室共同体成员的引领作用，实现教研相济，促使教师实现阶梯式成长。

1. 研管结合，提供广域成长空间

根据学校教师现状及学校各部门组成，在张胜辉的带领下，工作室研究建立了“双轨道三层级”的校本研修机制。发挥工作室核心智囊团和落地先锋团的作用，实现管、研、教同步。工作室成员本身就扎根于行政团队、各年级、各学科的教学一线，因此可以便捷地收集实际反馈，协调组织校级各部门、各年级、各学科组及各位教师。在与行政团队的共同协商中，推选委任各轨道、各层级负责人，依托学科专家和学校骨干，形成政策研读、问题导向、实事求是的多维联动体系，联动学校教师实现横向、纵向共发展。

在这个过程里，中原名师张胜辉小学语文工作室及协属工作室还着重发掘教师身边某一领域有特长的专家、具有示范引领作用的名师，让他们既做教育教学领域研讨的合作者、实践者，又做身边的引领者。以他们为骨干，开展以年级组为单位的集体备课、教学反思。通过专家辅导、理论学习的方式，以点带面，以面带群，解决教学教研中遇到的具体问题，在提升教师理论水平的同时，也逐步提高教师总结经验教训的能力。通过对实践成果进行理论上的提升和定位，发掘培养出具有教育科研能力的学校学科骨干教师队伍，为教师成长提供广域空间。

2. 个性规划，教师阶梯发展策略

在顶层设计与理念革新的支撑下，协属工作室走近教师，展开深入调查。通过分析学校发展现状、教育教学情况、教师年龄结构、师资现状、学生发展状况等，查找阻滞教师发展的原因，尝试将教学中的分层教学策略运用于教师成长中，确定了教师阶梯式发展的策略，并以“教师阶梯式发展校本策略研究”为题申报了省级课题研究；通过组织专业的学科团队，进行科学的课题研究，制定出教师阶梯式发展策略。

以工作室共同体成员为主干，学科组、年级备课组为支干，组织全体教师制订教师个人发展三年规划。详细了解每位教师专业技能、理论学习、荣誉成就、班级管理、课程开发、课题研究等各个维度的成绩与特长，明确其个性化发展需求，并给予策略性的帮扶指导。

3. 率先垂范，构建学科共同体

工作室成员积极参与学校的引领杯展示课，国培班学员观摩课，省、市、区优质课，北京第二实验小学教育集团“大爱杯”，智慧课堂展示课，与专家同台上课，五校联盟研讨课等活动，率先示范，成为青年教师的榜样。同时每名成员需帮带新入职教师，师徒二人不仅在课堂教学上互助，还在班级管理、学习培训、课程开发、为人处世等方面共学习、共成长。

工作室成员领衔各学科教研活动。周二成员赵洪涛负责英语，周三成员叶峰亮、王聪聪负责语文，周四成员马晓莹负责数学，确立学科愿景，建立学科制度，做到学科资源通用、学科平台共建、学科任务分合、学科经验共享。

工作室一直坚持开放、共享的胸怀，无论教学研讨、专家报告等都对外发出邀请，欢迎教育同人到校指导。河南省校本教研工作推进会、市级各学科教学研讨会、区级名师“1+3”教学艺术节、名师工作室联盟等活动都在我校的多功能报告厅召开，工作室成员在各种教研活动中与名家同台作课，既是锻炼又是提高，同时以自己的专业素养和学识成为学校闪亮的名片，扩大了学校的影响力。

4. 枝叶同茂，同研共学显奇彩

名师不仅仅是业务与德行方面的标杆，更重要的是能够发挥辐射影响作用，带动更多的教师展现自己的智慧，通过自己的成长，参与到学校发展和建设中来。根据学校发展目标和教师专业发展需求，经名师共同体成员提炼梳理，确定校本研修的内容涵盖以下几个方面：学科知识与教学技能，教师心理与专业发展，教学管理与学校发展，班级管理与学生成长。立足课堂，尤其重视针对教学中出现的实际问题进行主题式研修。

语文学科以“课堂文化”为主题进行系列校本研修实践。学校的课堂文化是“倾听、思考、合作、表达”，课堂教学模式为“三段式”，即课前参与、课中研讨、课后拓展。在工作室成员叶峰亮、王聪聪、潘超超、付俊祎等的组织引领下，以骨干教师示范，年级组教师通过提前备课、组内磨课、现场展示，年级备课组及专家评课、议课等方式，发现探索中的具体问题。由学校的语文专家开展专项讲座，为教师们指明语文教学的关键问题，并针对具体问题解惑。教师通过备课组集体教研备课，认真把握教材，研读教参，抓住重难点，课后认真写出教学反思，为常规课堂保驾护航。全体教师在研磨中思考，在思考中提升阅读、习作教学能力。

数学学科围绕“上一节有想法的课”这一主题，工作室成员马晓莹带领学校数学教师开展了一系列深入的教研活动。学期初，选课题，将“想法”融入课例；学期中，微型课，将“想法”精心设计；现场课，将“想法”付诸实践；再说课，将“想法”回顾提升；学期末，再次引领总结。以现场课、微型课、说课等形式在各年级数学团队中依次展开校本研修，新教师在骨干教师帮带下迅速成长。推进单元规划模块（横向）单元备课，加强学科经验交流，助力教师把握教材，设计教学活动，有的放矢地进行课堂教学；将单元知识系统化，使教师站在比较高的角度研读教材、分析教材、重组教材，提高教师研读教材的能力。梳理构建名师、骨干、创新三级人才磨课团队，为教师成长提供有层次的支撑。经过一年的主题教研，现在每位数学教师都能让自己上一节有想法的数学课。

英语教学教研以“聚焦思维、意趣共生”为主题贯穿始终，通过问卷调查、教师座谈了解实际教研需求反馈，确定了英语教研工作的四项目标：专业理念提层次、常态课堂提品质、教师梯队分批次、教材解析渐深入。从维度上关注常态课、优质课、过关课；从课型上关注听说课、语音课、阅读课、读写课、整合课，进行板块式课堂研究。让常态课堂专业化，课程活动精细化。充分发挥师徒的结对、带动作用，发扬师傅的“传帮带”精神，从备课、上课、作业等教学常规的各项活动入手，传递英语教学精神及教学理念。

同时借助组内展示课，行政听课，国培班学员观摩课，新教师过关课，省、市、区优质课，教育年会交流课，智慧课堂展示课，与专家同台上课，五校联盟研讨课，青年教师展示课等课程，分别让新入职教师、发展中教师、骨干教师、名师走上小讲台和大讲台，在课堂展示中快速地得到磨炼和提升，在创造着一个又一个的精彩中享受教育的幸福。

（四）智慧传承，课题研究提素养

正所谓“深入才能浅出”，一线教师在一课一课的教学中、一个个鲜活的教学案例中不断地发现问题，思考得失。张胜辉带领工作室成员以教育教学以及管理中的真实问题为基本依托开展课题研究，坚持先进性和实用性，实现由实践经验向理论提升的素养跨越。截至 2018 年，三项省级课题“教师阶梯式发展校本策略研究”“促进教师专业发展的学校激励机制建设的调查研究”“教育戏剧进校园实施途径的研究”均已通过结题，2018年立项的省级专项课题“中原名师工作室机制创新与运行模式研究”也已接近尾声。

工作室成员王聪聪通过深入学习，研究课题开发，研究系统策略，成为课题研究的专家。她每学年开展课题研究专题讲座，评析结题课题的优秀思路、做法，无私分享自己在课题研究方面的经验，手把手指导教师将工作中的问题转化为课题，针对“小课题”进行“深研究”，工作室激励每个名师申请自己主持的课题，并以课题研究促进更多教师的发展。

2015年至2018年，工作室成员主持、参与的已结题课题有省级课题4项，市级课题4项，区级课题11项。在做的各级各类课题8项，其中省级课题3项，市级课题1项，区级课题4项。已结题的省级课题1项。参与课题研究的教师达148人次，越来越多的教师能从研究的角度去审视自己的教学，课题研究成为提升教师个人教育教学能力，助推学校向高品质、有内涵发展的一条关键途径。

（五）课程研发，全面发展共精彩

学校发展离不开教师的发展，离不开学生的发展。成就精彩教师、引领精彩家长最后的落脚点都旨在培养生命舒展的精彩学生。如何培养身心健康、乐学善思、有良好习惯、多才多艺的学生？答案是课程。课程在学校教育中处于核心地位，教育的目标、价值主要通过课程来体现和实施。

中原名师张胜辉小学语文工作室协同学校教科研处在国家和地方课程的基础上，立足洛阳地域特色，初步构建了“学科知识、公民教育和学习者”三位一体的基于学生成长的校本化课程体系，强调学生智力发展的“以学科知识为中心的课程”，强调学生非智力发展的“以公民教育为中心的课程”，凸显“人人精彩”、强调学生潜能培养的“以学习者为中心的课程”，形成了学科课程与“艺体＋科学”特色课程双体系。

1. 基于学生发展，开发校园文化课程

学生的成长离不开丰富的体验。在体验中培养学生的思维能力、社会交往能力、意志品质和情感道德是学校课程实施的出发点和归宿点。学校

“艺体＋科学”的课程体系，从三个维度、六个板块进行整体规划，涵盖家校联欢＋艺术节、教育戏剧、风筝文化节、足球＋跳绳＋围棋、数学魔术、科技节等课程。

六个板块的课程分布在一个学年的不同时段，内容不同，形式不同，承载的教育目标各有侧重，最终实现育人效果的有机融合，促进学生多元发展。课程紧紧围绕学生核心素养，目标明确、定位清晰，从文化基础、自主发展、社会参与的不同维度切入，最终指向培养全面发展的人才。

2. 基于教师特长，开发多元社团课程

经过六年的课程实践，“艺体＋科学”的办学特色从最初的顶层设计到一步步扎实落地，转化为教师和学生综合素养的全面提升。在名师工作室共同体中的“秦凡丽名师工作室”大力支持和引领下，中原名师张胜辉小学语文工作室的成员王聪聪、潘超超、何楷、刘轶楠、付俊祎等发挥集体智慧，梳理课程开发策略；教师全员参与课程研发实践，让课程扎实落地；发挥教师特长，指导教师自由结合，创新开发，开设自由申报的3D打印、机器人、航模、书法、爱之声声乐等社团课程。全校学生以兴趣为导向，以专业为支撑，学生特长得到发展，形成终身受益的情趣与技能。

3. 硕果累累，师生精彩著华章

艺术方面，2015年3月，学校首次引进管乐社团，至2018年我校已有2400余名学生在学习各种管乐、民乐，器乐学习大大丰富了学生们的校园生活，助力学生音乐鉴赏能力的培养。2016年6月，我校第一届校园艺术节管乐专场在洛阳市会议中心举行。一场盛大的演出为学生们在器乐学习瓶颈期打开了新局面，彰显了我校艺术教育的阶段成果，1500余名师生同台演出，精彩不断。

体育方面，经过六年的学习锻炼，学生不但掌握了跳绳、足球两项运动技能，还对围棋产生了巨大兴趣，体格体能得到了完善和发展。学校先后被评为全国跳绳大课间示范学校、全国跳绳项目示范学校、全国青少年校园足球特色学校、全国围棋特色学校，在各项比赛中取得佳绩。

科学方面，学校2016年被授予“科技教育先进学校”称号，同年8月被授予“小学科学实验教学先进学校”称号；2017年被授予洛阳市科技特色学校“科学实验基地”称号。同时，2015年至2018年学校连续四年获得洛阳市小学科学创新比赛优秀组织奖。由于科技方面工作突出，学校2018 年获得全国青少年人工智能活动特色单位、河南省十佳机器人学校等称号。

（六）辐射引领，均衡发展树品牌

名师工作室要发挥示范、引领、辐射、带动作用，这是省、市教育行政部门提出的重要要求。张胜辉作为主持人，坚持阅读，坚持写作。五年来，行走不歇，笔耕不辍。或在空闲的夜深人静时，或在飞驰的高速铁路上，梳理着思绪，他书写着自己的教育教学故事，家人的故事，生活的故事……一篇篇“智慧原创”，一篇文章几千次的阅读量，近十万字的积累，让大家了解教育、思索生活，并在《洛阳晚报 · 教育周刊》的《智慧教师》专栏陆续推出，在洛阳市产生了较大影响力。

1. 交流讲座，大爱同行慧四方

2015年年底，张胜辉荣获洛阳市智慧教师，教育文集《做幸福的教育人》交付大象出版社审稿。2018 年 9 月，工作室受《小学语文教学》编辑部邀请推出人物专刊。还多次受邀到洛阳师范学院、市教师进修学校、各县区兄弟学校作教师发展的专题报告，到外省、市作主题讲座：2016 年 3 月，在全省校本教研经验交流暨课题研究培训会上作“做有专业尊严的教育者”专题报告；2016 年 10 月，在省教研室组织的全省特级教师论坛上作“爱育精彩　美丽绽放”专题报告；2017 年 4 月，在河南省校本教研推进会上作“缘起真爱情归务本”专题报告；2018 年 10 月，在浙江温州的现代学校教育论坛上作“把自己摆在儿童队伍里”的报告。

2. 联盟同行，构建教研共同体

2013 年 10 月，工作室成立之初，由张胜辉联动洛龙区五所学校成立的“本真课堂”五校联盟，决定借助中原名师张胜辉小学语文工作室的名师力量助推联盟的发展，以课堂为主阵地，以教研为核心，发挥工作室成员“先行研究、交流研讨、示范引领”的作用，从骨干示范到全员参与，带动和引领五校教师积极向上，快速成长。目前，五校联盟已开展教研活动 228 次，研讨课 520 余节，集体外出学习 32 次，邀请专家入校指导 60 余人次，召开年会 4 次，出版了记录联盟历程的专著《做有专业尊严的教育者》。工作室成员不仅成为我校教研教改的带头人，更是成长为联盟各学科的领路人。

工作室还积极承担送教下乡、送培下县活动，先后送教至新安县、汝阳县、栾川县、卢氏县等地，活动的形式有专题讲座、观摩课、同课异构活动等。每次活动工作室成员都精心组织和筹划，力求把最新的理念、最新的探索展示给大家，希望通过工作室成员的努力，让更多县里、乡里的教师了解新理念、走进新课堂，让更多的学生受益。

3. 省际联动，描画学校新篇章

2016 年 1 月，经洛阳市师训科的同意成立工作室联盟，张胜辉被大家推荐为“洛阳市小学语文名师工作室联盟”的盟主。至 2018 年已联合开展活动 18 次。2017 年 9 月，中原名师张胜辉小学语文工作室荣获洛阳市优秀名师工作室称号。

2016 年 8 月，中原名师张胜辉小学语文工作室与新乡市中原名师李国胜小学语文工作室、巩义市中原名师周素娟小学语文工作室、漯河市中原名师陈静小学语文工作室、南阳市中原名师刘娟娟小学语文工作室、许昌市中原名师李艳平小学语文工作室结成了“中原名师工作室小语联盟”。截至 2018 年已经联合开展了 9 次交流研讨活动，包括联盟发展规划商讨、习作教学专题——发现语言密码、群文阅读教学专题研究之聚焦、指向表达的绘本教学主题研讨、教师专业素养提升、课外阅读课内指导课教学、北京第二实验小学洛阳分校国赛一等奖获得者叶峰亮老师执教《书戴嵩画牛》并汇报上课收获、全国名校教研联盟成立大会、阅读课教学研讨、统编教材背景下的教与学等。活动内容丰富，主题突出，既有思想意识的引领，又有专业发展的指导。联盟成员虽处于六个城市，但是两年来，中原名师联盟的家人从陌生到熟悉，从各美其美到美美与共。不论是面对面的交流，还是通过各自的官微、朋友圈，联盟架起了互通的桥梁，架起了学校与学校、教师与教师之间的桥梁，为彼此打开了更多的信息之窗、文化之窗、心灵之窗。

2017 年 11 月，中原名师张胜辉小学语文工作室受邀加入“全国名校教研联盟”。2018 年 4 月，工作室承办了首次会议，成员王聪聪作课《夏日绝句》。此后，主持人张胜辉带领“五校联盟”的 14 位成员到济南、无锡参加全国小语“十大青年名师”颁奖典礼暨现场观摩课活动。7月，中原名师张胜辉小学语文工作室受邀成为“全国小语名师工作室”成员。同年，组织成员参加在合肥、南京的联盟年会。在南京的年会上，4位工作室成员分别针对工作室建设、校本课程建设进行了大会交流；演讲比赛、说课比赛分别获得二等奖。

四、彼此成就，华彩绽放

（一）发展教师成就学生，综合素养逐步提高

自学校成立以来，学生们在爱的陪伴下，在丰富的课程体验中，成长蜕变。课堂上，他们倾听、思考、合作、表达的学习习惯赢得授课教师和专家的频频赞赏。他们多才多艺，在上海“中华杯”优秀管乐展演中荣获最高荣誉示范奖。他们刻苦学习，精湛的棋艺使学校成为第一个全国围棋特色学校。他们驰骋在足球场上，足球队获得全国、省、市级多项足球邀请赛的金牌。他们吟诵经典，参加中央电视台少儿频道节目录制，登上洛阳电视台“六一”演出的舞台，走上歌剧院、报告厅大大小小的舞台展示锻炼。

（二）发展教师成就自我，教师团队蓬勃向上

自学校成立以来，从星光点点到群星闪烁，教师团队在专业成长的道路上绽放精彩。以名师工作室的成员为第一梯队，全体教师在团队互助中潜心钻研，从青年教师的“成长杯”、骨干教师的“引领杯”，到国家、省、市、区的各项赛课，用追求极致的态度，在精雕细磨中，通过一节节课带动一群人的成长。连续五年在北京第二实验小学教育集团“大爱杯”上现场授课，4次捧杯！2018年9月，叶峰亮老师代表河南省登上语文国赛的讲台，赢得全国最高奖“示范奖”。省、市、区级骨干教师、名师数量逐年增加；学校及各学科教师多人次在教育教学方面获得省、市级奖项。教师们的教育教学成果《教室里的秘密》《书声琅琅》《教师第一》《不一样的老师》相继出版，实现了从量的积累到质的飞跃。

（三）发展教师成就学校，以“爱”引领绽放精彩

2015年4月16日，学校成功接受了北京第二实验小学教育集团的视导。学校自成立以来，先后获得了中国当代特色学校、全国青少年校园足球特色学校、全国学校体育工作示范校、全国跳绳项目示范学校、全国“阳光大课间”评比一等奖、全国围棋特色学校、全国青少年人工智能活动特色单位，河南省教育系统先进集体、河南省小学德育实验学校、河南省校本教研实验学校、河南省中小学劳动教育特色学校、河南省十佳机器人学校，洛阳市示范性特色学校、洛阳市教师发展学校、洛阳市师德师风先进校，洛龙区文明单位、洛龙区目标考核先进单位等荣誉。

结 语

教师发展是学校发展的关键，教师的素养高度决定着学校的当下与未来。中原名师张胜辉小学语文工作室的成员们在张胜辉的带领下，作为教师发展的先行者、引领者、督促者，在学校这方教育天地中，不断发现、培育着一个个支撑学校发展的栋梁之材，筑起一个又一个辉煌。今后，工作室将继续以“教师第一”为发展目标，立足课堂，立德树人，关注教师需求，提升教师素养，联结各名师工作室，构建教师发展共同体，共同构建一支师德高尚、业务精湛、凝心聚力、求真务实、勇于创新、团结协作的教师团队，描绘学校新的发展华章，助推区域教育均衡，共沐大爱，实现“爱，让不一样的你一样精彩”。

第四章 中原名师培育工程成果展示

第一节　中原名师培育工程成果搜集与统计

一、数据搜集

本次研究数据搜集采用问卷调查法，问卷调查结果由河南省中原名师培育工程项目办提供。通过对 69 位中原名师、55 个工作室的 639 位基本成员、45 所河南省教师发展学校荣誉的搜集、整理、分析，实施研究。本次研究是不完全统计。

二、统计

本次研究将中原名师、名师工作室成员、教师发展学校的荣誉获得分为参加中原名师培育工程前（2007—2012 年）和参加中原名师培育工程后（2013—2018 年）两个阶段，对前后六年获得的荣誉数量、级别等对比差异进行统计分析。统计数据分析是用 Excel 完成的，采用次数总量变化柱状图的检测呈现形式。

本研究将荣誉级别分为国家级、省级、市级、县级四等，采用计数的方式进行统计。荣誉分为九类：（1）师德；（2）课题研究；（3）教育教学成果奖；（4）著作；（5）文章发表；（6）讲座；（7）教育教学能力奖；（8）论文奖；（9）荣誉表彰。

三、描述

为便于统计与描述，笔者在分析数据过程中将前后六年分别以字母 A、B 命名，荣誉及级别以汉字命名。统计格式设定为：2007 年至 2012 年获得荣誉类别，均以字母 A+ 级别 + 荣誉类别的形式；2013 年至 2018 年获得荣誉类别，均以字母 B+ 级别 + 荣誉类别的形式，对变量名称进行命名。如变量名称“A 国家级荣誉”表示统计成员在 2007 年到 2012 年之间获得国家级主要荣誉的次数。在制作柱状对比图时，代表 A 荣誉，代表 B 荣誉。

以下“中原名师”简称“名师”，“中原名师培育工程”简称“培育工程”，“中原名师工作室”简称“工作室”。

第二节　中原名师培育工程促进中原名师发展

一、名师参加培育工程前后六年荣誉的统计、对比、分析

（一）师德

1. 省级

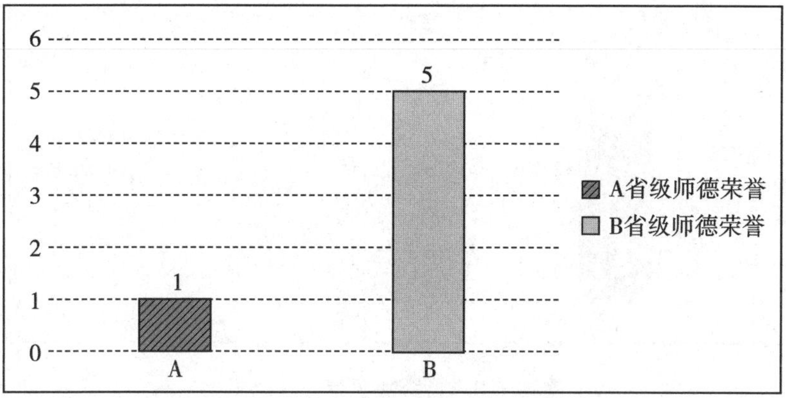

图 4.2–1　省级师德荣誉对比图

从图 4.2–1 可以看出，名师在参加培育工程前获得省级师德荣誉 1 人次，参加培育工程后获得荣誉 5 人次。从总量上看，名师参加培育工程后获得省级师德荣誉人次增多。

2. 市级

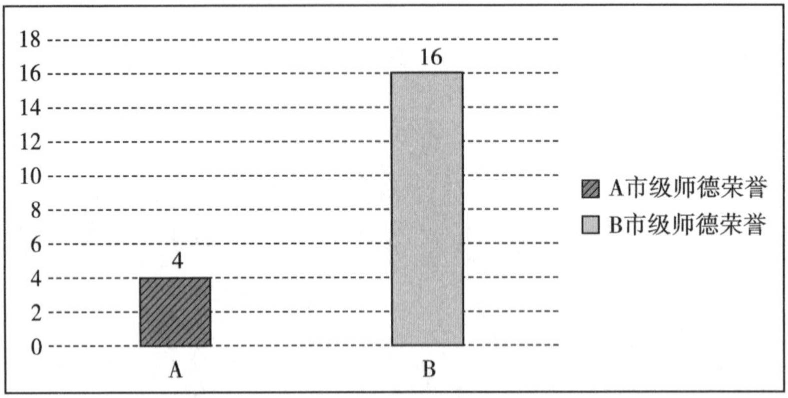

图 4.2–2　市级师德荣誉对比图

从图 4.2—2 可以看出，名师在参加培育工程前获得市级师德荣誉 4 人次，参加培育工程后获得荣誉 16 人次。从总量上看，名师参加培育工程后获得的市级师德荣誉明显增多。

3. 县级

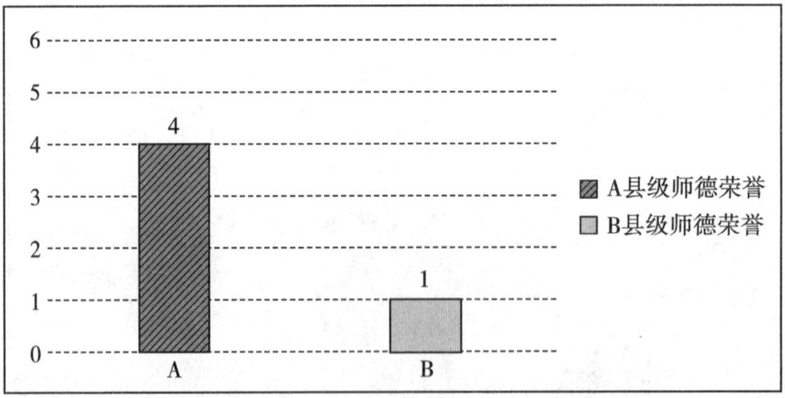

图 4.2–3　县级师德荣誉对比图

由图 4.2—3 可以看出，名师参加培育工程后，县级师德荣誉的获得数量有所减少。

结论：

(1) 培育工程通过专家思想上的引领，使名师思想境界更高；搭建名师相互交流和学习的平台，使名师之间相互学习和影响，促进名师师德提升。

(2) 从图 4.2−2 可以看出，名师参加培育工程后获得的市级师德荣誉由 4 人次增加到 16 人次，参加培育工程后总量明显增加。这说明，培育工程给名师提供更高的平台、更多的机会，使名师在省级、市级奖项中脱颖而出。培育工程促进了名师思想境界的提升。

(3) 图 4.2−3 显示出名师参加培育工程后获得的县级师德荣誉没有增多，反而减少。这是因为广大教师晋级中小学一级教师职称时需要县级荣誉，而绝大多数名师已经获得中小学高级职称和正高级职称，比如在此次调查中所有名师职称都是中小学一级教师以上。由于荣誉资源有限，很多名师会把县级师德荣誉让给其他教师。这也反向证明名师具有更高的思想境界。

（二）课题研究

1. 国家级

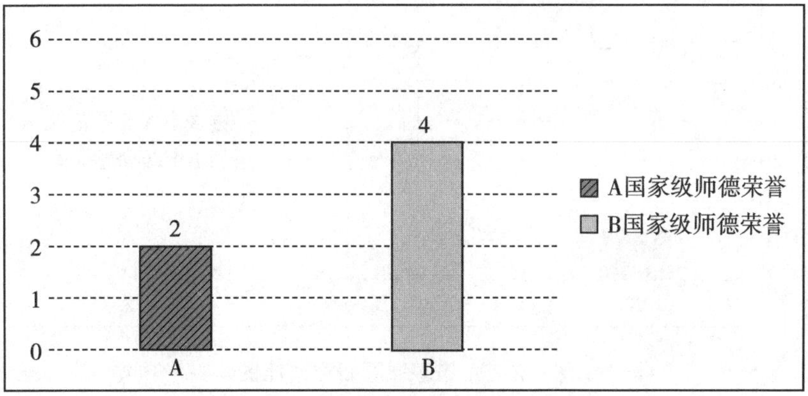

图 4.2−4　国家级课题研究对比图

从图 4.2−4 可以看出，名师在参加培育工程前有 2 人次进行国家级课题研究，参加培育工程后有 4 人次进行国家级课题研究。虽然在人次上增加不多，但进行国家级课题研究难度大，能够增加一倍，说明培育工程对名师科研能力有着很大的提高，使名师能够进行高层次的课题研究。

2. 省级

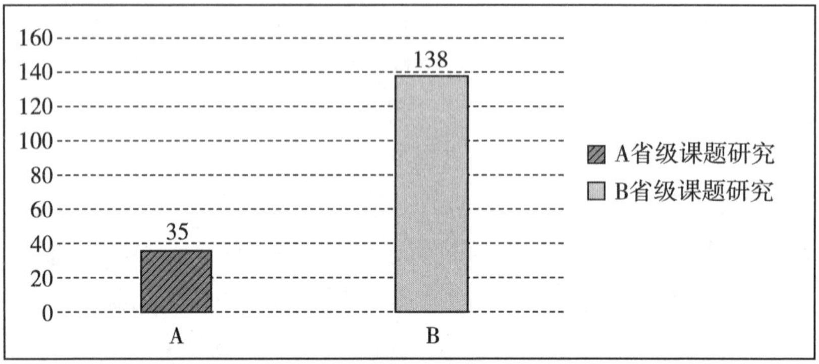

图 4.2–5　省级课题研究对比图

从图 4.2–5 可以看出，名师在参加培育工程前有 35 人次进行省级课题研究，参加培育工程后有 138 人次进行省级课题研究，数量明显增多。

3. 市级

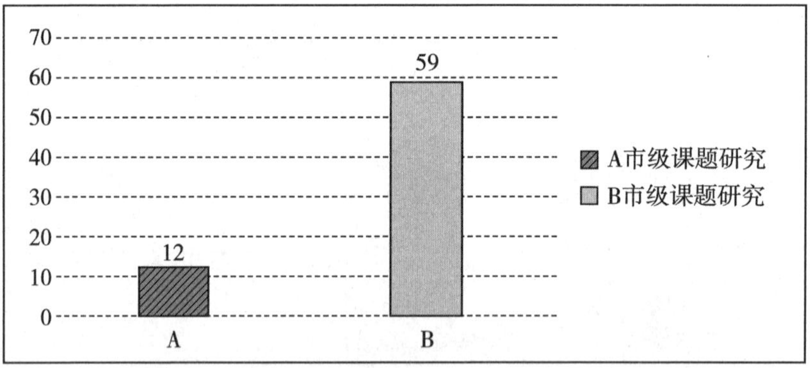

图 4.2–6　市级课题研究对比图

从图 4.2–6 可以看出，名师在参加培育工程后进行市级课题研究的人次明显增多，由参加前的 12 人次增加到 59 人次。

4. 县级

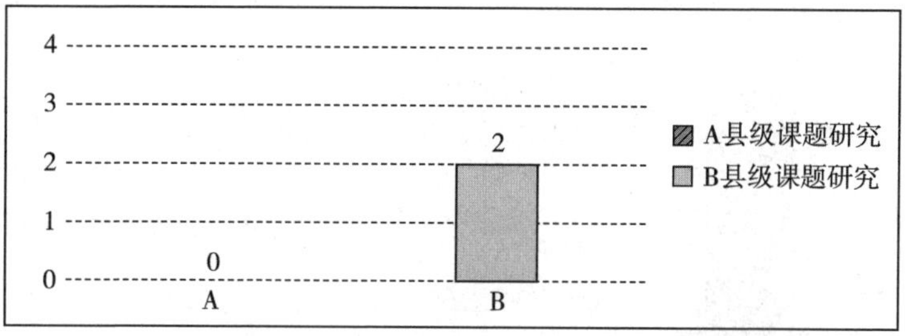

图 4.2-7　县级课题研究对比图

从图 4.2-7 可以看出，名师在参加培育工程前无一人进行县级课题研究，参加培育工程后有 2 人次进行县级课题研究。

结论：培育工程提高名师科研能力。名师参加培育工程后，进行高层次的课题研究数量明显增多。在参加培育工程之前，只有 2 人次进行过国家级课题研究，35 人次进行过省级课题研究，12 人次进行过市级课题研究，0 人次进行过县级课题研究；参加培育工程后，有 4 人次进行过国家级课题研究（图 4.2-4），138 人次进行过省级课题研究（图 4.2-5），59 人次进行过市级课题研究（图 4.2-6），2 人次进行过县级课题研究（图 4.2-7）。虽然名师进行课题研究层次提高了，总量也增加了，但课题研究的质量还有待提高。本次研究是不完全统计，数据不完善，如国家级数据缺失、其他级别的数据不完整，可能导致检测结果为不存在明显差异。

（三）教育教学成果奖

1. 省级

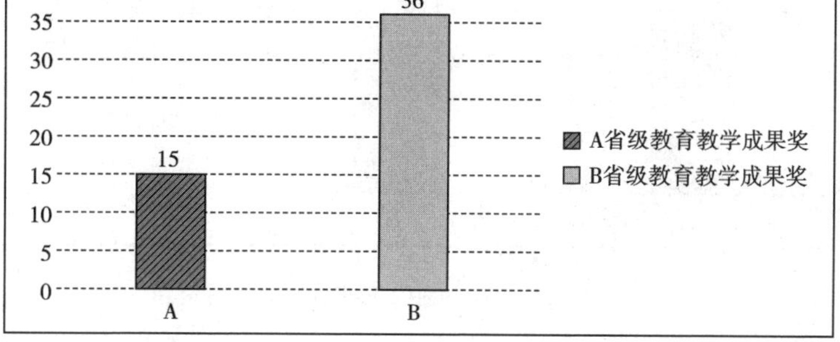

图 4.2-8　省级教育教学成果奖对比图

2. 市级

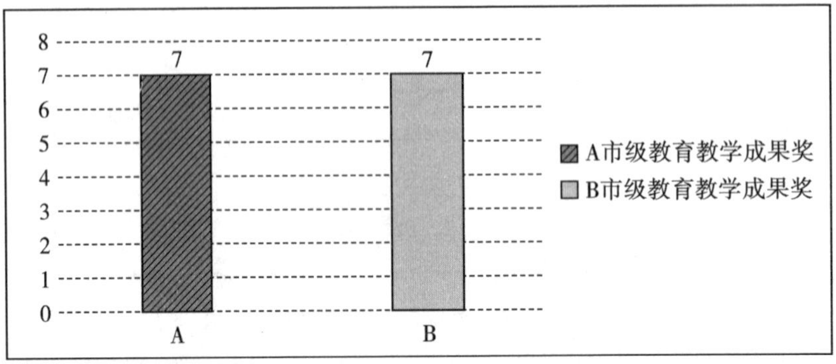

图 4.2-9 市级教育教学成果奖对比图

从图 4.2-8 可以看出，省级教育教学成果奖在参加培育工程前有 15 人次，参加培育工程后有 36 人次，增长趋势显著，说明参加名师培育促进了名师省级教育教学成果奖的获得；市级教育教学成果奖在参加培育工程前后持平（图 4.2-9），均为 7 人次。

结论：名师参加培育工程前后均未获得国家级教育教学成果奖，荣获的市级教育教学成果奖也不存在差异，这说明获得教育教学成果奖具有一定的难度。虽然如此，但省级教育教学成果奖获得的人次仍有增加（图 4.2-8），在参加培育工程前有 15 人次，参加培育工程后有 36 人次。

（四）著作

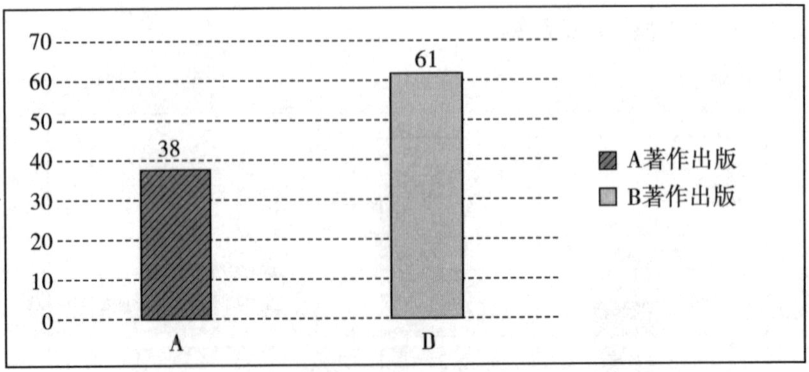

图 4.2-10 著作出版对比图

从图 4.2-10 可以看出，名师在参加培育工程前著作出版 38 人次，参加培育工程后著作出版 61 人次。

（五）文章发表

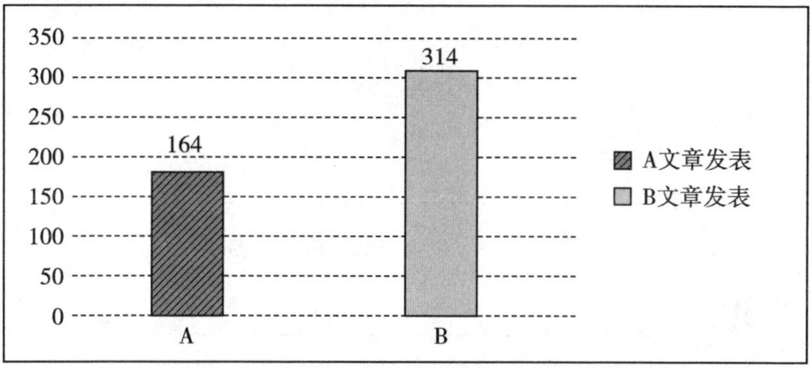

图 4.2-11 文章发表对比图

从图 4.2-11 可以看出，名师在前六年文章发表数量为 164 人次，后六年为 314 人次，总体来看，数量有明显增加。

（六）讲座

1. 国家级

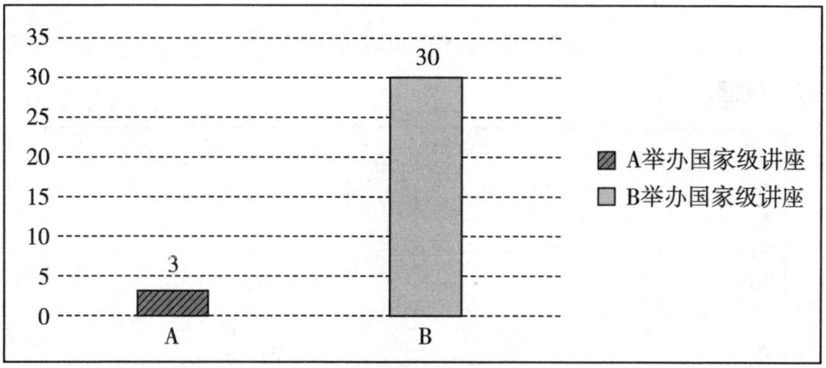

图 4.2-12 举办国家级讲座对比图

2. 省级

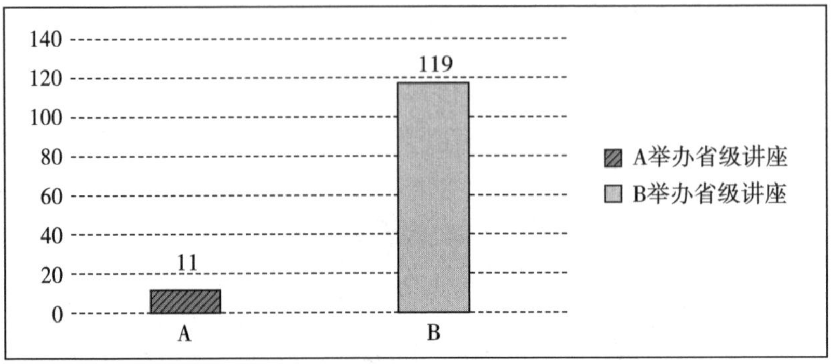

图 4.2-13　举办省级讲座对比图

3. 市级

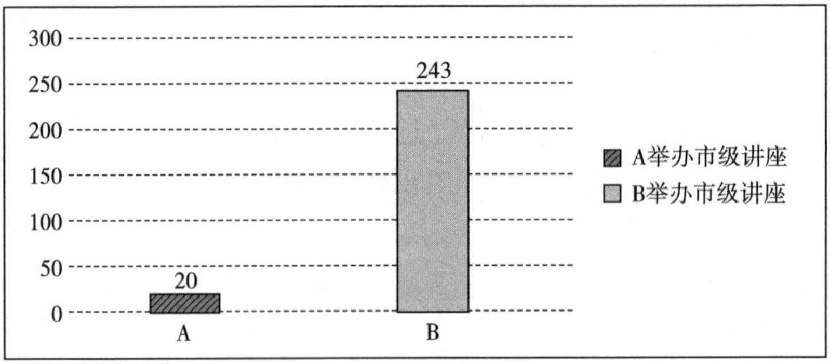

图 4.2-14　举办市级讲座对比图

4. 县级

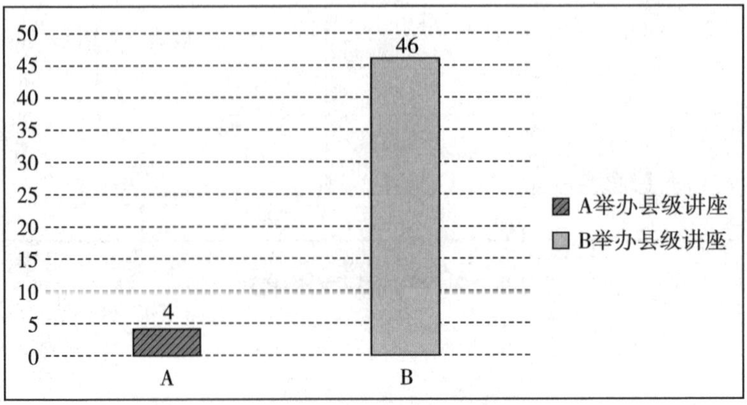

图 4.2-15　举办县级讲座对比图

从图 4.2–12、图 4.2–13、图 4.2–14、图 4.2–15 可以看出，名师参加培育工程后举行各级专题讲座次数明显增加。国家级讲座由 3 人次增长为 30 人次，省级讲座由 11 人次增长为 119 人次，市级讲座由 20 人次增长为 243 人次，县级讲座由 4 人次增加到 46 人次。

结论：

（1）培育工程给名师提供论坛交流的机会。每一次集中研修，培育工程项目办都会组织名师交流论坛，给名师提供相互交流学习的平台。

（2）培育工程得到社会的关注，名师们都是本区域和本学科的优秀代表，各地方教育主管部门利用本土名师资源，发挥名师示范、引领、辐射、带动的作用，给名师提供举办讲座的机会。

（3）名师都是各领域、各学科的精英，很多名师是“国培”专家、“省培”专家，参加培育工程后承担了更多的培训任务。

（七）教育教学能力奖

1. 国家级

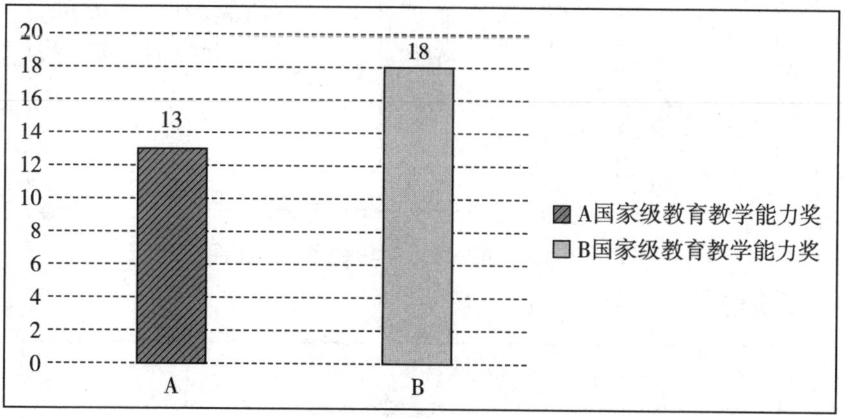

图 4.2–16　国家级教育教学能力奖对比图

2. 省级

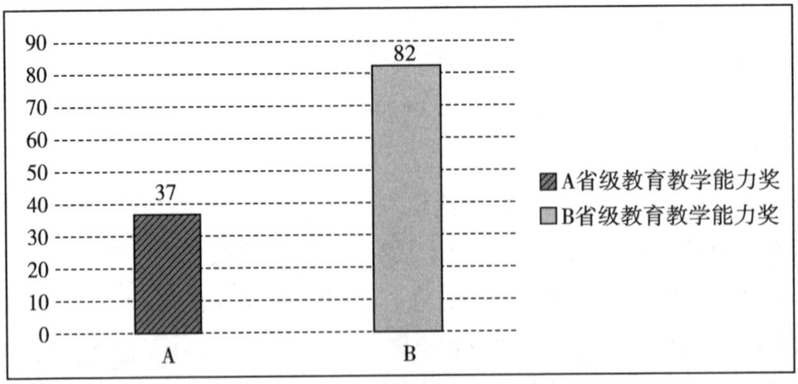

图 4.2–17　省级教育教学能力奖对比图

3. 市级

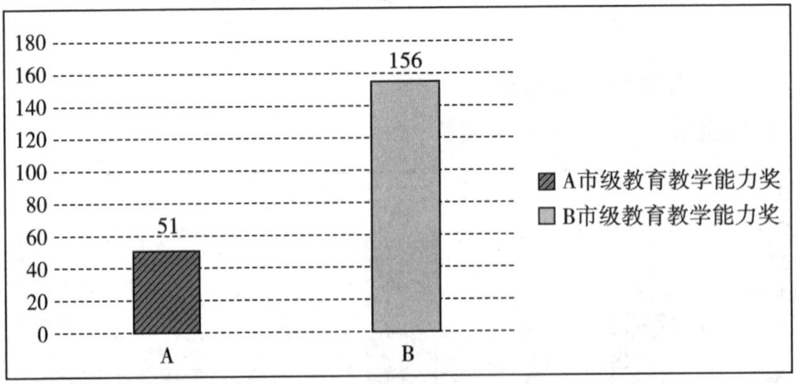

图 4.2–18　市级教育教学能力奖对比图

4. 县级

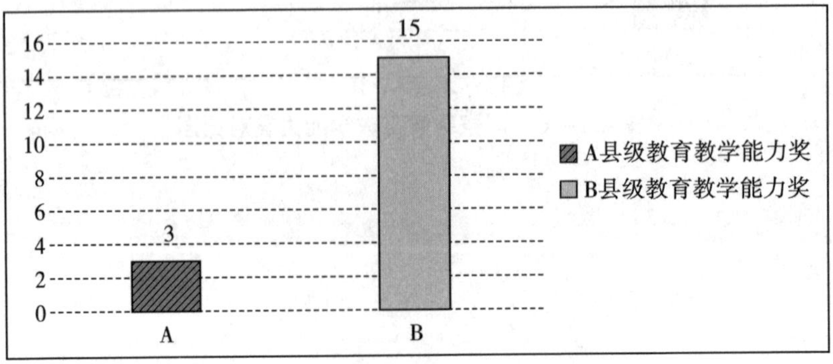

图 4.2–19　县级教育教学能力奖对比图

从图 4.2−16、图 4.2−17、图 4.2−18、图 4.2−19 中可以看出，名师参加培育工程后教育教学能力呈增长趋势。国家级教育教学能力奖表彰增长幅度较小（图 4.2−16），由参加培育前的 13 人次增长为 18 人次。省、市、县级增长幅度较大（图 4.2−17、图 4.2−18、图 4.2−19）。省级培育前有 37 人次，培育后有 82 人次；市级培育前有 51 人次，培育后有 156 人次；县级培育前有 3 人次，培育后有 15 人次。

（八）论文奖

1. 国家级

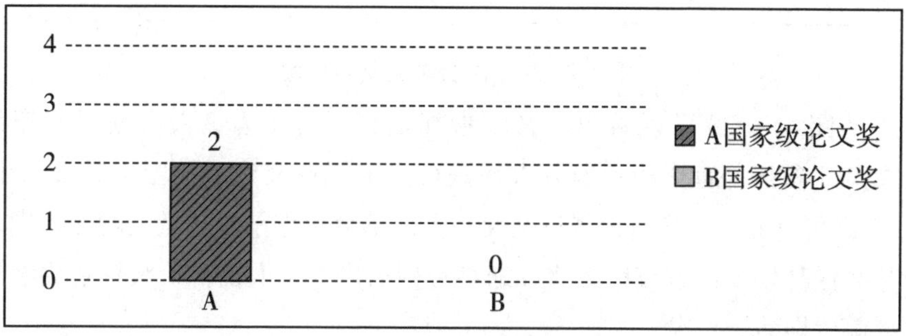

图 4.2−20　国家级论文奖对比图

2. 省级

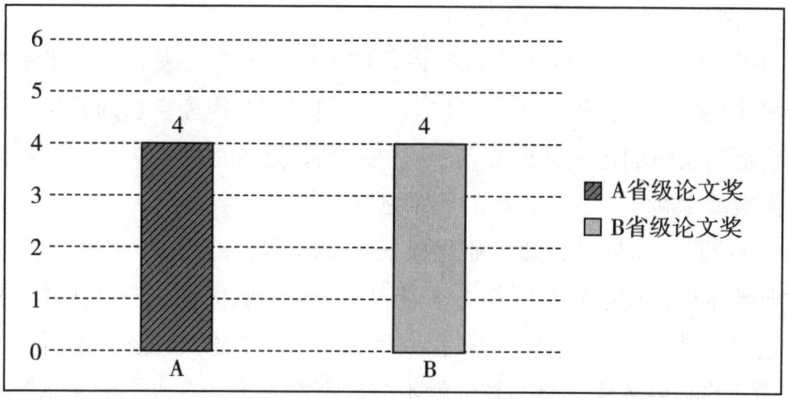

图 4.2−21　省级论文奖对比图

3. 市级

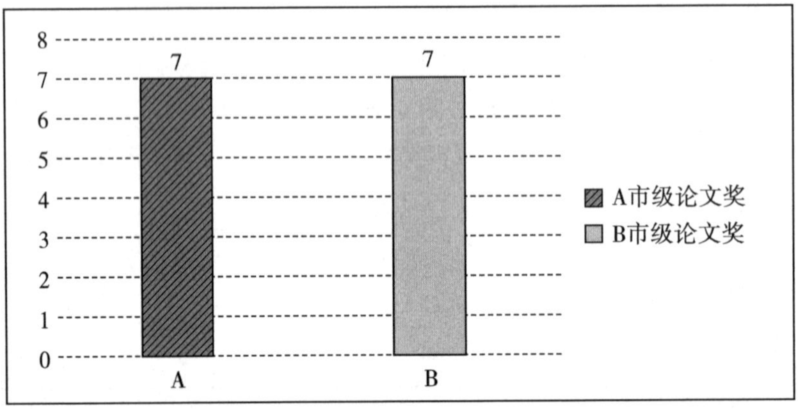

图 4.2–22　市级论文奖对比图

从图 4.2–20 可以看出，名师参加培育工程前有 2 人次获得国家级论文奖，参加培育工程后有 0 人次获得国家级论文奖。从图 4.2–21、图 4.2–22 可以看出，省、市级论文奖在参加培育工程前后数量上均无差别，而且数量都较少：省级论文奖参加培育前后均为 4 人次，市级论文奖参加培育前后均为 7 人次。

结论：

（1）本书将著作、文章发表单独列出，此处论文是指没有发表在期刊上、由教育主管部门组织评选的论文。

（2）参加培育工程后，名师在著作出版、文章发表方面数量都有明显增多。很多名师把著作出版、发表核心期刊文章作为自己的目标，对教育主管部门组织的论文评选参与积极性不高。这也是国家级论文奖从培育前 2 人次减少到培育后 0 人次的因素之一。

（3）职称评价是教师专业化成长业绩取得的指挥棒。职称晋升时需要的业绩条件，往往是教师努力学习的动力。如职称晋升需要课题，教师对课题研究就会关注、学习。教育主管部门组织的论文评选，不再是教师职称晋升的必要条件，很多教师就不会再高度关注。这也是论文总量不多的原因。

（4）可能因为是不完全统计，导致论文总量不多。

（九）荣誉表彰

1. 国家级

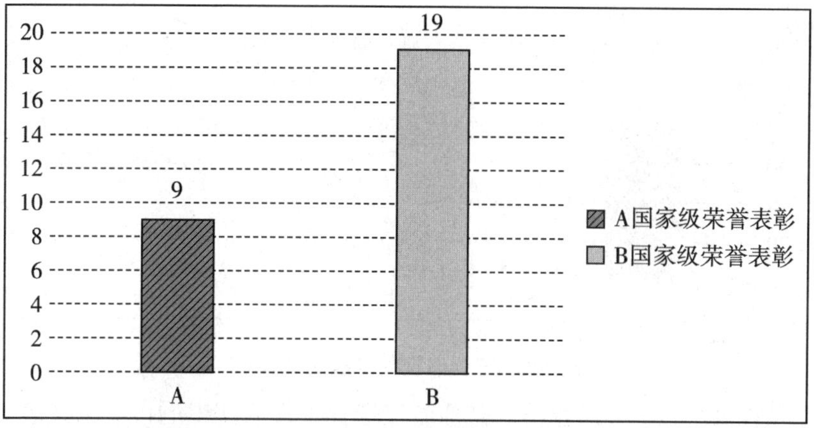

图 4.2–23　国家级荣誉表彰对比图

从图 4.2–23 可以看出，名师参加培育工程前有 9 人次获得国家级荣誉表彰，参加培育工程后有 19 人次获得国家级荣誉表彰，获奖人次有所增加。

2. 省级

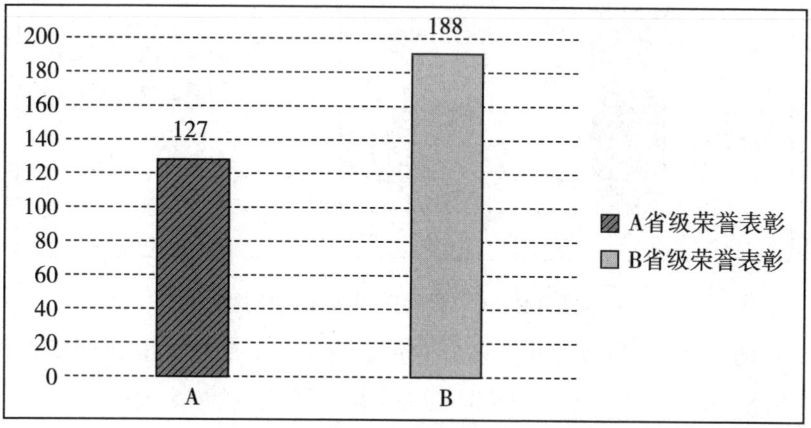

图 4.2–24　省级荣誉表彰对比图

名师参加培育工程前后获得省级荣誉表彰呈增长趋势。从图 4.2–24 可以看出，名师参加培育工程前有 127 人次获得省级荣誉表彰，参加培育工程后增加到 188 人次，数据呈现增长趋势。

3. 市级

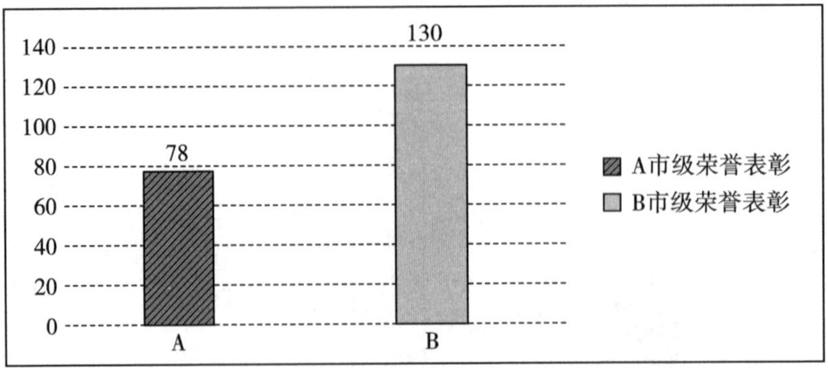

图 4.2–25　市级荣誉表彰对比图

从图 4.2–25 可以看出，名师参加培育工程后获得的市级荣誉表彰与参加培育工程前获得的市级荣誉表彰相比有明显增长，由参加培育工程前的 78 人次增长到参加培育工程后的 130 人次。

4. 县级

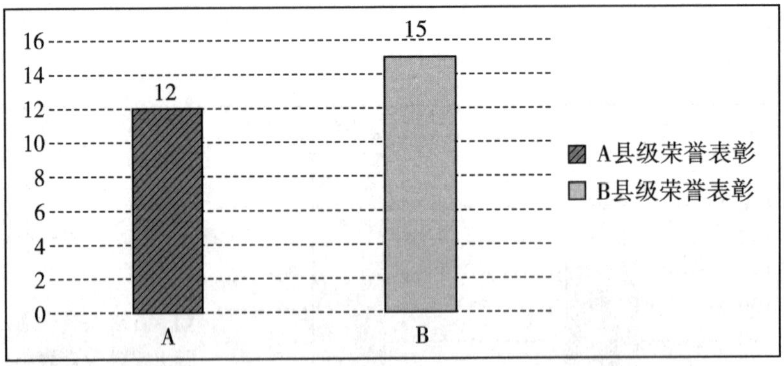

图 4.2–26　县级荣誉表彰对比图

从图 4.2–26 可以看出，名师参加培育工程后获得的县级荣誉表彰增多，由参加培育工程前的 12 人次增加至培育工程后的 15 人次。

结论：名师参加培育工程后获得荣誉表彰的层次越来越高。国家级荣誉表彰从 9 人次增长到 19 人次（图 4.2–23），省级荣誉表彰从 127 人次增长到 188 人次（图 4.2–24）。同时，名师参加培育工程后，获得的各层次荣誉表彰数量越来越多。

二、总结分析

（一）培育工程促进名师师德提升

师德，即教师的职业道德，是指教师在从事教育劳动的过程中所形成的相对比较稳定的道德观念、行为规范和道德品质的总和。它是调节教师与他人、集体及社会相互关系的行为准则，是社会对教师职业行为的首要要求与道德表现的概括。教师是人类灵魂的工程师，是青少年学生成长的引路人。教师的思想政治素质和职业道德水平直接关系到亿万孩子的健康成长，关系到国家命运和民族未来。国无德不兴，人无德不立。培育工程很重视提升名师师德。每一次的集中研修，培育工程项目办都会通过专题讲座、专家引领、同伴交流来促进名师师德修养的提升。名师参加培育工程后获得的省级、市级师德荣誉与参加培育工程前相比，都有所增加（图4.2-1、图4.2-2）。

（二）培育工程促进名师科研能力提升

著名的教育家苏霍姆林斯基说："如果你想让教师的劳动能够给教师一些乐趣，使天天上课不致变成单调乏味的义务，那你就应当引导每一位教师走上从事研究的这条幸福的道路上来。"科研能力不仅是教师专业化水平的标志，更是教师职业幸福的源泉。首先，培育工程在每一次集中研修中都会请课题研究专家为名师授课，提高名师科研理论水平。其次，培育工程在任务驱动中会促进名师科研能力提升。培育工程项目办要求每一年重点考核人员必须进行一个省级课题研究。从立项、开题、中期到结项，每一个环节都会有导师指导、专家审议，手把手地教名师做课题。截至2018年，据不完全统计，经过六年培育，国家级课题研究由参加培育工程前的2人次增加到4人次（图4.2-4）；省级课题研究由参加培育工程前的35人次增加到138人次（图4.2-5），数据明显增加；市级课题研究由12人次增加到59人次（图4.2-6），名师参加培育工程前后具有明显差异。由此可见，培育工程提高了名师进行高层次课题研究的科研能力，使名师课题研究常态化，并促进了名师专业化成长。

（三）培育工程促进名师写作能力提升

纵观历史，许多的大教育家都为世界留下了丰富的作品。如苏霍姆林斯基一生写下了 41 本教育专著，600 多篇教育论文，1200 多篇童话、故事和短篇小说；杜威、陶行知也都为世人留下了丰富的精神财富。可对于一线教师来说，他们虽然有着丰富的教育实践，上好一节课不难，但写好一本书不易。培育工程在培育过程中注重名师写作能力的培养，比如：请教育作家、出版社主编传授写作技巧；实行导师制，分期分批培养名师写作能力。从图 4.2−10 可以看出，参加培育工程前有 38 人次著作出版，参加培育工程后有 61 人次著作出版，培育工程对名师进行的写作辅导课程提高了名师写作能力。名师们不仅提高了著作出版数量，文章发表数量也大幅度提升。从图 4.2−11 可以看出，参加培育工程前文章发表数量有 164 人次，参加培育工程后有 314 人次。

（四）培育工程给名师提供更高的学习交流展示平台

培育工程给名师搭建理论学习及相互交流的平台。六年的培训研修，一年两次的集中研修，培育工程项目办请专家、浙江名师为名师上课，让各种教育思想在交流中碰撞，组织名师进行方方面面的理论学习，小到如何做好班主任，大至课程建构和教学主张、教育思想的凝练。另外，项目办还请作家、出版社主编辅导名师写作实践操作，据不完全统计，迄今有 23 人次出版著作，156 人次发表文章。

河南省是教育大省，拥有百万基础教育阶段教师，六年中培育工程项目办遴选了 116 位名师。这些名师在未参加培育前已经是本区域、本学科教师的优秀代表。培育工程项目办让四个学段的教师每年进行两次集中研修，举行论坛交流，使名师与同伴相互学习，取长补短。

培育工程的任务驱动为名师搭建教学相长的活动平台。培育工程不仅要求名师参加培育工程集中研修，不断地学习，更要求名师发挥引领、辐射的作用，通过送教下乡、县区交流等活动，促进名师的教学相长。名师参加培育工程后，国家级讲座由 3 人次增长为 30 人次（图 4.2−12），省级讲座由 11 人次增长为 119 人次（图 4.2−13），市级讲座由 20 人次增长为 243 人次（图 4.2−14），县级讲座由 4 人次增加到 46 人次（图 4.2−15）；国家级荣誉表彰由 9 人次增长为 19 人次（图 4.2−23）。

第三节　中原名师培育工程促进专业团队发展

一、名师工作室成员加入团队前后六年荣誉的统计、对比、分析

（一）师德

1. 国家级

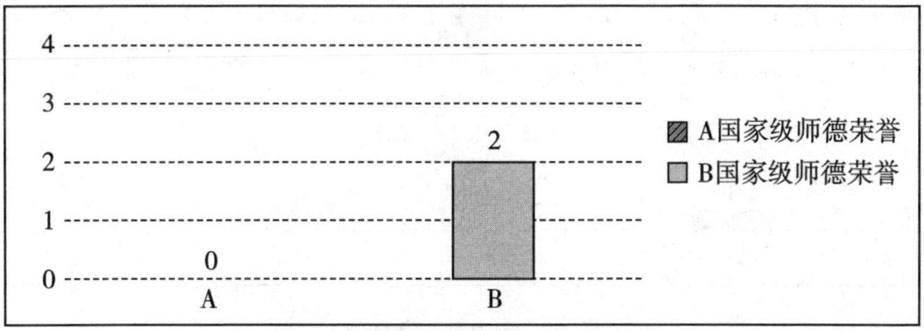

图 4.3-1　国家级师德荣誉对比图

从图 4.3-1 可以看出，工作室成员加入团队前获得国家级师德荣誉为 0 人次，加入团队后有 2 人次，实现了零的突破。

2. 省级

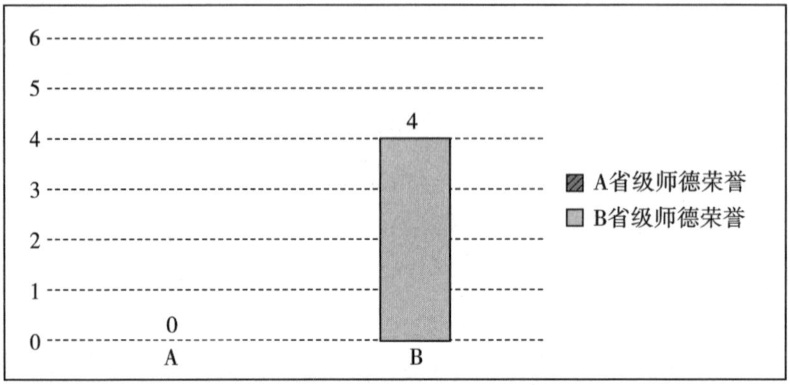

图 4.3-2　省级师德荣誉对比图

从图 4.3-2 可以看出，工作室成员加入团队前获得省级师德荣誉为 0 人次，加入团队后有 4 人次，实现了零的突破。

3. 市级

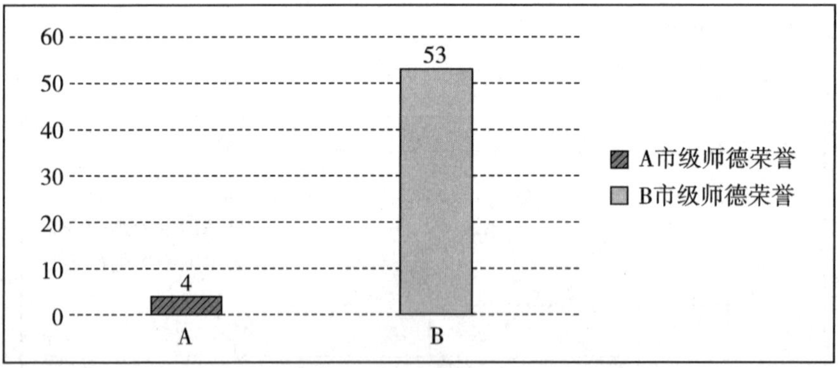

图 4.3-3　市级师德荣誉对比图

从图 4.3-3 可以看出，工作室成员加入团队前获得市级师德荣誉有 4 人次，加入团队后有 53 人次，获得荣誉的人次明显增加。

4. 县级

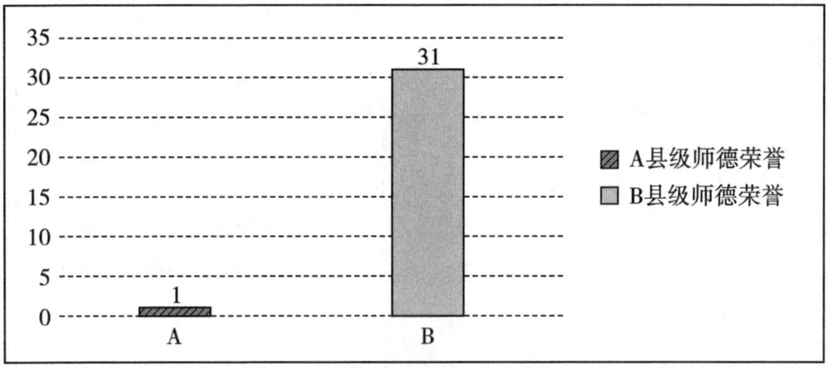

图 4.3–4　县级师德荣誉对比图

从图 4.3–4 可以看出，工作室成员加入团队前获得县级师德荣誉有 1 人次，加入团队后有 31 人次，获得荣誉的人次明显增加。

结论：从图 4.3–1、图 4.3–2、图 4.3–3、图 4.3–4 可以发现，工作室成员参加团队前 0 人次获得过国家级、省级师德荣誉，参加团队后有 2 人次获得国家级师德荣誉，4 人次获得省级师德荣誉；市级师德荣誉的获得由 4 人次增长到 53 人次；县级师德荣誉的获得由 1 人次增长到 31 人次。工作室成员在进入工作室后六年获得的师德荣誉总量在增长，特别是国家级和省级高层次的荣誉有了零的突破。因为荣誉资源的有限性，教师想获得省级以上的荣誉十分不易，工作室成员进入工作室后，在国家级、省级师德荣誉实现零的突破，说明培育工程不仅促进了工作室主持人师德的提升，而且通过名师效应促进了工作室团队成员的师德提升。

（二）课题研究

1. 国家级

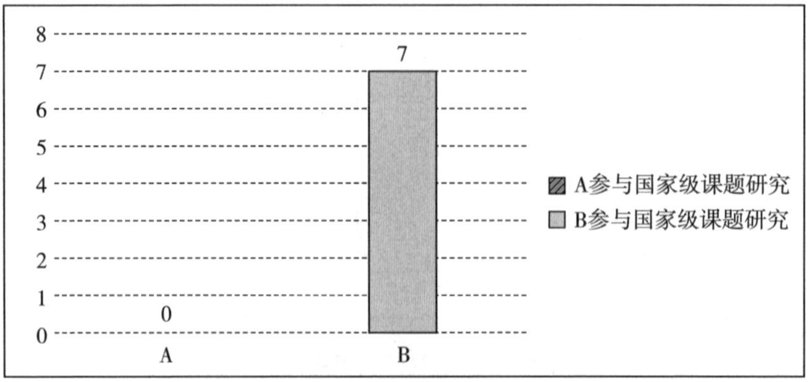

图 4.3–5 参与国家级课题研究对比图

从图 4.3–5 可以看出，工作室成员加入团队前有 0 人次参加过国家级课题研究，加入团队后有 7 人次参加过国家级课题研究，实现零的突破。

2. 省级

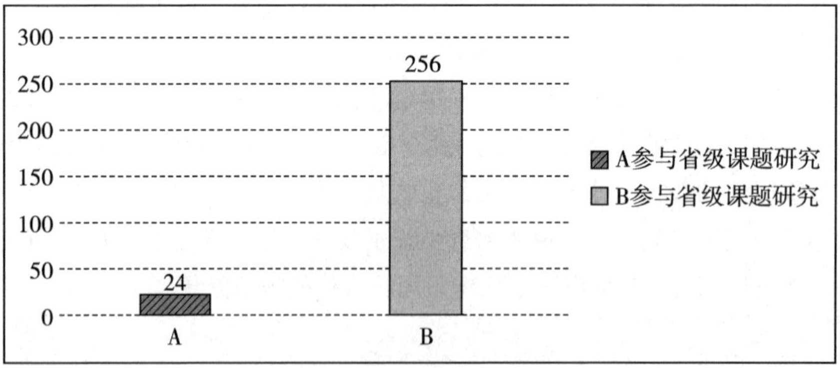

图 4.3–6 参与省级课题研究对比图

从图 4.3–6 可以看出，工作室成员加入团队前参与省级课题研究有 24 人次，加入团队后参与省级课题研究有 256 人次。加入工作室前后，工作室成员参与省级课题研究人次数呈增长趋势。

3. 市级

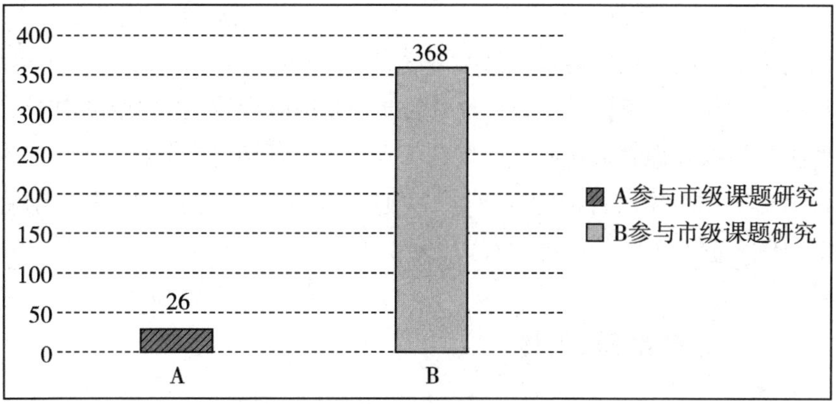

图 4.3–7　参与市级课题研究对比图

由图 4.3–7 可以看出，工作室成员加入团队前有 26 人次进行过市级课题研究，加入团队后有 368 人次进行过市级课题研究。

4. 县级

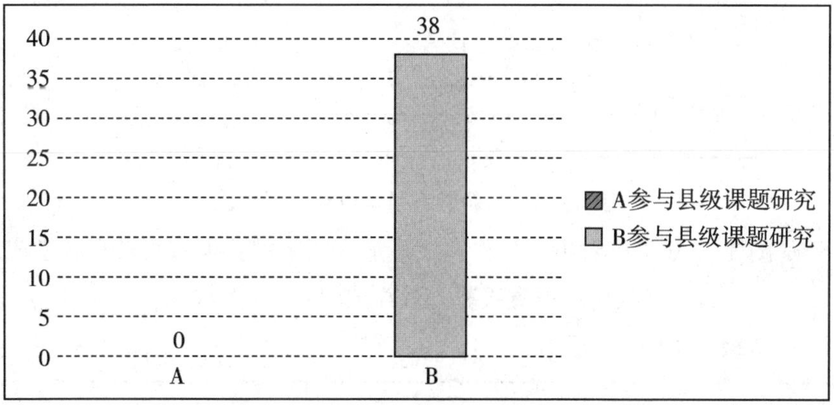

图 4.3–8　参与县级课题研究对比图

由图 4.3–8 可以看出，工作室成员加入团队前 0 人次进行过县级课题研究，加入团队之后有 38 人次进行过县级课题研究。

结论：培育工程注重对名师教科研能力的提升培养，不仅使名师自身教科研能力提升，而且使名师对教科研重要性的认识得到提高。作为工作室的主持人，更重视团队成员教科研能力的提升。在组建团队时，对团队成员有教科研任务的考核，从而促进团队教科研水平的整体提升。具体表现为：（1）课题研究层次越来越高。工作室成员加入团队后，国家级课题研究实现零的突破（图 4.3–5）。（2）工作室成员加入团队后，各层次课题研究人次大幅度增长（图 4.3–5、图 4.3–6、图 4.3–7、图 4.3–8）。教科研是教师职业幸福的源泉，教科研能力是教师专业化能力的标志之一。培育工程加强教师教科研能力的培育，将教师引领到更专业化的道路上来，实现名师工作室建设目标的专业性。团队教师的专业化水平提升为名师工作室定位专业性团队建设提供有力支撑。

（三）教育教学成果奖

1. 省级

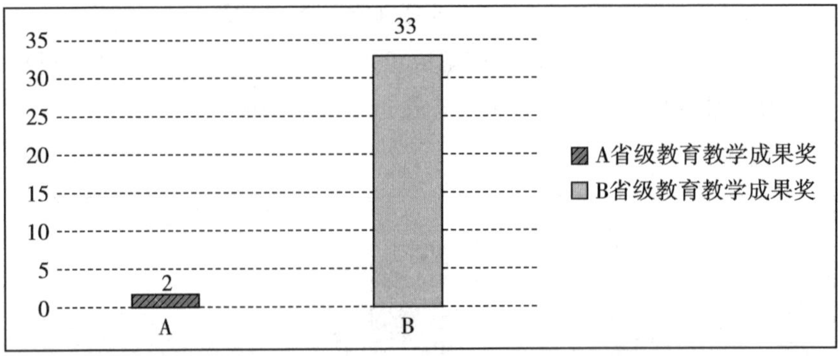

图 4.3–9　省级教育教学成果奖对比图

从图 4.3–9 可以看出，工作室成员加入团队前获得省级教育教学成果奖 2 人次，加入团队后获得省级教育教学成果奖 33 人次。

2. 市级

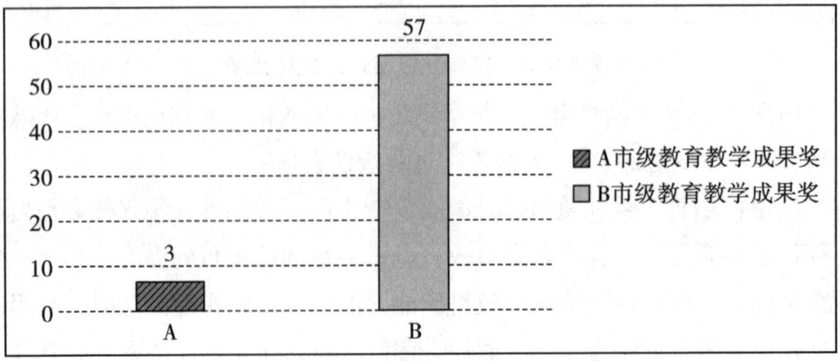

图 4.3–10　市级教育教学成果奖对比图

从图 4.3–10 可以看出，工作室成员加入团队前获得市级教育教学成果奖 3 人次，加入团队后获得市级教育教学成果奖 57 人次。

3. 县级

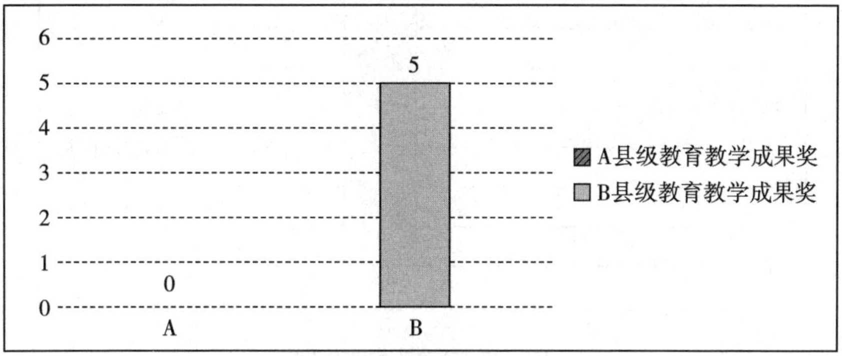

图 4.3–11　县级教育教学成果奖对比图

从图 4.3–11 可以看出，工作室成员加入团队前获得县级教育教学成果奖 0 人次，加入团队后获得县级教育教学成果奖 5 人次。

结论：从图 4.3–9、图 4.3–10、图 4.3–11 可以看出，工作室成员在加入团队后，获教育教学成果奖的人次明显增长。

（1）工作室成员获得的各级教育教学成果奖人次均在逐渐增加。获得的人次逐步增加，说明教师的进步是巨大的。能够获得教育教学方面的成果奖足以证明名师带动团队成员成长的引领作用。

（2）工作室成员在加入团队前后均未获得国家级教育教学成果奖，这说明教育教学成果奖获得难度大。虽然教师课题研究层次提高了，研究课题数量增加了，但研究的质量还需提高，教师的教科研能力与水平仍需继续提升。

（四）著作

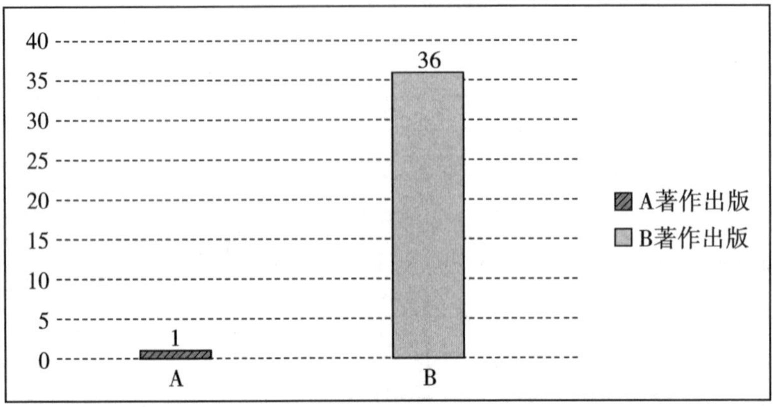

图 4.3–12　著作对比图

从图 4.3–12 可以看出，工作室成员在加入团队前后，出版著作有显著变化，由加入团队前的 1 人次增长到 36 人次。

结论：通过对工作室成员加入团队前后六年所出版的著作数量统计，检验出二者存在显著数量差异。教师组织教学实践不难，但把自己的实践用文字归纳、总结并出版不易。写作是广大教师的短板。据不完全统计，出版著作由加入团队前的 1 人次增长到 36 人次，增长幅度较大。这也是团队专业化成长的另一标志。

（五）文章发表

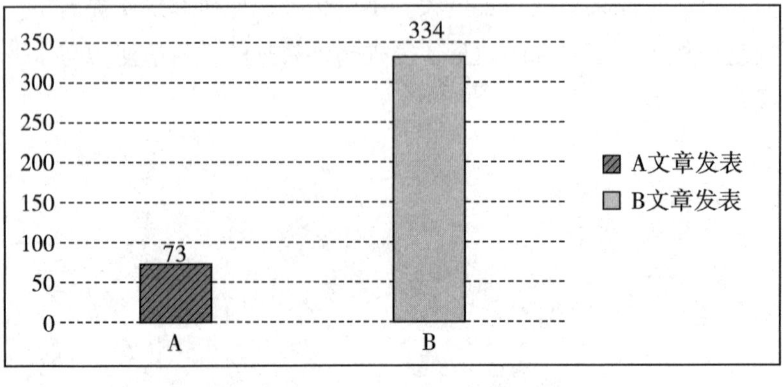

图 4.3–13　文章发表对比图

从图4.3-13可以看出，工作室成员加入团队后，发表文章呈增长趋势。成员加入团队前发表73篇文章，加入团队后发表334篇文章。文章和著作都是成员教育写作能力的体现，同时也是教师专业化的体现。培育工程注重名师写作能力的培养，带动名师对其团队写作能力的培养，从而激发团队成员写作的积极性。

（六）讲座

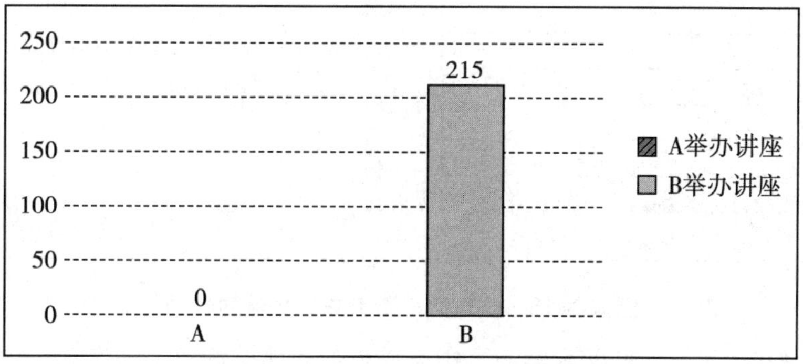

图4.3-14　举办讲座总次数对比图

从图4.3-14可以看出，工作室成员加入团队之前举办讲座0人次，加入团队之后举办讲座215人次。

结论：

（1）团队成员教学相长，自己专业化成长迅速，拥有举办讲座的能力。培育工程的任务驱动使成员有更多的机会聆听专家讲座，提升自己理论水平，更新教育观念；通过开展教学研究、送教下乡、县区交流等实践活动，帮助成员把理论与实践相结合，使其自身专业化成长迅速，拥有举办讲座的能力。

（2）工作室发挥了团队的引领、辐射作用。据不完全统计，工作室成员参加工作室之后有215人次举办讲座（图4.3-14），内容覆盖了基础教育四个学段的各个学科，充分体现团队的力量，发挥团队引领、辐射的作用。

（3）工作室为成员展示自我搭建平台。因为培育工程对名师和名师团队采用任务驱动、考核评价相结合的培育模式，工作室为成员展示搭建平台。

（七）教育教学能力奖

1. 国家级

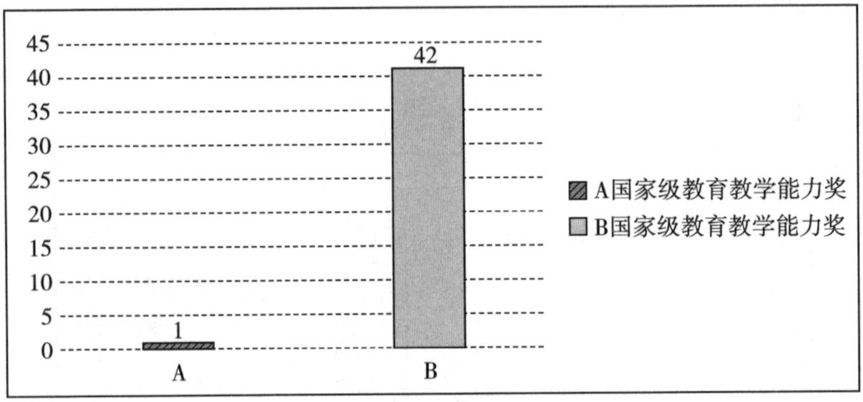

图 4.3-15 国家级教育教学能力奖对比图

从图 4.3-15 可以看出，工作室成员加入团队前有 1 人次获得国家级教育教学能力奖，加入团队后有 42 人次获得国家级教育教学能力奖。

2. 省级

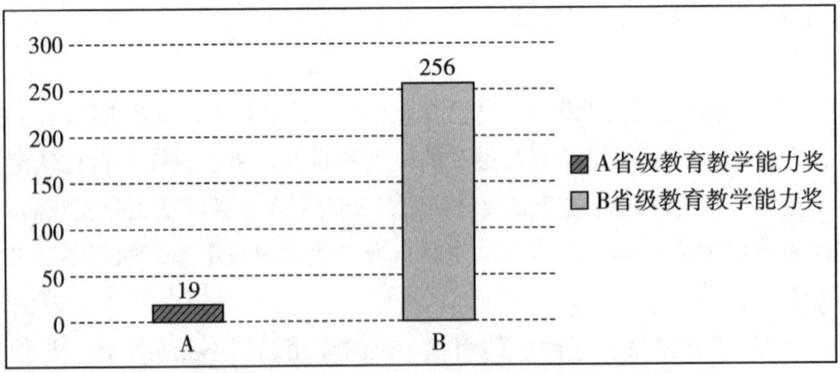

图 4.3-16 省级教育教学能力奖对比图

从图 4.3-16 可以看出，工作室成员加入团队前有 19 人次获得省级教育教学能力奖，加入团队后有 256 人次获得省级教育教学能力奖。

3. 市级

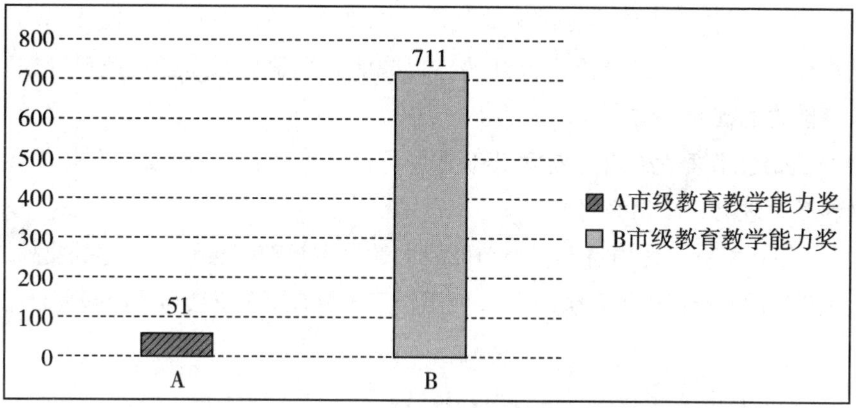

图 4.3-17　市级教育教学能力奖对比图

从图 4.3-17 可以看出，工作室成员加入团队前有 51 人次获得市级教育教学能力奖，加入团队后有 711 人次获得市级教育教学能力奖。

4. 县级

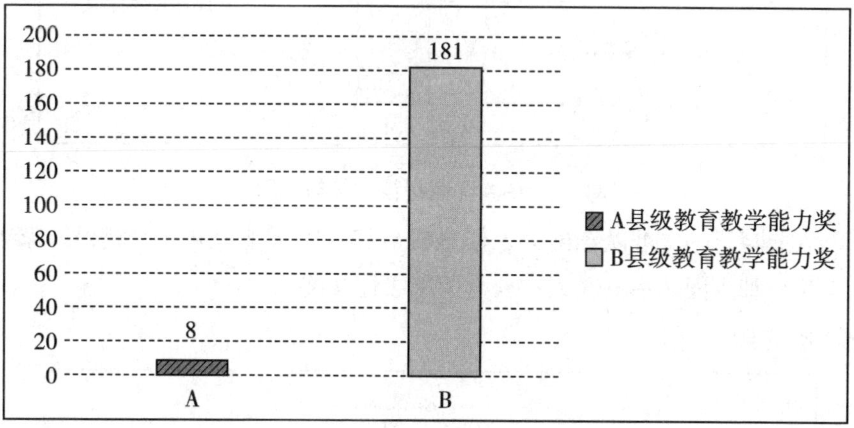

图 4.3-18　县级教育教学能力奖对比图

从图 4.3-18 可以看出，工作室成员加入团队前有 8 人次获得县级教育教学能力奖，加入团队后有 181 人次获得县级教育教学能力奖。

结论：从图 4.3-15、图 4.3-16、图 4.3-17、图 4.3-18 可以发现，工作室成员教育教学能力增长趋势明显，获得教育教学国家级奖项由 1 人次增长为 42 人次，省级由 19 人次增长为 256 人次，市级由 51 人次增长为711人次，县级由8人次增长为181人次，教育教学能力总体呈上扬趋势。

(1) 工作室为成员提供专业化成长的平台。团队成员受到任务驱动，通过送教下乡、县区交流、公开课、观摩课等教学相长途径促进自身教育教学能力的提升。

(2) 工作室为成员搭建外出观摩学习的平台，通过交流学习开阔眼界，更新教育理念，丰富教育实践。

(3) 培育工程项目办、当地政府、教育主管部门也给予一定的支持，为工作室的发展提供了资金、资源，使工作室成员有更多机会与平台锻炼自己。

（八）论文奖

1. 国家级

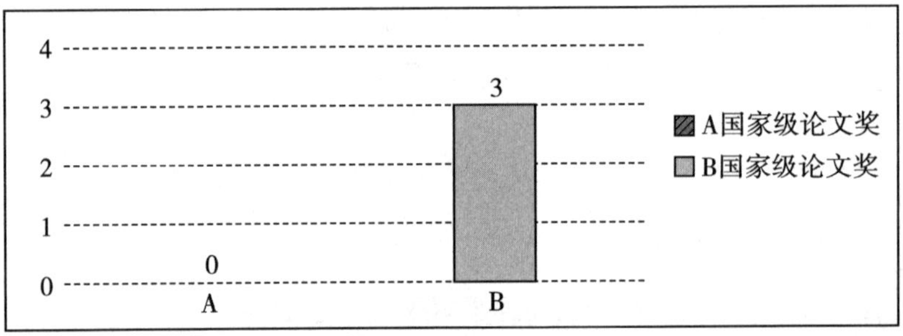

图 4.3–19 国家级论文奖对比图

从图 4.3–19 可以看出，工作室成员加入团队前有 0 人次获得国家级论文奖，加入团队后有 3 人次获得国家级论文奖。

2. 省级

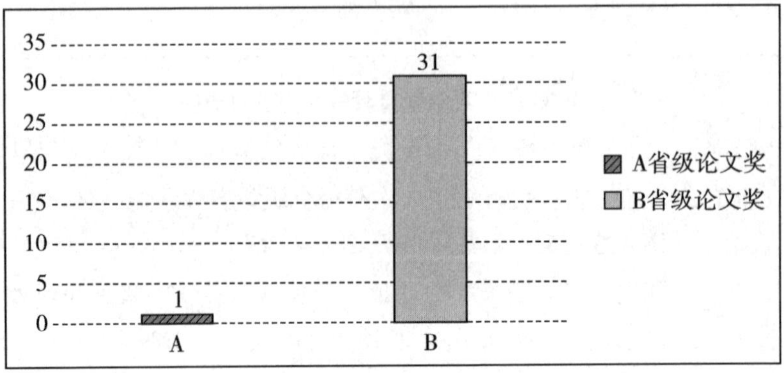

图 4.3–20 省级论文奖对比图

从图 4.3-20 可以看出，工作室成员加入团队前有 1 人次获得省级论文奖，加入团队后有 31 人次获得省级论文奖。

3. 市级

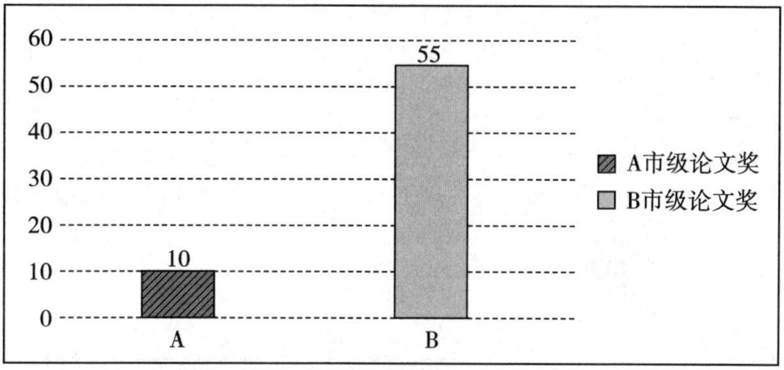

图 4.3-21　市级论文奖对比图

从图 4.3-21 可以看出，工作室成员加入团队前有 10 人次获得市级论文奖，加入团队后有 55 人次获得市级论文奖。

结论：从图 4.3-19、图 4.3-20、图 4.3-21 可以看出，工作室成员加入团队后各级别论文数量都有增长，虽然总量都不多。其一，本次统计属于不完全统计，总量可能存在偏差。其二，这与职称评定分不开。职称是对教师的综合评定，它与教师所获得的报酬相联系，是面向广大教师公开的评定形式。目前，河南省教师职称评定对论文并无要求，这使有些教师对教育主管部门论文评选活动参与的积极性不高，大家更愿意出版著作、发表文章等。

（九）荣誉表彰

1. 国家级

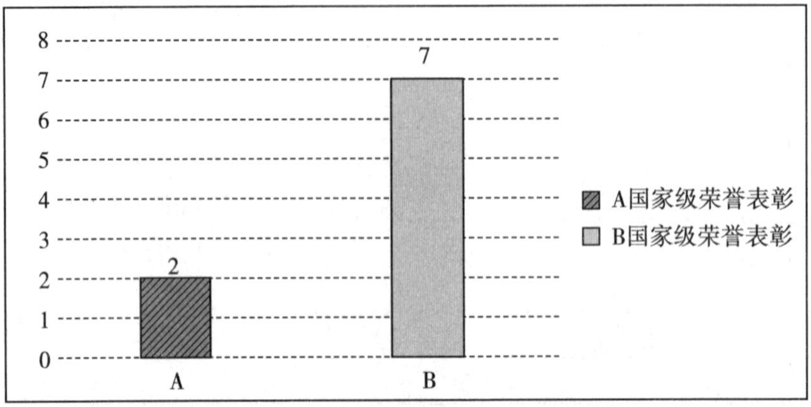

图 4.3-22 国家级荣誉表彰对比图

从图 4.3-22 可以看出，工作室成员加入团队前有 2 人次获得国家级荣誉表彰，加入团队后有 7 人次获得国家级荣誉表彰。

2. 省级

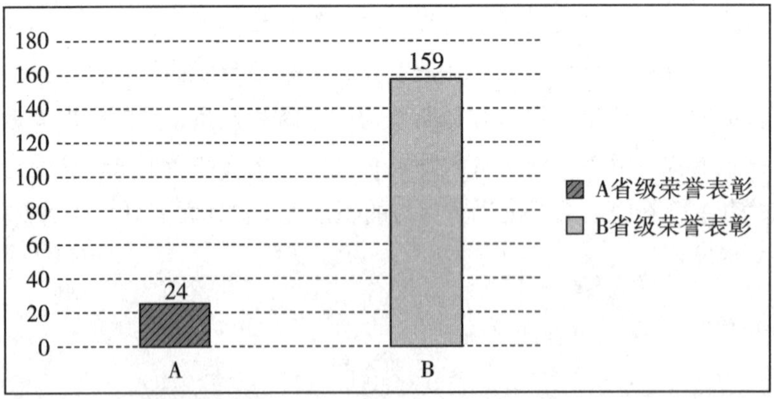

图 4.3-23 省级荣誉表彰对比图

从图 4.3-23 可以看出，工作室成员加入团队前有 24 人次获得省级荣誉表彰，加入团队后有 159 人次获得省级荣誉表彰。

3. 市级

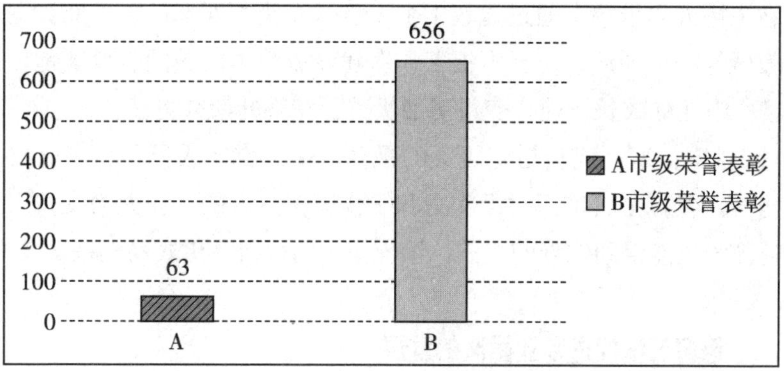

图 4.3–24　市级荣誉表彰对比图

从图 4.3–24 可以看出，工作室成员加入团队前有 63 人次获得市级荣誉表彰，加入团队后有 656 人次获得市级荣誉表彰。

4. 县级

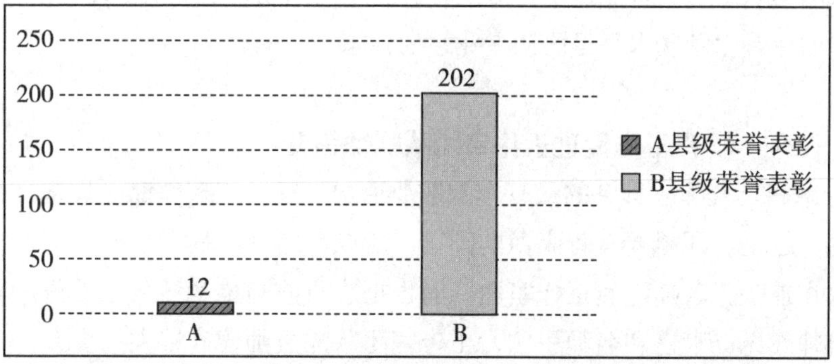

图 4.3–25　县级荣誉表彰对比图

从图 4.3–25 可以看出，工作室成员加入团队前有 12 人次获得县级荣誉表彰，加入团队后有 202 人次获得县级荣誉表彰。

结论：从图 4.3–22、图 4.3–23、图 4.3–24、图 4.3–25 可以看出，工作室成员加入团队后获得荣誉表彰数据呈现增长趋势。国家级荣誉表彰加入团队前有 2 人次获得，加入团队后有 7 人次获得。省级荣誉表彰由加入工作室前的 24 人次增长至 159 人次。市级荣誉表彰由 63 人次增长到 656 人次。县级荣誉表彰由 12 人次增长到 202 人次。总体来看，工作室成员加入团队后荣誉表彰获得数量增长幅度较大。

(1) 工作室担负着对本地区教育示范、引领、辐射、带动的重任。成员在主持人的带领下通过送教下乡、县区交流、课题研究、阅读写作、网络教研等一系列活动，努力把工作室建设成为本区域的教育高地。成员在活动中专业化成长迅速，变得更加优秀，获得的荣誉更多。

(2) 工作室为成员搭建更高的平台，使工作室成员获得荣誉的机会更多一些。教育主管部门对工作室和工作室主持人的工作大力支持，使其比普通教师更能得到领导的关注，荣誉指标的取得会更容易一些。

二、培育工程促进专业团队的发展

俗话说：一个人可以走得很快，一群人可以走得更远。工作室作为一个团队，给其成员提供一个学习、交流、展示、相长的平台，大家抱团发展，相互学习，取长补短。每一个成员都是团队的一分子，没有成员就没有团队。团队的发展源于团队成员的发展，成员的专业化成长是团队专业性的保障，成员的专业化发展水平是团队专业性的标志。

（一）培育工程促进工作室团队师德提升

师德是教师应具备的最基本的职业道德，每一位教师都要具备良好的师德，越是名师越要具备高尚的师德。所以，培育工程对名师的培育把师德放在首位，名师组建工作室团队时也把成员的师德考核放在首位。通过学习师德先进事迹和名师引领，工作室团队成员师德有很大的提升。工作室成员参加团队前有 0 人次获得国家级、省级师德荣誉，参加团队后有 2 人次获得国家级师德荣誉，4 人次获得省级师德荣誉。市级师德荣誉由 4 人次增长到 53 人次，县级师德荣誉由 1 人次增长到 31 人次。工作室成员在进入工作室前后六年获得的师德荣誉不仅总量在增长，而且获得师德荣誉的层次越来越高，特别是国家级和省级高层次的荣誉，有了零的突破。

（二）培育工程促进工作室团队专业化成长

名师依托工作室承担对本区域教育示范、引领、辐射、带动的责任。培育工程对工作室的成员专业化成长有明确的要求。成员自己制订自我专业化成长的三年规划，工作室依据每一位成员的三年规划，为每一位成员制订出细致、可行的专业成长计划，有计划、有步骤地促进成员的专业化成长。经过六年的培育，工作室团队专业化成长迅速。

（1）课题研究层次越来越高。工作室成员加入团队前没有国家级课题研究，加入团队后有 7 人次国家级课题研究，国家级课题研究实现零突破（图 4.3–5）。

（2）工作室成员加入团队后，各层次课题研究人次大幅度增长。工作室成员加入团队前后，省级课题研究有明显区别，由 24 人次增长到 256 人次（图 4.3–6）；市级课题研究由 26 人次增长到 368 人次（图 4.3–7）；县级课题研究由 0 人次增长到 38 人次（图 4.3–8）。

（3）工作室成员在加入团队前后，出版著作由加入团队前的 1 人次增长到 36 人次（表 4.3–12）。

（4）工作室成员加入团队后，发表文章呈增长趋势。成员加入团队前发表 73 篇文章，加入团队后发表 334 篇文章（图 4.3–13）。

（三）培育工程任务驱动促进工作室团队教学相长

培育工程对工作室团队的培育采用任务驱动方式。培育工程要求工作室必须成为本区域教育的高地，引领本区域教育的发展，为本区域广大教师做示范。工作室每学期要完成送教下乡、县区交流等任务。各种活动为工作室成员提供展示自我的平台，在一次次活动中，成员锻炼了自己。都说教学相长，工作室成员为他人带去精彩的课例、鲜明的教学主张的同时，也成就了自己。“赠人玫瑰，手留余香”是对工作室团队恰当的比喻。从图 4.3–15、图 4.3–16、图 4.3–17、图 4.3–18 可以发现，工作室成员教育教学能力增长趋势明显，获得国家级教育教学能力奖项由 1 人次增长为 42 人次，省级由 19 人次增长为 256 人次，市级由 51 人次增长为 711 人次，县级由 8 人次增长为 181 人次。

（四）培育工程促进工作室团队发挥引领、辐射作用

通过六年的培育，工作室成员已成长为本区域教育的排头兵，工作室也成长为本区域教育的高地。为了充分发挥引领、辐射作用，培育工程对

工作室发展采用任务驱动培训模式。每个工作室每年为省名师工程培育5个省级名师，10个省级骨干教师。工作室采取集中研修与网络教研相结合的培训方式，通过专家讲座、同课异构、影子跟岗、科研课题、教育写作、读书沙龙等任务驱动，促进省名师、省骨干教师的专业化成长。名师工作室在本区域发挥引领、辐射作用。工作室团队每年要送教下乡两次、县区交流两次、帮扶薄弱学校（幼儿园）。工作室成员加入团队之前有0人次举办讲座，参加工作室团队之后有215人次举办讲座（图4.3-14）。

第四节　中原名师培育工程促进学校办学发展

一、教师发展学校参加培育工程前后六年荣誉的统计、对比、分析

（一）师德

1. 省级

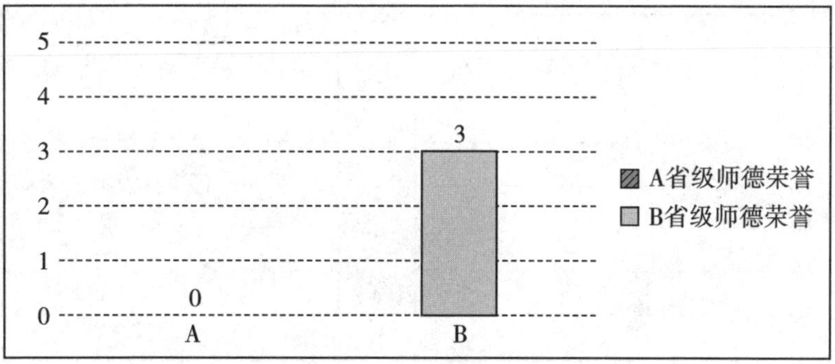

图 4.4–1　省级师德荣誉对比图

从图 4.4–1 中可以看出，教师发展学校在参加培育工程前 0 人次获得省级师德荣誉，参加培育工程后有 3 人次获得省级师德荣誉，实现了零的突破。

2. 市级

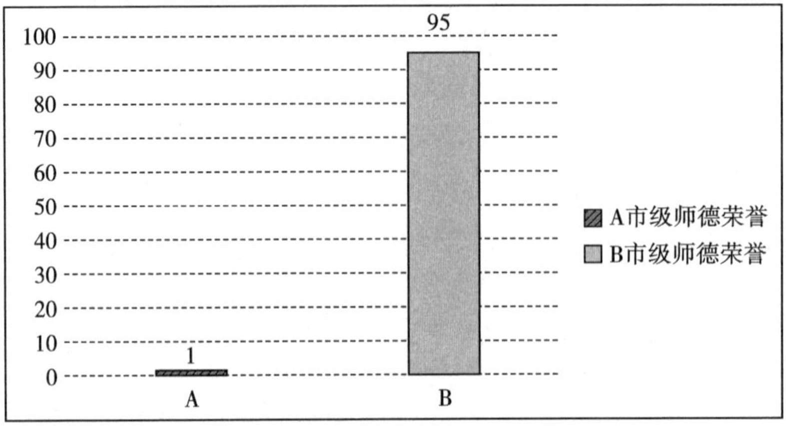

图 4.4–2 市级师德荣誉对比图

从图 4.4–2 可以看出，教师发展学校在参加培育工程前有 1 人次获得市级师德荣誉，参加培育工程后有 95 人次获得市级师德荣誉，数量明显增多。

3. 县级

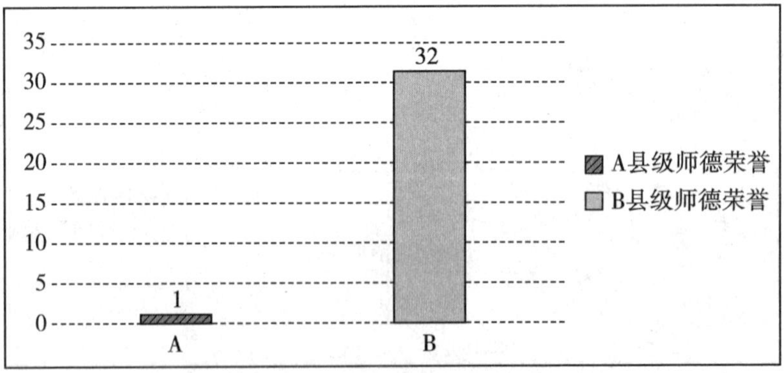

图 4.4–3 县级师德荣誉对比图

从图 4.4–3 可以看出，教师发展学校参加培育工程后获得县级师德荣誉明显增多，由参加培育工程前的 1 人次到参加培育工程后的 32 人次，说明培育工程促进了教师思想的转变与提升，提高了学校的综合师资素质。

（二）课题研究

1. 国家级

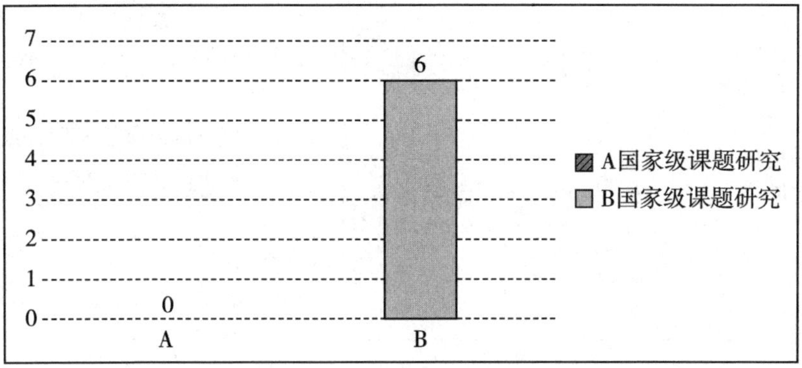

图 4.4-4 国家级课题研究对比图

从图 4.4-4 可以看出，教师发展学校在参加培育工程前有 0 人次进行国家级课题研究，参加培育工程后有 6 人次进行国家级课题研究。

2. 省级

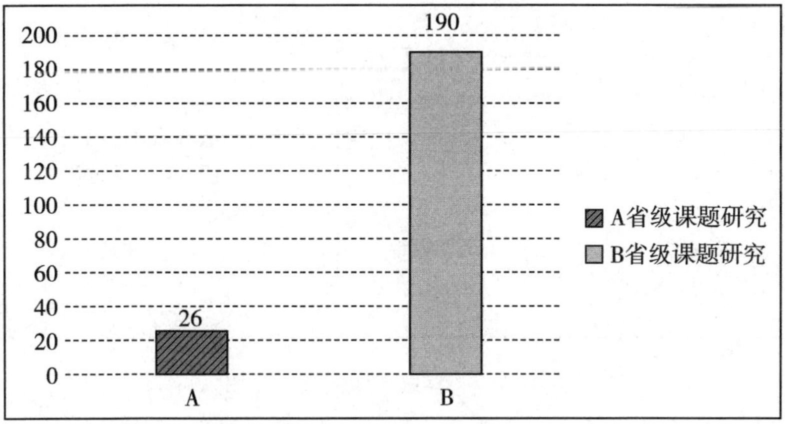

图 4.4-5 省级课题研究对比图

从图 4.4-5 可以看出，教师发展学校在参加培育工程前有 26 人次进行省级课题研究，参加培育工程后有 190 人次进行省级课题研究。

3. 市级

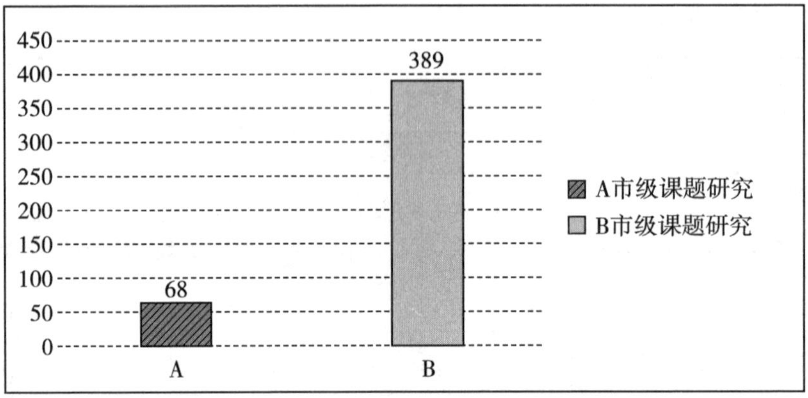

图 4.4-6　市级课题研究对比图

从图 4.4-6 可以看出，教师发展学校在参加培育工程前有 68 人次进行市级课题研究，参加培育工程后有 389 人次进行市级课题研究。

4. 县级

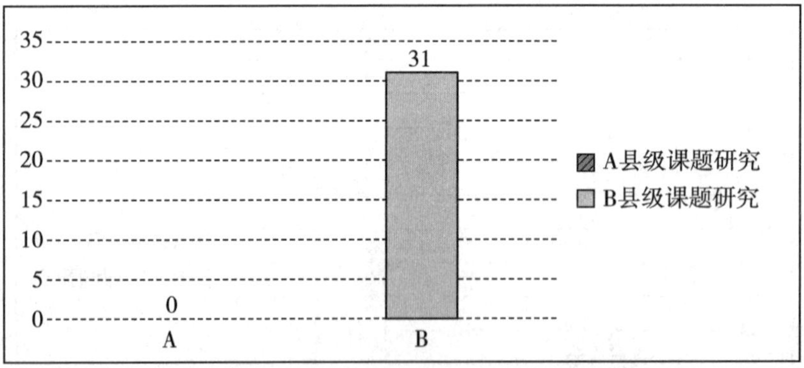

图 4.4-7　县级课题研究对比图

从图 4.4-7 可以看出，教师发展学校在参加培育工程前 0 人次进行县级课题研究，参加培育工程后有 31 人次进行县级课题研究。

结论：培育工程促进教师发展学校科研能力的提高。

(1) 培育工程促进教师发展学校高层次的课题研究。参加培育工程前，有 0 人次进行国家级课题研究；参加培育工程后，有 6 人次进行国家级课题研究，实现了高层次、高水平课题研究零的突破。

（2）各级课题的总量都在增加。这说明，教师发展学校和广大教师对课题研究积极性很高。

（三）教育教学成果奖

1. 省级

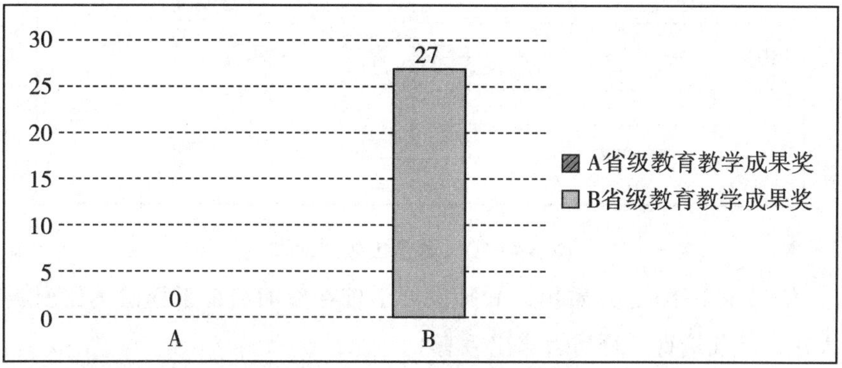

图 4.4–8　省级教育教学成果奖对比图

从图 4.4–8 可以看出，教师发展学校在参加培育工程前有 0 人次获得省级教育教学成果奖，参加培育工程后有 27 人次获得省级教育教学成果奖。

2. 市级

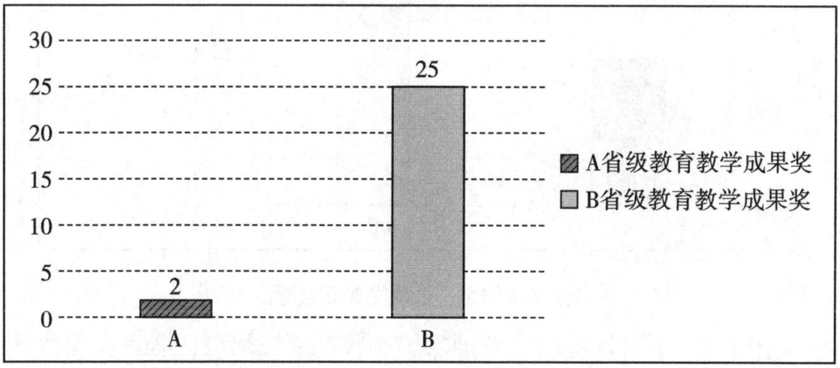

图 4.4–9　市级教育教学成果奖对比图

从图 4.4–9 可以看出，教师发展学校在参加培育工程前仅有 2 人次获得市级教育教学成果奖，参加培育工程后有 25 人次获得市级教育教学成果奖。

（四）著作

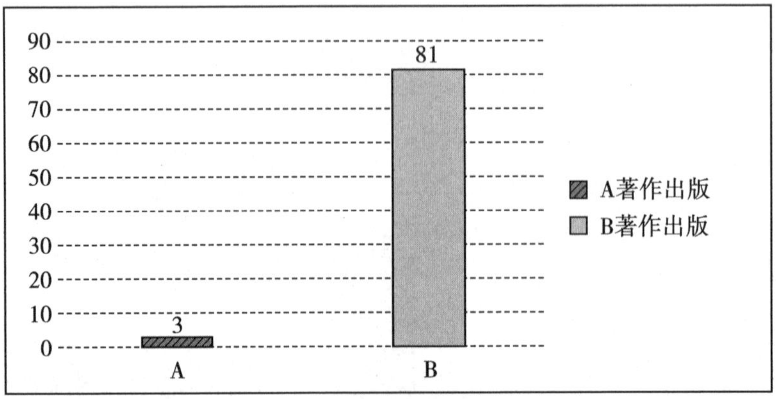

图 4.4-10 著作出版对比图

从图 4.4-10 可以看出，教师发展学校在参加培育工程前著作出版有 3 人次，参加培育工程后著作出版有 81 人次。

（五）文章发表

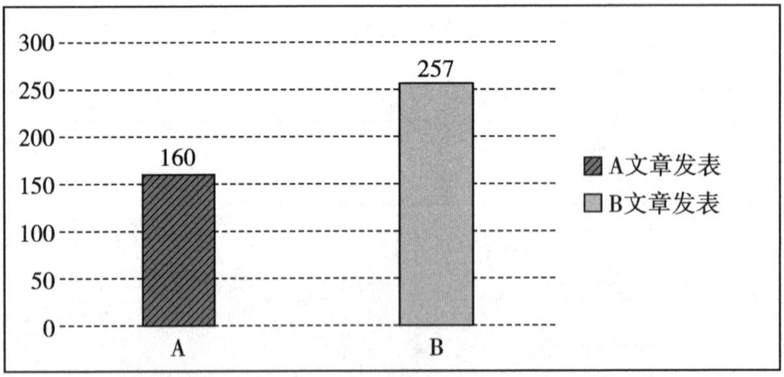

图 4.4-11 文章发表对比图

从图 4.4-11 可以看出，教师发展学校在参加培育工程前文章发表数量为 160 人次，参加培育工程后增加到 257 人次。

（六）讲座

1. 国家级

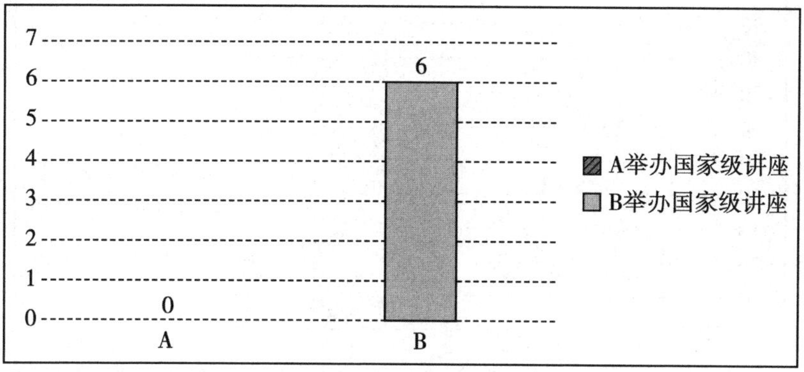

图 4.4–12　举办国家级讲座对比图

从图 4.4–12 可以看出，教师发展学校在参加培育工程前 0 人次举办国家级讲座，参加培育工程后有 6 人次举办国家级讲座。

2. 省级

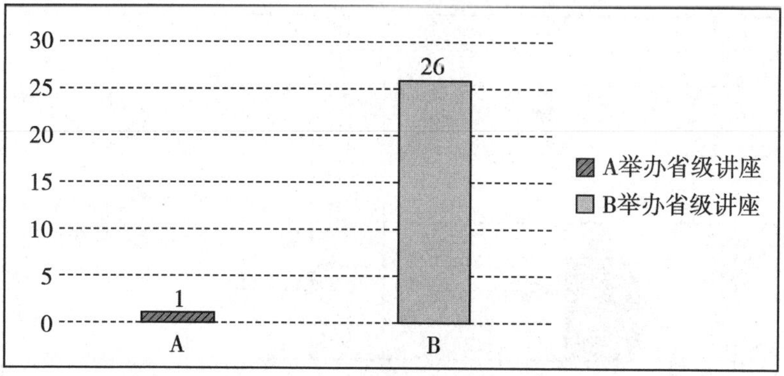

图 4.4–13　举办省级讲座对比图

从图 4.4–13 可以看出，教师发展学校在参加培育工程前有 1 人次举办省级讲座，参加培育工程后有 26 人次举办省级讲座。

3. 市级

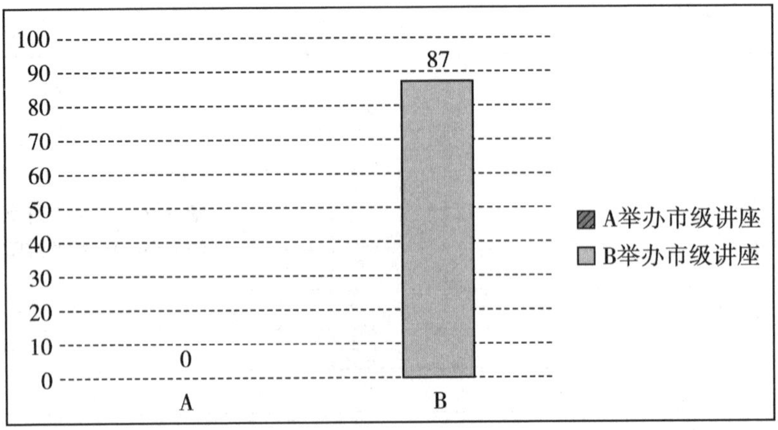

图 4.4–14　举办市级讲座对比图

从图 4.4–14 可以看出，教师发展学校在参加培育工程前 0 人次举办市级讲座，参加培育工程后有 87 人次举办市级讲座。

4. 县级

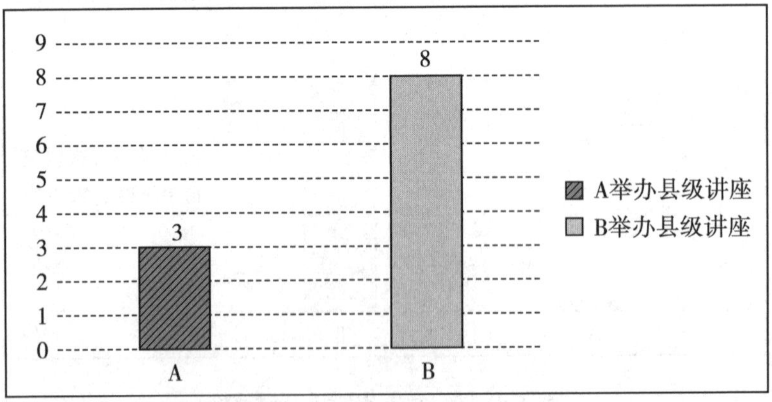

图 4.4–15　举办县级讲座对比图

从图 4.4–15 可以看出，教师发展学校在参加培育工程前有 3 人次举办县级讲座，参加培育工程后有 8 人次举办县级讲座。

（七）教育教学能力奖

1. 国家级

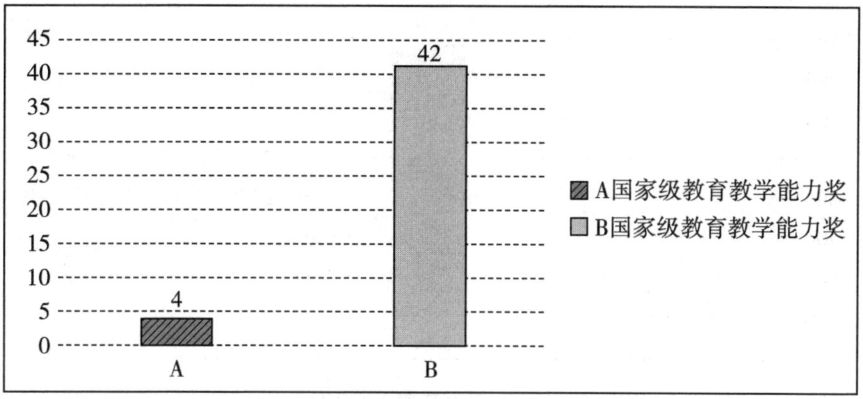

图 4.4–16　国家级教育教学能力奖对比图

从图 4.4–16 可以看出，教师发展学校在参加培育工程前有 4 人次获得国家级教育教学能力奖，参加培育工程后有 42 人次获得国家级教育教学能力奖。

2. 省级

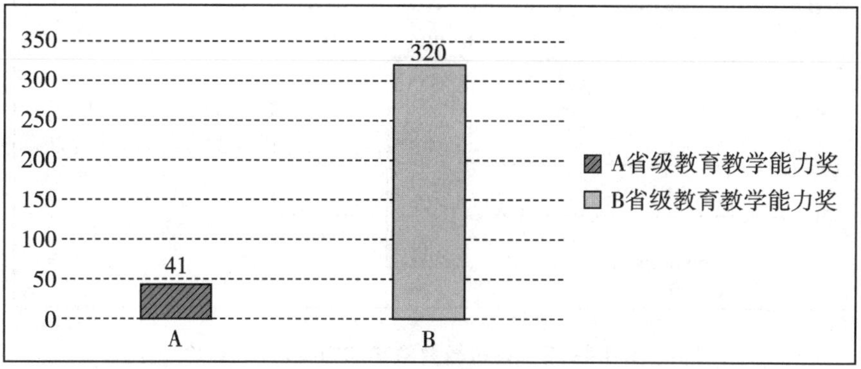

图 4.4–17　省级教育教学能力奖对比图

从图 4.4–17 可以看出，教师发展学校在参加培育工程前有 41 人次获得省级教育教学能力奖，参加培育工程后有 320 人次获得省级教育教学能力奖。

3. 市级

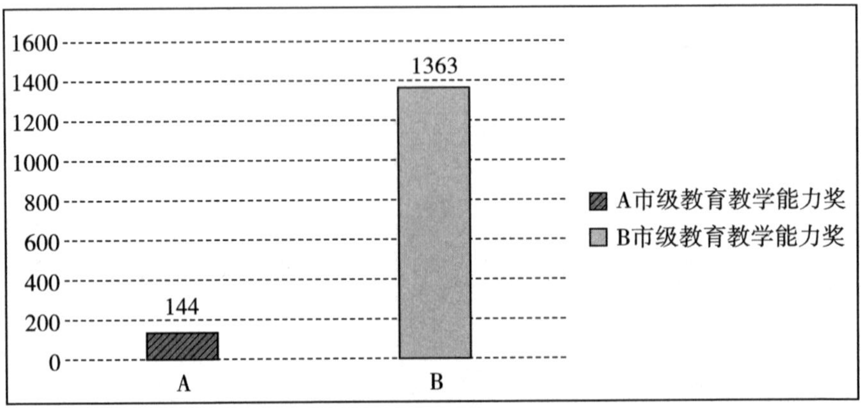

图 4.4–18　市级教育教学能力奖对比图

从图 4.4–18 可以看出，教师发展学校在参加培育工程前有 144 人次获得市级教育教学能力奖，参加培育工程后有 1363 人次获得市级教育教学能力奖。

4. 县级

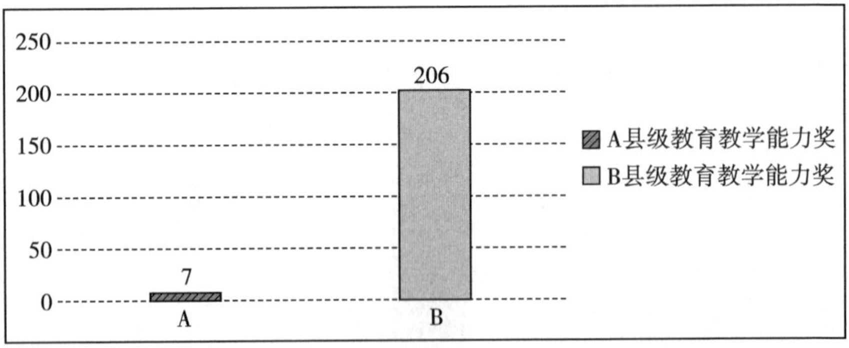

图 4.4–19　县级教育教学能力奖对比图

从图 4.4–19 可以看出，教师发展学校在参加培育工程前有 7 人次获得县级教育教学能力奖，参加培育工程后有 206 人次获得县级教育教学能力奖。

（八）论文奖

1. 国家级

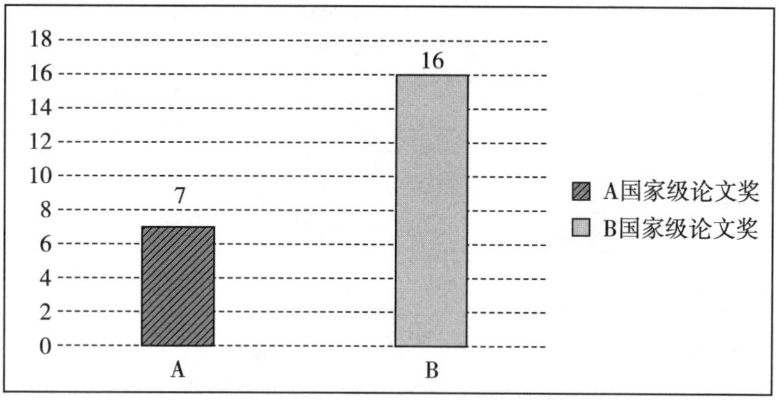

图 4.4–20　国家级论文奖对比图

从图 4.4–20 可以看出，教师发展学校在参加培育工程后获得的国家级论文奖呈增长趋势，从参加前的 7 人次增加到参加后的 16 人次。

2. 省级

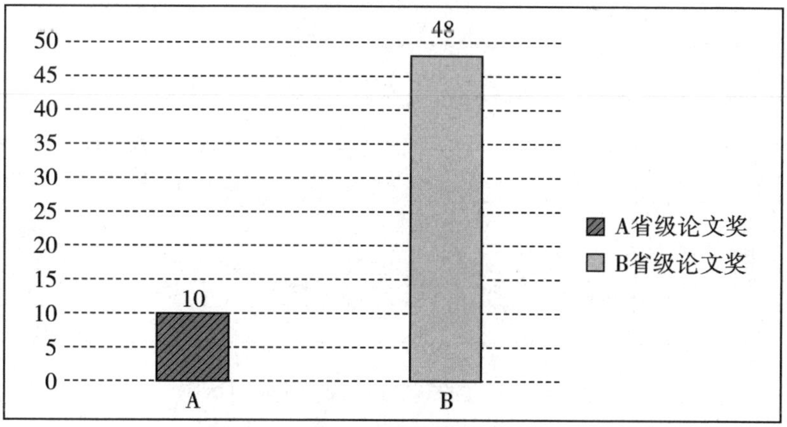

图 4.4–21　省级论文奖对比图

从图 4.4–21 可以看出，教师发展学校在参加培育工程前有 10 人次获得省级论文奖，参加培育工程后有 48 人次获得省级论文奖。

3. 市级

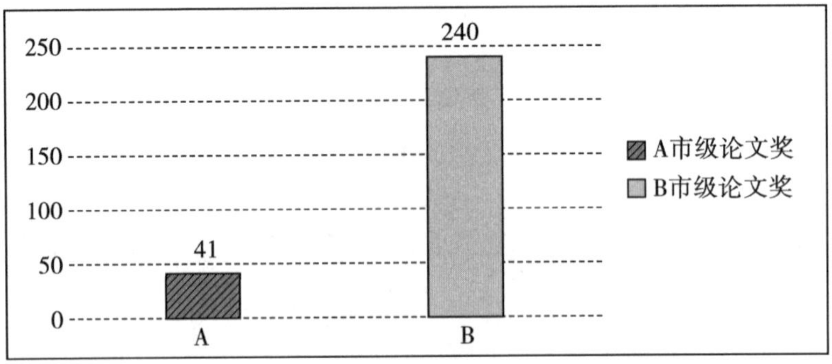

图 4.4-22 市级论文奖对比图

从图 4.4-22 可以看出，教师发展学校在参加培育工程前有 41 人次获得市级论文奖，参加培育工程后有 240 人次获得市级论文奖。

（九）荣誉表彰

1. 国家级集体荣誉表彰

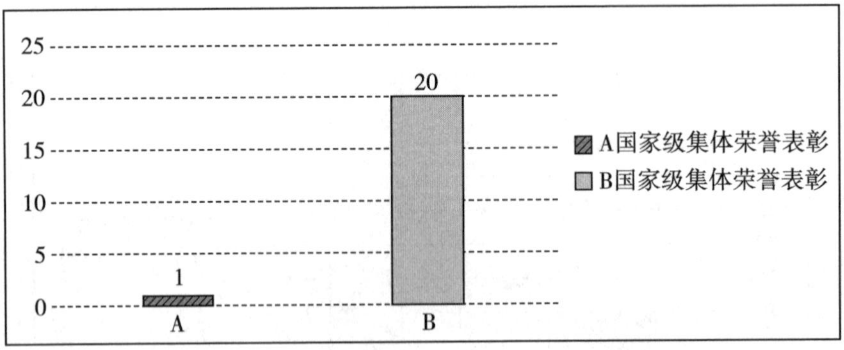

图 4.4-23 国家级集体荣誉表彰对比图

从图 4.4-23 可以看出，教师发展学校在参加培育工程前获得国家级集体荣誉表彰 1 次，参加培育工程后获得国家级集体荣誉表彰 20 次。

2. 省级集体荣誉表彰

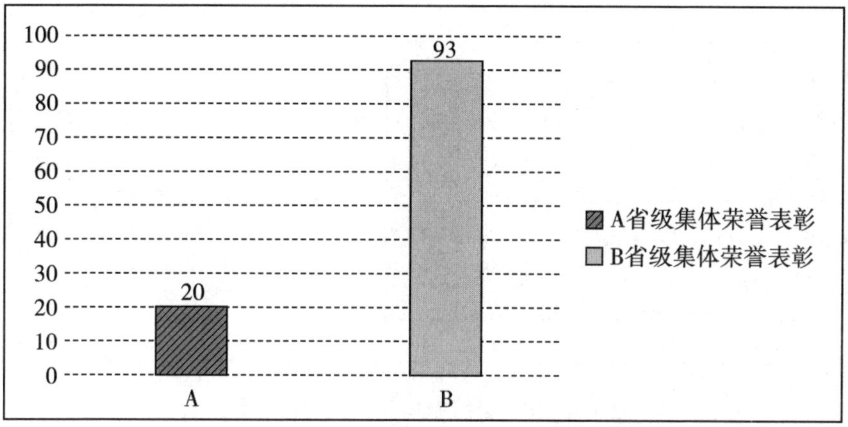

图 4.4–24　省级集体荣誉表彰对比图

从图 4.4–24 可以看出，教师发展学校在参加培育工程前获得省级集体荣誉表彰 20 次，参加培育工程后获得省级集体荣誉表彰 93 次。

3. 市级集体荣誉表彰

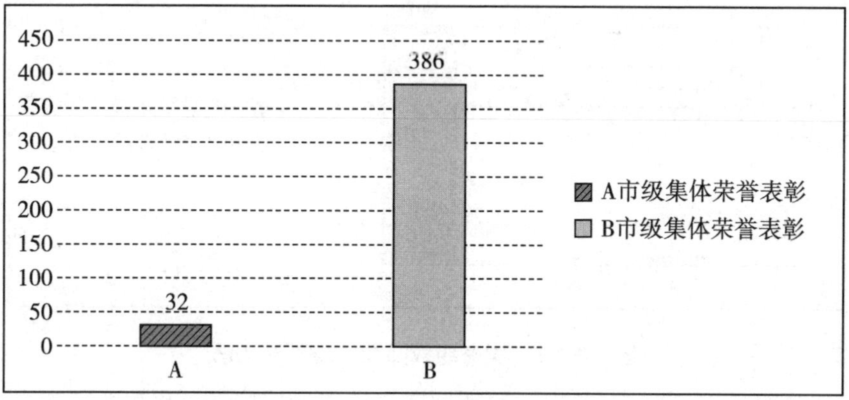

图 4.4–25　市级集体荣誉表彰对比图

从图 4.4–25 可以看出，教师发展学校在参加培育工程前获得市级集体荣誉表彰 32 次，参加培育工程后获得市级集体荣誉表彰 386 次。

4. 县级集体荣誉表彰

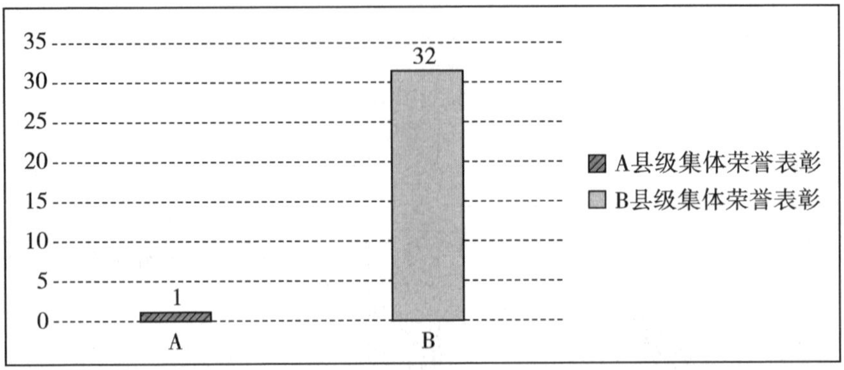

图 4.4-26　县级集体荣誉表彰对比图

从图 4.4-26 可以看出，教师发展学校在参加培育工程前获得县级集体荣誉表彰 1 次，参加培育工程后获得县级集体荣誉表彰 32 次。

5. 国家级教师荣誉表彰

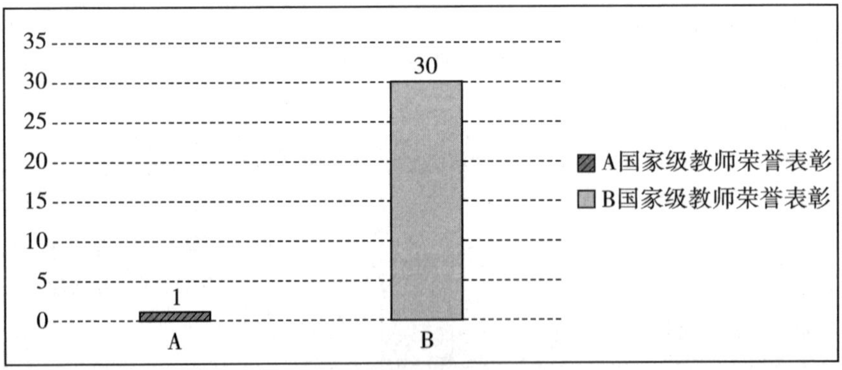

图 4.4-27　国家级教师荣誉表彰对比图

从图 4.4-27 可以看出，教师发展学校在参加培育工程前获得国家级教师荣誉表彰 1 人次，参加培育工程后获得国家级教师荣誉表彰 30 人次。

6. 省级教师荣誉表彰

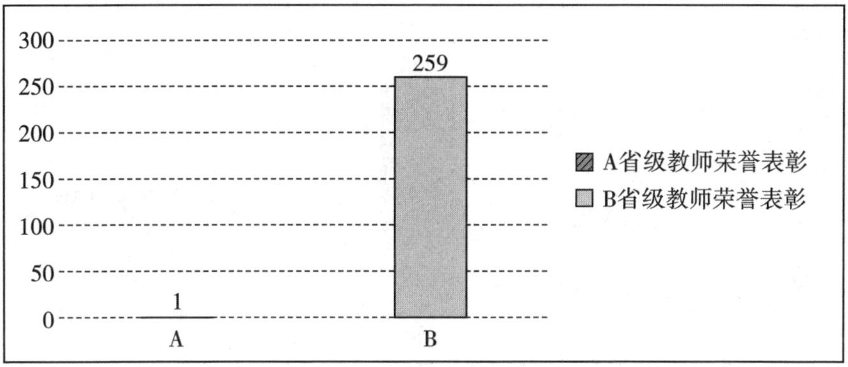

图 4.4-28　省级教师荣誉表彰对比图

从图 4.4-28 可以看出，教师发展学校在参加培育工程前获得省级教师荣誉表彰 1 人次，参加培育工程后获得省级教师荣誉表彰 259 人次。

7. 市级教师荣誉表彰

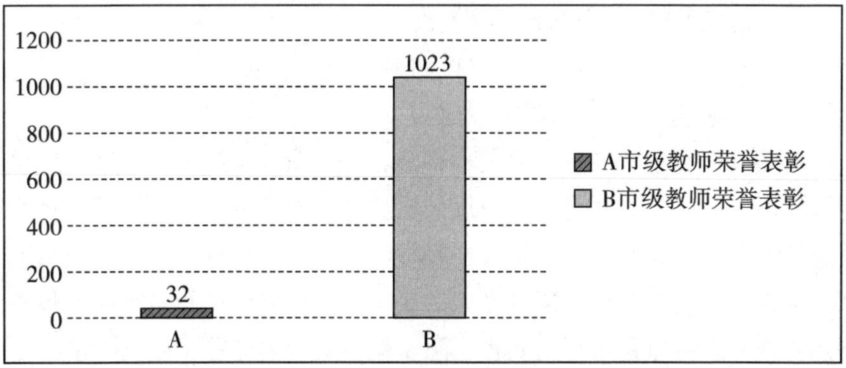

图 4.4-29　市级教师荣誉表彰对比图

从图 4.4-29 可以看出，教师发展学校在参加培育工程前获得市级教师荣誉表彰 32 人次，参加培育工程后获得市级教师荣誉表彰 1023 人次。

8. 县级教师荣誉表彰

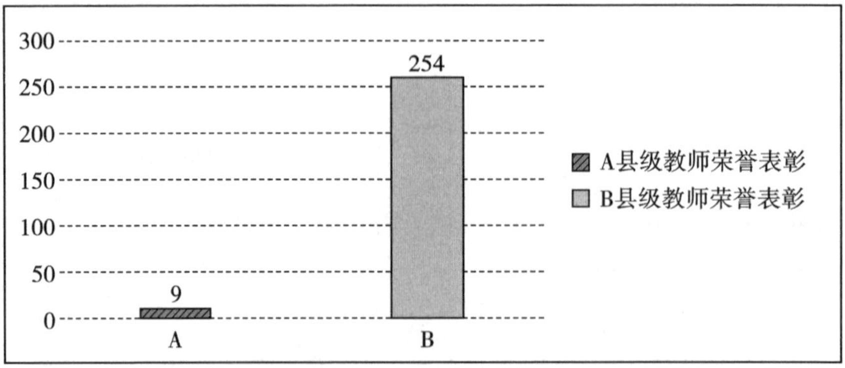

图 4.4–30　县级教师荣誉表彰对比图

从图 4.4–30 可以看出，教师发展学校在参加培育工程前获得县级教师荣誉表彰 9 人次，参加培育工程后获得县级教师荣誉表彰 254 人次。

二、培育工程促进学校的办学发展

（一）促进学校的师德师风建设

师德师风是学校文化外显的一部分，是衡量教师队伍纯洁度的标尺，是学校可持续发展的原动力，是每一位教师必须具备的职业道德。每所优质的学校都会把师德师风建设放在教师队伍建设的首位。培育工程也把名师的师德提升放在首位，通过专家讲座、同伴影响等提升名师和名师团队的师德修养。名师和名师团队在实际工作中用行动诠释了爱国守法、爱岗敬业、关爱学生、教书育人、为人师表、终身学习的师德标准，为普通教师做出表率，促进了学校良好的师德师风建设。教师发展学校在参加培育工程前 0 人次获得省级师德荣誉，参加培育工程后有 3 人次获得省级师德荣誉（图 4.4–1），实现了零的突破。参加培育工程前，有 1 人次获得市级师德荣誉，参加培育工程后有 95 人次获得市级师德荣誉（图 4.4–2），参加培育工程后获得市级师德荣誉数量明显增多。

（二）促进学校教科研氛围的形成

教科研是教师职业幸福的源泉，是提高教育质量的路径，是学校可持续发展的必由之路。培育工程采用专家讲座、导师指导、任务驱动等方式提升名师的教科研能力。名师和名师团队教科研能力的提升，带动了学校教科研的发展。因此，培育工程促进教师发展学校高层次的课题研究。教师发展学校在参加培育工程前 0 人次进行国家级课题研究，参加培育工程后有 6 人次进行国家级课题研究（图 4.4–4），实现了国家级课题研究零的突破。参加培育工程后，各级课题的总量都在增加，广大教师对课题研究的积极性提高，已形成浓厚的教科研氛围。参加培育工程前有 26 人次进行省级课题研究，参加培育工程后有 190 人次进行省级课题研究（图 4.4–5）；参加培育工程前有 68 人次进行市级课题研究，参加培育工程后有 389 人次进行市级课题研究（图 4.4–6）；参加培育工程前 0 人次进行县级课题研究，参加培育工程后有 31 人次进行县级课题研究（图 4.4–7）。

（三）促进学校教师专业化成长

学校是教师专业化成长的交流平台、展示舞台。促进教师专业化成长是学校的责任，同时教师专业化成长也会推动学校的发展。培育工程采取任务驱动、考察评估等办法，促进每一所教师发展学校的每一位教师的专业化成长。在工程的指导下，教师发展学校为每位教师都制订了切实可行的专业成长计划，通过“走出去”、“请进来”、校本研修、教学相长、任务驱动等策略，促进教师的专业化成长。教师发展学校参加培育工程后，教育教学成果省级荣誉从 0 人次增加到 27 人次（图 4.4–8），市级荣誉从 2 人次增加到 25 人次（图 4.4–9）。著作出版从 3 人次增加到 81 人次（图 4.4–10）。文章发表从 160 人次增加到 257 人次（图 4.4–11）。举办国家级讲座从 0 人次增加到 6 人次（图 4.4–12），举办省级讲座从 1 人次增加到 26 人次（图 4.4–13），举办市级讲座从 0 人次增加到 87 人次（图 4.4–14），举办县级讲座从 3 人次增加到 8 人次（图 4.4–15）。教育教学能力国家级荣誉从 4 人次增加到 42 人次（图 4.4–16），省级荣誉从 41 人次增加到 320 人次（图 4.4–17），市级荣誉从 144 人次增加到 1363 人次（图 4.4–18），县级荣誉从 7 人次增加到 206 人次（图 4.4–19）。获得的国家级论文奖，在参加培育工程前后具有明显差异（图 4.4−20）；获得的省级论文奖从 10 人次增加到 48 人次（图 4.4−21）；获得的市级论文奖从 41 人次增加到 240 人次（图 4.4−22）。

（四）促进学校办学质量的提升

梅贻琦说："所谓大学者，非谓有大楼之谓也，有大师之谓也。"一所优质的学校一定有一支优秀的师资队伍。培育工程培育名师及名师团队，从而带动普通教师自我专业的发展。教师的师德提升推动着学校的师德师风建设；教师参与科研的积极性高，学校科研氛围就浓厚；教师的专业发展推动着学校办学质量的提升。学校参加培育工程后获得的各级表彰数量大幅提升。国家级集体荣誉表彰从 1 次增加到 20 次（图 4.4−23），省级集体荣誉表彰从 20 次增加到 93 次（图 4.4−24），市级集体荣誉表彰从 32 次增加到 386 次（图 4.4−25），县级集体荣誉表彰从 1 次增加到 32 次（图 4.4−26）。学校参加培育工程后教师荣获的荣誉人次也大幅度提高。国家级教师荣誉表彰从 1 人次增加到 30 人次（图 4.4−27），省级教师荣誉表彰从 1 人次增加到 259 人次（图 4.4−28），市级教师荣誉表彰从 32 人次增加到 1023 人次（图 4.4−29），县级教师荣誉表彰从 9 人次增加到 254 人次（图 4.4−30）。教师个人荣誉的获得和学校集体荣誉的获得，说明办学质量在不断的提高，得到教育主管部门的认可。

结束语：本研究虽是不完全统计，但数据真实，可信度高。从数据对比分析看，培育工程真正促进了名师、专业团队和教师发展学校的发展。很多名师既是一线教师，又是学科教研组长等，他们在完成各项任务，促进自身专业化成长的同时，还要带领团队共同发展，引领本区域教育发展。如何更好地平衡工作与学习，处理这种工作与学习的矛盾，也是我们下一步研究的方向。

后记

教师是新教育理念的传承者，素质教育的组织者和实施者，学生健康人格的塑造者，更是道德教育的实践者和社会风尚的引领者。办好人民满意的教育，迫切需要打造一支优秀的教师团队。搭建教师专业发展的平台，加强教师教育理念与实践技能的研修提升，建设一支理想信念坚定、道德情操高尚、专业学养丰厚、作风干练严谨的教师队伍，是实现河南教育现代化的关键举措，是深入推进河南教育高质量发展的重要保障。为此，河南省教育厅在2013年启动和实施了中原名师培育工程。通过多形式、全方位的专家讲座、名师论坛、实践研修、课题研究等系统研修，截至2019年，河南省116位名师中多人已成长为国家级万人计划教学名师、河南省教学名师、中原名师、正高级教师、特级教师，实现了全省师资队伍建设水平的跨越式发展。为全面总结中原名师培育工程高效引领中原名师专业成长的成功经验，启迪河南不同层次教师发展共同体实现更高层次的专业成长，我们开展了“中原名师培育工程有效引领名师成长的实践研究”的专题研究。

回望来路，感怀万千。课题研究的所有过程历历在目，令人难忘。为填写申报书，我历时近一个月，执着于查阅资料、撰写文献综述、推敲课题框架结构等环节，力求做到设计层面的精细、严谨。课题立项后，我们在漯河举办项目组成员课题研讨会，商定课题的实施计划和推进措施。难忘在浙江丽水课题答辩后，在专家指导下，再度召开课题研讨会，商定课题下一步的实施方案与中期目标的实现路径。难忘多少个无眠的夜晚，在线上，针对课题研究中的重重困惑，大家多番研讨直到黎明的曙光乍现。最难忘在凄雨冷风的初冬，为召开中期成果报告交流会暨专著写作启动研讨会，我们诚邀中原名师 26 人聚首漯河，针对专著的体例进行了广泛而深入的交流，最后达成共识。此次研讨为课题的进一步实施及专著的完成奠定了坚实的基础。永远铭记这样的画面：为了这次交流活动，中原名师班的同学们有的冒着凛冽的寒风，在严寒的深夜到达；有的推掉了自己预先安排的学术讲座，上完课后急忙奔赴高铁站；还有的在研讨活动刚结束，因为学校还有课，来不及喝上一口水，就急匆匆地往回赶。正是有了这群素质高超、团结精干的中原名师班同学的牺牲与奉献，才保证了本书稿的顺利完成。

衷心感谢河南省教育厅中原名师项目办，几年来给了我很多发展平台和倾心支持。感谢河南省基础教育教学研究室丁武营主任多次的热情鼓励，让我体会到从受领任务的诚惶诚恐到完成任务的缕缕喜悦；感谢河南省基础教育教学研究室杨伟东主任在课题实施过程中的指导、帮助与引领，让我领略到担心于斯而收获于斯的满满成就；感谢浙江师范大学教育学院林一钢教授、漯河医学高等专科学校贺斌教授和周口项城市教体局教研室胡新颖教研员，在开题和中期报告会中，他们通过辛辣犀利的批评、偏执于完美的挑剔和温暖的建议，让我得以破茧成蝶向往卓越；感谢课题组成员近两年的倾情支持。感谢参与中原名师案例写作的同学们的倾心帮助与鼎力支持。正是有了他们的凝心聚力和辛勤付出，我们的这本小书才能够以现在的面貌问世。他们的这份炽热情谊，我将永远铭刻于心。

本书共四章，第一章由王涛撰写；第二章由刘梅撰写；第三章由弯丽君、张卫红和部分中原名师共同撰写，弯丽君和张卫红对本章内容进行了审稿与整理；第四章由符丽撰写。弯丽君负责本书的整体设计和内容架构，并对全书进行统稿和定稿。由于水平有限，本书尚显稚嫩、粗糙，恳请各位领导、专家和读者不吝赐教，提出中肯的批评和建设性意见，以便日后加以完善。

弯丽君

2019 年 3 月 16 日